400 Jahre

Rosenkreuzer-Manifeste

EX DEO NASCIMUR – IN JESU MORIMUR – PER SPIRITUM SANCTUM REVIVISCIMUS:

*Aus Gott werden wir geboren – In Jesu ersterben wir – durch den heiligen Geist
leben wir wieder.*

(Fama Fraternitatis, 1614)

*Man nennt uns die Anhänger der alten abergläubischen Phantasmen ... –
das ist zum Lachen! –
Angesichts der Dämonen, die alle Jahrhunderte wiedererstehen, sind wir die Jugend,
meine Herren! Wir sind die Jugend Gottes – die Jugend der Treue [zu Ihm]!*

(F.-A. Charette de La Contrie, 1763-1796.)

*Die Zukunft des Makrokosmos liegt in den Händen von Menschen, die mit ihrem
seelischen und geistigen Erwachen an der Genesung ihres Mikrokosmos arbeiten.*

JUBILÄUMS-GESAMTAUSGABE

400 JAHRE ROSENKREUZER-MANIFESTE
(1614, 1615, 1616)

mit drei Zusatzkapiteln und
10 teils noch nie neugedruckten

SENDSCHREIBEN AN DIE UND ANTWORTEN AUS DER RC-BRUDERSCHAFT
(1612-1618)

in einen Band zusammengefaßt,
sanft ins heutige Deutsch gebracht, illustriert und
durch P. Martin mit Anmerkungen versehen

EDITION ORIFLAMME
2016

IMPRESSUM

Die klassischen Rosenkreuzer-Manifeste
Fama Fraternitatis (Erstdruck 1614)
Confessio Fraternitatis (Erstdruck 1615)
Chymische Hochzeit Christiani Rosencreutz 1459 (Erstdruck 1616)
nebst 10 z.t. noch nie nachgedruckten Sendschreiben an die
und Antworten aus der RC-Bruderschaft von 1612 bis 1618
sowie weiteren zusätzlichen Kapiteln.

Sanft ins heutige Deutsch gebracht und in einen Band zusammengefaßt durch
M.P. Steiner, eingeleitet und mit Anmerkungen versehen durch P. Martin
Zahlreiche Reproduktionen von Titelblättern und Vignetten der Originalausgaben
sowie 11 lavierte Federzeichnungen und Skizzen von P. Martin.

SUCHBEGRIFFE:
Hermetik, Gnosis, Theosophie, Transfiguration,
Rosenkreuz, vergleichende Religionsgeschichte

ISBN 9783-9524262-7-2
© EDITION ORIFLAMME, CH-4002 BASEL, 2016
edition.oriflamme@gmail.com

Satz, Buch- und Umschlaggestaltung:
Adhoc-Organisation, CH-4002 Basel (Schweiz)
Printed in Germany
Alle Initialen am Kapitelanfang sind dem jeweiligen Original entnommen.

Die berühmten Manifeste der Klassischen Rosenkreuzer nebst zehn ‹Sendbriefen›
und ‹Antworten› zur *Fama Fraternitatis* und zur *Confessio Fraternitatis*, einem
Gebet und dem ersten Kapitel aus D. Möglin's *Speculum Rhodo-Stauroticum* als
Einführung ins klassische Rosenkreuzertum.
Zum ersten Mal in einem einzigen Band vereinigt, für heutige Leser transcribiert,
Illustriert und mit sprachlichen, historischen und anderen Anmerkungen ergänzt.

INHALT

Arbor Pansophiæ,

Primum Ens est,

יהוה

Alterum

N A T V R A,

Tertium

E L E M E N T A

Quartum

S P E R M A,

Quintum

Regnum Naturæ Triplex

M I N E R A L E,

V E G E T A B I L E,

A N I M A L E,

Cuius & Reliquorum omnium Perfectio

M I C R O—C O S M V S

H O M O.

Huius ratio omnes scientias & artes comprehendens
est imago & Typus sacratus; cu-
ius Archetypus.

יהוה

Ens vltimum

Z
A———&———Ω
ת

Eine Seite aus Daniel Möglin's *Speculum Sophicum Rhodo-Stauroticum*:
Der *Arbor Pansophiæ* – Baum der Pansophia – der Alles umfassenden Philosophie,
aufgebaut genau wie im Corpus Hermeticum (a.a.O. – Buch Pymander).
Zuunterst das bekannte Wort AZOTH, gebildet aus dem berühmten ‹Alpha und Omega› –
‹A+O› in den drei Sprachen Lateinisch (Z=Z), Griechisch Ω = O, Hebräisch (ת = Th).

PRÄAMBEL

GEBET DER ROSENKREUZER (ERSTDRUCK UM 1709) AM ENDE DES VIERTEN TEILS VON *Via Veritatis* (a.a.O)

Allmächtiger Ewiger Gott, der du bist ein Vater des Lichts; von dem auch alle guten und vollkommenen Gaben herabkommen: Wir bitten deine grenzenlose Barmherzigkeit, du wollest uns deine ewige Weisheit, die stets um deinen Thron ist, und durch welche alles geschaffen und gemacht und noch stets regiert und erhalten wird, recht lassen erkennen. Sende sie herab von deinem heiligen Himmel und aus dem Thron deiner Herrlichkeit, damit sie mit uns sei und mit uns arbeite, dieweil sie eine Meisterin ist aller himmlischen und verborgenen Künste, und auch Alles weiß und verstehet.

Lasse sie uns mäßiglich leiten in allen unsern Werken, auf daß wir durch ihren Geist den rechten wahren Verstand und unfehlbaren *Proceß* der Hoch-Edlen Kunst, das ist: der Weisen ihren Wunderstein, den du der Welt verborgen hast und nur deinen Auserwählten offenbaren tust, gewiß und ohne Irrung erlernen, und also das allerhöchste Werk, das wir allhie zu verrichten haben, zuerst recht und gut anfangen; darinnen beständiglich fort arbeiten, es letztlich auch seliglich vollenden, und dessen in Ewigkeit mit Freuden genießen mögen, durch denselbigen deinen himmlischen, auch ewig gegründeten Eck- und Wunderstein, Jesum Christum, der mit dir, oh Gott, Vater, samt dem Heiligen Geist, wahrer Gott in einem unzertrennlichen göttlichen Wesen, herrschet und regieret; ein drei-einiger Gott, hochgelobet in Ewigkeit — Amen.

EINLEITUNG DES HERAUSGEBERS

Durch die drei RC-Manifeste wurde die sehr alte Tradition des Rosenkreuzertums im Westen zum ersten Mal öffentlich belebt – obwohl noch immer als Geheimgesellschaft.[1] *Fama* und *Confessio Fraternitatis waren Weckrufe;* die *Chymische Hochzeit Christiani Rosencreutz* – der dritte Posaunenstoß – zeigt den spirituellen Weg der *Heiligen Hochzeit – Hieros Gamos –* anhand einer Fabel, die sich vorallem an der operativen Alchemie orientiert: Diese war damals noch sehr im Schwange. Beide Wege: ob *nur* mystisch oder *auch* operativ, erstreben die Vereinigung und Harmonisierung aller Gegensätze – im Kandidaten wie im Universum – am einfachsten ausdrückbar durch männliche und weibliche Polarität – aber auch durch den Gegensatz aus *Erschaffung und Zerstörung* (der indische Vishnu), ‹*Gut*› und ‹*Böse*› (jüdisch christianistisch-islamischer Ansatz) sowie (in allen spirituellen Hochtraditionen) durch das Paar *Licht und Finsternis.* Letzteres meint universell den zunehmend bewußten Weg geistiger Evolution: Aus vollständiger *Unwissenheit* zu vollkommener *Kenntnis* (Erfahrungswissen einschließlich des ‹Bluts-Bewußtseins› jeder lebenden Zelle in allen Reichen der Schöpfung). Das ist *Erkenntnis-Gewißheit* bezüglich dreier Hauptbereiche: Im Zentrum: der Mensch mit seinem Ich; – dessen Erfahrungs-Raum: die Welt samt den Reichen der Geister und ‹Götter›; – und als seines Daseins Erfüllung: das Reich des All-Einen Gottes[1-A]).

In der neueren und Neuzeit wurde der Mensch immer öfter dem Tierreich zugeordnet, was zwar zunehmend einer bedauerlichen degenerativen Wirklichkeit entspricht, philosophisch aber unrichtig ist: Das *Corpus Hermeticum* definiert kurz und genau den Sinn der Erschaffung des Menschen: *«... zur Erkenntnis der göttlichen Werke und zum Zeugnis für die Natur; – als Herrscher über Alles, was vom Himmel überdacht wird; zur Unterscheidung des Guten; zur Zunahme des Erzeugten und zu dessen zahlreicher Vermehrung. – Und jegliche Seele, verschleiert vom leichten Schatten des Fleisches, auf daß sie erahnen sollten das Umschweifen der himmlischen Götter* {hier: von Tierkreis und Haupt-Gestirnen}, *und erkennen die Werke Gottes und das Fortschreiten der Natur, die Vorzeichen alles Guten, und die Kraft und Macht Gottes».*
– Doch wie ist die Wirklichkeit?

Während Jahrhunderten trieb die Menschheit immer weiter von ihrer ur-anfänglichen Bestimmung weg, tiefer und tiefer eintauchend in die Gefangenschaft im Stoff, in damit verbundenen Lärm und stoffliche Trägheit: Das ist die zunehmende *Verfinsterung* des

menschlichen Geists – das zunehmende *Vergessen* der Verbundenheit aller Geschöpfe – unter einander und mit ihrem Schöpfer.

Das Rosenkreuzertum ist ein eng gezwirnter Faden vieler einander verwandter Überlieferungen, dessen ‹Seele› immer der genannte Weckruf war und ist: die Ermutigung an den menschlichen
Geist, ans menschliche Herz, ans menschliche Bewußtsein, sich
von jenem sich verdichtenden Todesschlaf zu erlösen und zum
Licht vollkommener Wachheit zu erheben: zur lebendigen Bewußtheit der erahnten All-Einheit – und zum Besitz der zentralen, alles
belebenden Kraft im Universum – der Liebe, die weder Subjekt
noch Objekt kennt: Das ist ‹Gottmenschlichkeit›. – «*Gott ist Liebe*»
sagten stets – und sagen noch heute – alle echten Einweihungs-
lehren rund um die Welt.

Die große Entfernung des Menschen vom Himmel, seine Kleinheit
und Unvollkommenheit empfand zweifellos schon das erste den-
kende Wesen auf Erden – und damit auch die Sehnsucht, diese
Kleinheit und *scheinbare Getrenntheit* zu überwinden – darüber
hinauszuwachsen durch eine wie auch immer geartete Annäherung
ans Eine, Große. Daraus entstand der ‹*Weg zurück*›, der ‹*aufwärts
führende Pfad*›, Ideal jeder Erlösungslehre, aller Einweihungs-
Methoden zur Erlangung eines höchsten Bewußtseins.

Den uns *heute sichtbaren Ursprung* westlicher Einweihungsschulen
spiegeln die spirituellen Traditionen im Vorderen Orient spätestens
seit dem 5. Jh. v. Chr. (Daoismus, Hellenismus). Als *direkte Quelle*
aber sehen wir die Spiritualität des antiken Mittleren Orients: Arabien mit dem Königreich Sabah; das Alte Groß-Syrien, worüber die
offizielle Geschichte schweigt; das daraus erwachsene Sufitum, das
sich im Islam assimilieren konnte – Letzteres zur selben Zeit, als
Rom die Herrschaft über alle «*Häupter, Stände und Gelehrten Europas*» übernahm, mit dem Ziel einer weltpolitischen Kirchenlehre
unter dem Namen von Jesus dem Christus, der doch stets ausdrücklich wiederholte: «*Mein Reich ist nicht von dieser Welt!*».
Indes wurde gerade diese verirrte Lehre zum eigentlichen Gefäß
für westliche Einweihung: Die lebhafte Reisetätigkeit seit dem
Mittelalter: – die Entdeckung fernster Kontinente, Kulturen und
mystischer Überlieferungen während der Renaissance und im Humanismus des 16. Jh. – und endlich die zunehmende Kraft spirituellen
Erneuerungswillens zu Beginn des 17. Jh. – führten zu einem ersten
unvergeßlichen Erwachen der gesamten westlichen Welt. Politische
Wirren, eine sog. ‹geistige Aufklärung›, Revolutionen und Kriege

wurden und werden noch stets entzündet, um so das aufflammende Geistfeuer zu löschen; – aber die aufstrebende Freimaurerei seit dem Beginn des 18. Jh. und die am Ende des 19. Jh. sich selbst findende Theosophie ließen endlich – am Ende des 20. Jh. – den *Geist, das Bewußtsein vom Geist* in der Menschheit und die *Verbundenheit mit dem Geist* in mehr und mehr Menschen triumphierend aufleuchten: Dem Niedergang der Mehrzahl der Menschen in Materialismus, geistige und seelische Abstumpfung und chronische körperliche Krankheiten begegnet die zunehmende Bewußtheit davon, wo wahres Glück und wahrer Lebenssinn zu finden sind: Mehr und mehr wirksame Elemente der ganzen Gesellschaft, samt der modernsten Wissenschaft, tauchten ein in den Kelch geistiger Erneuerung und Wiederbelebung: Das ist ein Aufschwung auf der geistigen Evolutions-Spirale im Universum, der nie mehr ganz rückgängig gemacht werden kann – was immer auch in der Zukunft geschehen mag! – Gott sei Lob und Dank!

Die Rosenkreuzer des 17. Jh. sind die geistigen Pioniere der Neuzeit. Ihre Manifeste und was daraus entstand sind Leuchttürme in der Welt. Rosenkreuzerisch gesinnte Eingeweihte waren die Vorkämpfer für ein neues Weltbild – für neue Wissenschaften und die ersten Akademien. Die zwei essenziell gleichen, formal verschiedenen, eng miteinander verflochtenen Wege – operative Alchemie und mystische Gott-Suche – bedienen sich grundsätzlich derselben Symbolsprache. – Beide Wege entfalten sich in Europa ab dem 13. Jahrhundert: Für den mystischen Weg stehen vorallem Meister Eckhart und Franz von Assisi; der Weg der operativen Alchemie, der im Orient uralt ist, kam erst seit den Kreuzfahrten, d.h. dank dem geistigen Austausch der Tempelritter mit arabischen und türkischen Eingeweihten nach Europa. Die beiden Wege haben sowohl nach innen als auch nach außen dasselbe Ideal. – Das *Corpus Hermeticum* (a.a.O.) drückt es in folgenden Worten aus:

1° nach innen:
Daß der Kandidat für sich selbst die angestrebte Einheit erreicht *«... aus Pymander, dem Wort der göttlichen [All-]macht, wodurch ich als ein selber vom göttlichen Geist Angehauchter in den Besitz der gesamten Wahrheit gekommen (bin)»*.

2° nach außen:
Daß der ‹erfolgreiche›, in die Gemeinschaft mit dem Geist eingegangene Kandidat – als lebendiger Zeuge fürs Licht – Wahrheit, Leben und Liebe *tatwirklich weiter verbreitet*; und dies *« ... auf daß das*

Menschengeschlecht – dank seiner (des vollkommenen Adepten) *Dienstbarkeit – das göttliche Heil erlangen möge.»*

Der eine Weg wird auf mannigfache Weise öffentlich verbreitet, verkündigt, dokumentiert; der andere Weg eignet sich keinesfalls, in der Öffentlichkeit ausgebreitet zu werden. – Warum? Die Einweihungs-Schritte auf dem *mystischen Weg* sind öffentlich publizierbar. Bleibt der auf diesem Weg Fortgeschrittene in seiner Egozentrik und im ungöttlichen Wollen gefangen, so entgeht er zwar nicht dem Urteil des Geschicks, noch der Verantwortung innerhalb des Gesetzes von Ursache und Wirkung – ob bewußt oder nicht, ob ‹geglaubt› oder nicht. Doch für Welt und Menschheit ist er relativ ungefährlich. Kommt er oder sie hingegen zur wirklichen Vollendung, so ist das ein Segen für alle Welten und Menschheiten. Hier spricht man auch von ‹mystischer *Alchimie*›, oder von *geistiger Freimaurerei*, bzw., da es sich um Selbsteinweihung handelt, von *geistiger Selbst-Freimaurerei*.

Die Einweihungsschritte des *Wegs der operativen Alchemie* aber dürfen nicht öffentlich gemacht werden, denn sie enthalten erhebliche Risiken in den Händen von Unbefugten, d.h. von Menschen, die in Ichsucht und Aggression, in materialistischem Denken und Handeln stecken bleiben, seelisches und geistiges Wachstum vernachlässigend. Denn der Prozeß der operativen Alchemie stattet den Adepten mit Kräften und Mächten aus, die, falsch angewandt, für Welt und Menschheit als Ganze fatale Folgen haben können. Das zeigt sich deutlich am Beispiel, daß ein Mönch namens Schwarz das Schwarzpulver entdeckte, weil er *unphilosophisc+h* im sog. *trockenen Weg der operativen Alchemie* laborierte: Damit wurde er mitverantwortlich für den Tod von vielen Millionen Menschen im Lauf der späteren Jahrhunderte!

Für die vorliegende Ausgabe zum 400-jährigen Jubiläum der RC-Manifeste wurde auf die Vielzahl geschichtlicher Aspekte zum Erscheinen und zur Autorschaft der *Manifeste* fast gar nicht eingegangen: Dieser Komplex wurde vorallem in den letzten ca. 25 Jahren in vielfältiger Weise und Form erforscht, analysiert, publiziert und illustriert. – Hier müssen zwei Namen besonders erwähnt werden: Erstens *Dr. phil. Carlos Gilly*, der hervorragende Erforscher und Kenner dieser Literatur, und Autor mehrerer Bücher, Ausstellungskataloge und kleinerer Beiträge. – Zweitens die beeindruckende *Ritman-Library in Amsterdam*, weltweit bekannt als *Bibliotheca Philosophica Hermetica*, die immer wieder zu Ausstellungen und Symposien einlädt und mit ihrem Verlag *In de Pelikaan* Forschungsberichte, Bücher, Monographien und hervorragend schöne Ausstellungskataloge großzügig gestaltet und finanziert. – Der Aufwand und die Liebe, die in diese breite wissenschaftliche Würdigung der Rosenkreuzerbewegung für die Öffentlichkeit einfließen, sind für Außenstehende überhaupt nicht abzuschätzen! – Eine Auswahl davon ist hier als unerschöpfliche Literaturquelle in einer Anmerkung zusammengefaßt.[2]

Außer auf historische und bibliographische Neu-Aufarbeitung der RC-Manifeste verzichtet die gegenwärtige Gesamtausgabe von Texten auch auf eine systematische mystisch esoterische Deutung: Diese wurde durch den bekannten Großmeister Jan van Rijckenborgh in vier z.t. umfangreichen Bänden erarbeitet, die bereits seit den 1980-er Jahren in mehrere Sprachen übersetzt vorliegen (Haarlem, Verlag Rozekruis Pers). Diese bieten ein vertieftes spirituelles Verständnis an.

Die vorliegende Ausgabe gibt daher für die rein mystische Ebene nur einige aktuelle Ergänzungen und Hinweise – weitgehend aufgrund sprachlicher Verbindungen und mythologischer Bezüge. Hingegen – und das ist neu – hebt sie die vielen im Text benutzten einschlägigen Ausdrücke, Bilder und Symbole hervor, die sich auf die konkreten Prozesse und Operationen im Großen Werk der *stofflichen Alchemie im LabOratorium* beziehen. Das ergibt zugleich einen nahen Einblick ins geistesgeschichtliche Umfeld, aus dem alle drei Manifeste entsprungen sind, und worauf sich auch die angehängten *Sendbriefe* und *Responsiones* immer wieder ganz explizit beziehen – teils sie betonend, teils sie relativierend. Gerade dadurch wird illustriert, wie eng die beiden Wege – *ihrer eigentlichen inneren Natur wegen* – miteinander verflochten sind. – Überdies haben sich die echten Alchemisten stets – mehr oder weniger ausdrücklich – als Rosenkreuzer deklariert.

Um der gegenwärtigen Publikation neben den vielen operativen Hinweisen angemessen zum Gleichgewicht zu verhelfen, schließt sich an unsere Einleitung ein Beitrag an, der ganz besonders die *Alchimie des mystischen Rosenkreuzer-Pfads* betont. Unser Dank gilt ganz ausdrücklich den beiden Autoren der Vorlage für diesen Beitrag. Dieser steht im gegenwärtigen Buch als tiefere geistige Einstimmung nach der Präambel an vorderster Stelle. —

Für die *Chymische Hochzeit des Christian Rosencreutz* verdienen besondere Erwähnung die in unserem Original g e s p e r r t *gedruckten* Stellen: diese wurden für dieses Buch *kursiv* übernommen.

Endlich sei noch ein weiteres Buch aus dem ersten Viertel des 17. Jh. genannt: Dieses Buch ist Daniel Möglin's *Speculum Sophicum Rhodo-Stauroticum* (Hrsg. Theophil Schweighardt, Frankfurt 1618; Text im Original deutsch); – auf dem Internet zu finden unter http://tiny.cc/5v0j7x. – Dessen *erstes Kapitel* wurde als vertiefter Einblick in die Anliegen der RC-Bewegung eingefügt; seine übrigen Kapitel und die allgemein bekannten Prachts-Abbildungen werden zum ergänzenden Studium empfohlen.

Jenes Buch gehört nicht wirklich zu den Manifesten, steht aber als eine erweiterte Erklärung zu denselben da: Es gibt einen schönen Einblick in das, worum es den Alten Rosenkreuzern ging. – Die willkürliche Wahl aller hier abgedruckten Beispiele aus dem unglaublich reichhaltigen Bestand von Schriften aus der Hand von außenstehenden Sympathisanten bzw. von echten Rosenkreuzern und Alchemisten am Beginn des 17. Jh. entschuldigen wir damit, daß die in Anm. 2 zusammengefaßten bibliographischen, historischen und philosophischen Forschungen und Ausstellungen seit ca. 1980, die z.T. am Schluß des vorliegenden Buchs erwähnten Herausgaben von Edition Oriflamme – und derzeit auch das Internet – ein unerschöpfliches Meer von Traktaten, Büchern, Informationen, Referaten und Berichten jedem Sucher und Liebhaber leicht zugänglich in die Hand geben.

Zum Schluß unserer Einleitung sei noch dies ergänzt: Die Texte des 17. Jh. sind ursprünglich in einer Sprache geschrieben und in Schriften gedruckt, die heutzutage längst nicht mehr Jedermann zu lesen fähig und bereit ist: in der für digitale Medien weniger bgeeigneten Frakturschrift und in einem ‹barocken Deutsch›, das teilweise regionale Dialektausdrücke aus dem Alemannischen, dem Tirol, dem Nieder- und Mittelhochdeutschen benutzt, gelegentlich auch klare Worterfindungen jenes Autors. – Unsere Herausgabe gibt sich Mühe, dieses z.T. wirklich schwierige, gelegentlich mit Ausdrücken aus dem Lateinischen und Griechischen angereicherte Deutsch in ein heutiges zu bringen, das nicht nur die Gedanken des Autors getreu auszudrücken, sondern auch den Sprach-Tenor – die Melodie und Wärme des Originals – mit herüber zu bringen vermag. Manche Ausdrücke wurden daher nicht nur direkt in geschweiften Klammern übersetzend erklärt, sondern in z.T. ausführlichen Anmerkungen am Schluß des Buchs erläutert – und dies nicht allein sprachlich, sondern auch kulturell, zeitgeschichtlich und philosophisch. Das gilt nun (und hier überhaupt zum ersten Mal für die RC-Manifeste) besonders für Ausdrücke und Bilder, die *das Große Werk der Alchemie im Laboratorium* betreffen.

Einfache Sprach-Beispiele sind solche Ausdrücke wie *Politey* – ein Ausdruck, der, heute rein *politisch* verstanden, damals die Gesamtheit von *Denk- und Verhaltensweisen* mit einschloß (engl. *policy*). – Oder der ebenso einfache Ausdruck *genießen*, der damals jede Färbung von *Nutzen ziehen und benutzen* enthielt.

Runde Klammern umfassen Ergänzungen im Original (bzw. Ausgrenzungen zur besseren Verständlichkeit). Sichere oder mögliche [Text-]Ergänzungen stehen in eckigen, und endlich kleine Einschübe und direkte Worterklärungen von Übersetzer und Herausgeber in geschwungenen Klammern. – Letztere werden grundsätzlich nur jeweils beim ersten Mal gegeben – oder überhaupt nicht, wenn der ungebräuchliche Ausdruck sich bei genauem Hinsehen selbst erklärt. Die veraltete Orthographie wurde teils beibehalten, teils gemildert, um Mißverständnissen vorzubeugen. Dies gilt vorallem auch für Ausdrücke, die im bekannten *Deutschen Wörterbuch der Gebrüder Grimm* (http://tiny.cc/nv0j7x) nachgeschlagen werden mußten, um deren *Bedeutung im 17. Jh.* zu finden.

+Zu erwähnen bleiben einige gewagte Textdeutungen – so jene des *Buches M.* als *Miftah al-Ghaib*, oder jene zu den *Axiomata* des Grabmals von C.R.C. – Sie können und wollen nicht als endgültig dastehen, sondern als mögliche Alternativen, die den interessierten Leser hoffentlich weiterführen und seine *Vertiefung in die Essenz* des Texts – sei es erleichtern, sei es bereichern mögen.

Damit sei diese ‹*Gesamtausgabe zum 400-jährigen Jubiläum*› der Erstdrucke der drei RC-Manifeste – Deo favente – dem Interesse der Interessierten und der Gnade der Kritiker übergeben. Möge sie den Zugang für Viele erleichtern – und einen wirksamen Beitrag leisten zum neuen Erwachen des Geists in der Welt sowie zur stets weiterer Verbreitung der Universellen Gnosis und von deren immerwährender Botschaft: hier und jetzt und immer in der Form des alten und doch stets jungen Rosenkreuzertums!

Welche immer nun auf den Herold gehört hatten und Mut faßten, die wurden zu Teilhabern an der Kenntnis – Gnosis — gemacht; – und indem sie das Gemüt an sich nahmen, entstiegen sie [dem Kratèr] als vollkommene Menschen.
(Corpus Hermeticum a.a.O.)

DIE ALCHIMIE DER ROSENKREUZER

Alchemie ist die Kunst, in der Natur angelegte Entwicklungspro-
zesse zu ihrer Vollendung zu führen. Die Kraft zur Vervollkommnung ist prinzipiell in jedem Molekül, in jeder lebenden Zelle jeden
Geschöpfs vorhanden. Wir unterscheiden nun zwischen einem
operativen Weg und einem *mystischen Weg*. Der *mystische Weg*
führt ausschließlich zur Vervollkommnung des Menschen und zu
seiner Erneuerung nach Seele, Geist und Körper. Es bedarf jedoch
eines *bewußten Ichs*, um diese Entwicklung auf geistiger, ätheri-
scher und stofflicher Ebene zur Vollendung zu bringen. Dies wird im
Folgenden als *Alchimie* ausgeschrieben – eine Respektsbezeugung
gegenüber den Jüngern der *Alchemie – Philosophen durchs Feuer*
und *Diener der physischen Natur* – besonders der Menschheit.

Die Orthographie *Alchemie* meint also im Folgenden ausschließlich
den *Weg im Laboratorium*, der in der physischen Erarbeitung des
Steins der Weisen gipfelt, was *als Nebenprodukt* – und wir betonen:
als ein Nebenprodukt unter Anderen — die Umwandlung niederer
Metalle in edle (Gold oder Silber), bzw. die Herstellung von Edel-
steinen – sowie jene der *Universalmedizin* — ermöglicht. Die
klassischen Autoren in ihrer damaligen Sprache nannten dies auch
Alchymie. – Für den *mystischen Weg* schreiben wir nur *Alchimie*.

Paracelsus, der unvergleichliche Arzt, Philosoph Theosoph, und
Alchemist an der Wende vom 15. zum 16. Jahrhundert, spricht von
einer ‹niederen› und einer ‹höheren Alchymie›. – Mit der ‹niederen
Alchymie› meinte er die *uralte philosophische* Handwerkskunst, die
besonders in der Metallurgie in Asien, Ägypten, Persien und Arabien eine große Rolle spielte, und die in alten Schriften und Bildern
dokumentiert ist. Die ‹niedere Alchymie› aber kann nur verwirklicht
werden, wenn der ‹Künstler› zugleich die ‹höhere Alchymie› anwendet. In der Charakterisierung der klassischen Alchemisten als
Philosophen durchs Feuer – philosophi per ignem – wird daher
nicht allein ans elementare und ans chemische Feuer gedacht, sondern auch ans unstoffliche – ans ‹geistige Feuer› – das Feuer des
Heiligen Geistes. Der Ausspruch, daß ohne die ‹Wiedergeburt› aus
Wasser und Feuer die fundamentale Erneuerung des Menschen unmöglich sei, gilt darum ganz besonders für *operative Alchemisten*.

Die *mystische Alchymie* ist ein geistiger Evolutions-Prozeß, worin
der natürliche, sterbliche Mensch zu einem unsterblichen Geist-
Seelen-Menschen umgewandelt wird. Dieser Prozeß führt über
äußere und innere Reinigung und Erneuerung zur Schärfung, Verän-

15

derung und Erweiterung des Bewußtseins und bis in eine über-
persönliche, geistige *All-Schau*, die Zeit und Raum übersteigt und
göttliche Dimensionen erreicht, wodurch das *Geschöpf Mensch*
aufsteigen kann zum *schöpferischen Gott-Menschen*.

Ein Arbeitender in der mystischen Alchemie ist ein Mensch, der
sich solchem Bewußtseinswachstum verschreibt und – auf diesem
Weg wachsend – fähig wird, die grundlegenden Gesetzmäßigkeiten
der sinnlich und übersinnlich wahrnehmbaren Naturreiche zu erkennen und auf stofflicher, seelischer und geistiger Ebene umzusetzen,
um sowohl die geistige als auch die physische Evolution in all ihren
kreativen Spielarten und Gestaltungsmustern zu ‹imitieren› bzw.
weiterzuführen bis zur Vollkommenheit. Damit wird er quasi zum
Mitarbeiter im Allgeschehen – wirksam und dienstbar als Mitbewe-
ger in der göttlichen Alloffenbarung. Das meint Paracelsus, wenn
er fordert: *«Ihr müßt lernen, im Licht der Natur zu lesen.»*

Die wahre, die *höhere Alchymie* ist also ein *spiritueller Prozeß*.
Die subtile *Handwerkskunst im Laboratorium* wäre gleichsam als
ein dem Künstler – *aus Gnade* – zugängliches Ritual anzusehen, worin der durch seelische und geistige Läuterungen und Verwandlun-
gen für diesen Prozeß zubereitete und geadelte Mensch analoge Läuterungen und Umwandlungen in der *durch ihn zubereiteten* Aus-
gangssubstanz *sichtbar und faßbar* werden läßt. {vgl. S. 39}.

Genau so wird sich auch beim *Alchimisten des mystischen Wegs*
der Grad seiner inneren Erneuerung und Wandlung äußerlich in
seinem Da-sein und So-sein – kurz: in allen seinem täglich darge-
lebten Äußerungen (Gedanken, Worte, Handlungen) zunehmend
sinnlich wahrnehmbar beweisen.

In diesem Sinne wurde die Alchemie von der Bruderschaft des
Rosenkreuzes seit der Antike als *Königliche Kunst* – als *Königlicher Weg* betrachtet: als ‹*Opus Magnum*› im Prozeß des wiederhol-
ten *«solve et coagula – trenne und verfestige»* einer dreimaligen
Wandlung: im eigenen Inneren erfahren und im Stoff bestätigt:

Das ist der tiefe Sinn der Devise: *Ora et labora*, wodurch der
Kandidat zum *Adepten* – zum *Priesterkönig* wird dank der wahren
Alchemie, welche die Alten auch nannten: *Die priesterliche Kunst
– die heilige Kunst* – deren Schlüssel ist: das hingebende Gebet!

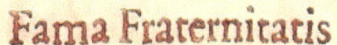

Fama Fraternitatis

Oder

Entdeckung

der Brüderschafft

des löblichen Ordens deß
RosenCreutzes/

Beneben der

CONFESSION

Oder

Bekantnus derselben Fraternitet,

an alle Gelehrte vnd Häupter in
Europa geschrieben.

Auch etlichen Responsionen von H.
Haselmeyern vnd anderen gelehrten Leuten auff die Famam gestellet.

Gedruckt zu Dantzigk / durch Andream
Hünefeldt. Im Jahr/ 1615.

Titelblatt der Sammelausgabe mit Fama, Confessio und einigen Sendschreiben
an – und Antworten der – RosenCreutzer Bruderschaft. – Bildquelle: Internet.

Tübingen im Jahr 1616. – Bildquelle: Internet

Teil I

FAMA FRATERNITATIS

BEKANNT ALS

Der Ruf der Rosenkreuzer-Bruderschaft

(ERSTDRUCK 1614)

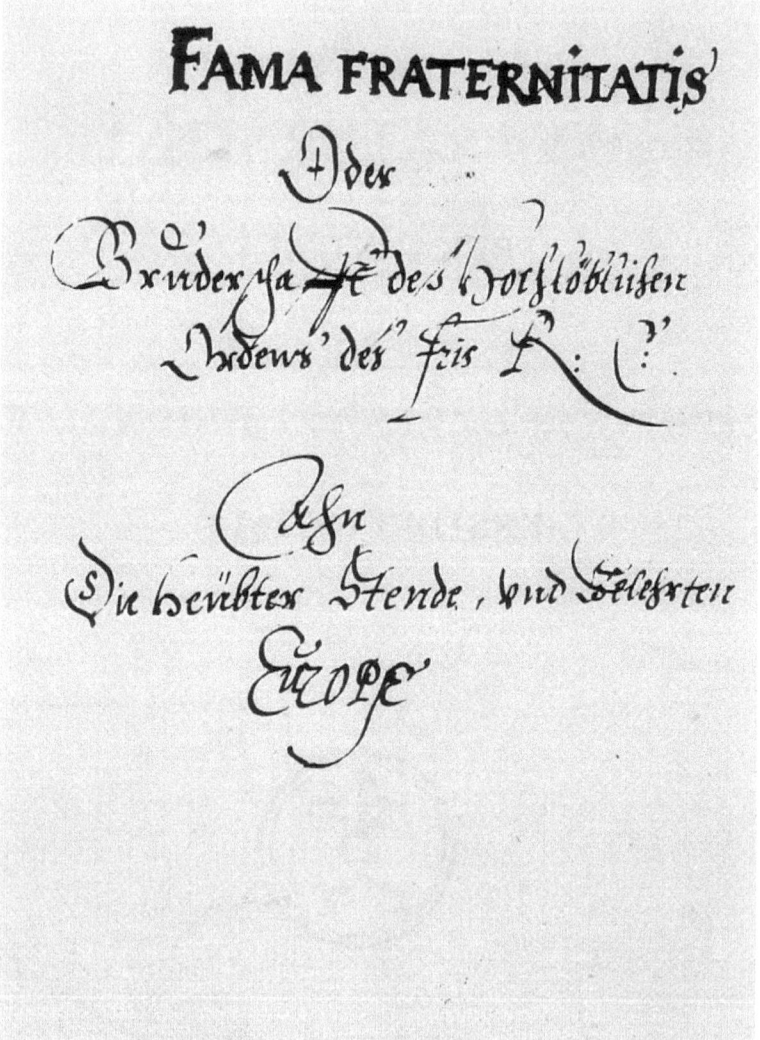

Titelseite zur Fama Fraternitatis, Manuskript von Johann Gessler (1612)
(Besitzer: Welcome Library, London; – Bildquelle: *Cimelia Rhodostaurotica*,
a.a.O. Seite 26)

An den Weißheit verständigen Leser.

Die Weisheit (spricht Salomo) ist den Menschen ein unendlicher Schatz, denn sie ist der Hauch der Göttlichen Kraft und ein Strahl der Herrlichkeit des Allmächtigen. Sie ist ein Glanz des ewigen Lichts, ein unbefleckter Spiegel der Göttlichen Macht, und ein Bild Seiner Gütigkeit. Sie lehret Klugheit, Gütigkeit, Gerechtigkeit und Stärke, sie verstehet sich auf versteckte Worte und weiß die Rätsel aufzulösen. Zeichen und Wunder weiß sie zuvor, und wie es uns künftig ergehen soll.

Diesen Schatz hat vollkommenlich gehabt unser erster Vater Adam vor dem Fall, was sich daher zeiget, daß, nachdem Gott der Herr alle Tiere auf dem Felde und alles Gevögel unter dem Himmel hervorgebracht hatte, er {Adam} einem Jeglichem unter ihnen seinen wirklichen Namen, der ihm seiner Natur wegen gebühret, hat geben können.

Obwohl nun durch den traurigen Fall in die Sünde dies herrliche Kleinod verscherzet worden und eitel Finsternis und Unverstand in die Welt kommen ist, so hat doch Gott der Herr dieselbe bisweilen etlichen seiner Freunde seitdem erscheinen und aufleuchten lassen; denn also bezeuget der weise König Salomo von sich selber, daß er auf sein fleißig Bitten und Begehren eine solche Weisheit von Gott erlanget und bekommen habe, daß er wisse, wie die Welt geschaffen sei, verstehe die Kraft der Elemente, [ebenso] der Zeit Mitte, Anfang und Ende; wie der Tag zu und abnehme, wie die Zeit des Jahres sich ändere, wie das Jahr herum laufe und die Sterne stehen; – er verstehe auch die Art der zahmen und wilden Tiere, wie der Wind so stürme, und was die Leute im Sinne haben; er kenne alle Arten der Pflanzen, Kraft der Wurzeln und Anderes.

Zwar will ich nicht dafür halten, daß niemand zu finden sei, der nit dieses edlen Schatzes teilhaftig zu werden von Herzen wünschen und begehren sollte; weil aber derselbe niemandem widerfahren kann, es sei denn, daß Gott selbst Weisheit gebe, und sende Seinen Heiligen Geist aus der Höhe, so haben wir diese Tractätlein – die *Famam* nämlich und *Confessionem* der löblichen Fraternität des RosenCreutzes – für Jedermann zu lesen in öffentlichem Druck verfertiget, weil in denselben das, was inskünftig aus diesem Fall der Welt zu erhoffen sei, klärlich angezeigt und entdecket worden ist.

Obwohl nun diese Sachen Einem etwas seltsam vorkommen, und Mancher dafür halten möchte, daß es nur ein blinder philosophischer Aufzug {Schwank}, und keine wahrhaftige Historia sei, was von der Fraternität des RosenCreutzes publiciret und herausgegeben worden ist, so wird doch aus der *Confession* genugsam erscheinen, daß mehr in *Recessu* {im Hintergrund} sei, als man vermeinet, und wird auch ein Jeder, wofern er nicht ein Ignorant ist, leichtlich merken und verstehen können, was heutiges Tages und zu diesen Zeiten damit gemeinet werde.

Was rechte Jünger der Weisheit und wahre Nachfolger der Sperischen {spagyrischen?; sphärischen?} Kunst sind, die werden diese Sachen besser betrachten und in Acht nehmen, auch ein weit anderes *Iudicium* {Urteil} darüber zu fällen wissen, wie nämlich von etlichen vornehmen Leuten, besonders aber von Adam Haselmeyer *Notario pub[lico]* bei ihrer Fürstlichen Durchlauchtigkeit, Erzherzogen *Maximiliano* geschehen, welcher auch ein *extract ex scriptis Theologicis Theophrasti* {einen Auszug aus den theologischen Schriften von Paracelsus} gemacht, und ein Tractätlein geschrieben haben soll, unter dem Titel *Jesuiter*, darin er will, daß ein jeder Christ ein wahrer Jesuiter sein, das ist: in Jhesu wandeln, leben, sein und bleiben solle, wiewohl die Jesuiter ihm ein solchen Lohn gegeben haben, daß, weil er in seiner Antwort auf die *Famam* die [Leute] von der Fraternität des RosenCreutzes die Hocherleuchten Männer und unbetrüglichen Jesuiter nennet, und aber sie [die vom Jesuiten-Orden] das nicht ertragen konnten, ihn beim Kopf nahmen und auf die Galeeren schmieden ließen, welche {die Jesuiten} denn deswegen ihren Lohn auch bekommen werden.

Es will nunmehr anbrechen die selige Morgenröthe, welche, nach Ablauf der finsteren Saturnischen Nacht, des Mondes Schein – oder die geringen Fünklein der himmlischen Weisheit, die noch

bei den Menschen vorhanden sind – mit ihrem Glanz ganz vertrübet[3] und ein Vorbote ist der lieblichen Sonne, die mit ihren reinen
und feurig glänzenden Strahlen den seligen Tag, nach welchem
viele fromme Herzen ein sehnliches Verlangen haben, herfür
bringen wird; bei welches Tages Schein denn alle himmlischen
Schätze der göttlichen Weisheit, und auch die Geheimnisse aller
verborgenen Dinge in der Welt, nach der ersten Väter und Alten
Weisen Lehre wahrhaftig werden können erkannt und gesehen
werden.

Dieses wird sein der rechte Königliche Rubin und edle leuch-
tende Carfunckel {der Stein der Weisen}, von welchem man etwa
gelehret, daß er einen feurigen Glanz und Licht in der Finsternis
gebe, eine vollkommene Medizin sei für alle *Corpora* {Körper}
und unvollkommenen Metalle, um dieselben in das beste Gold zu
verwandeln, und alle Krankheit, Angst Not und Trübseligkeit von
den Menschen hinweg zu nehmen.

Es wolle daher der günstige Leser ermahnet sein, daß er mit mir
inständig zu Gott seufze, daß Er die Herzen und Ohren aller Hart-
hörigen eröffnen, und ihnen seinen Segen geben wolle, sodaß sie ihn
in seiner Allmacht mit wunderbarer Anschauung der Natur
recht mögen erkennen, zu seinem Lob, Ehr und Preis,
zur Liebe, Hilfe, Trost und Stärke des Nächsten,
und zu aller kranker Menschen Gesundheit
Wiederbringung, Amen.

Allgemeine vnd General

REFORMATION,

der gantzen weiten Welt.

Beneben der

FAMA FRA-
TERNITATIS,

Deß Löblichen Ordens des
Rosenkreutzes / an alle Gelehrte
vnd Häupter Europæ geschrieben:

Auch einer kurtzen RESPONSION,
von dem Herrn Haselmeyer gestellet / welcher
deßwegen von den Jesuittern ist gefänglich eingezogen / vnd auff eine Galleren geschmiedet:

Itzo öffentlich in Druck verfertiget/
vnd allen trewen Hertzen communiciret
worden.

Gedruckt zu Cassel/ durch Wilhelm Wessell/

ANNO M. DC. XIV.

Titelseite zum Erstdruck der Fama Fraternitatis (Kassel, 1614); enthaltend
offenbar den ersten öffentlichen Druck der ‹Antwort› von A. Haselmeyer.

24

FAMA FRATERNITATIS

ODER
ENTDECKUNG DER BRUDERSCHAFT DES
HOCHLÖBLICHEN ORDENS DER R.C.
AN DIE HÄUPTER, STÄNDE UND GELEHRTEN
IN EUROPA

WIR, die Brüder der Fraternität des R.C. entbieten Allen und Jeden, die diese *Famam* in christlicher Gesinnung lesen, unsern Gruß, Liebe und Gebet.

 ach dem der allein weise und gnä-dige Gott in den letzten Tagen seine Gnad und Güte so reichlich über das menschliche Geschlecht ausgegossen hat, daß sich die Erkenntnis Beides, Seines Sohns und der Natur, desto mehr und mehr erweitert, und wir uns billig einer glücklichen Zeit rühmen mögen, indem Er dann nicht nur den halben Teil der unbekannten und verborgenen Welt entdecken, viele wunderliche und zuvor nie gesehene Werke und Geschöpfe der Natur uns zuführen, und dann hocherleuchtete *Ingenia* {begabte Menschen} aufstehen ließ, die zum Teil die verunreinigten unvollkommenen Künste wieder zurecht bringen sollten, damit doch endlich der Mensch seinen Adel und seine Herrlichkeit verstünde, auf welche Weise er *Microcosmos* {eine kleine Welt} sei, und wie weit sich seine Kunst in der Natur erstrecket;[4] –

Obwohl nun auch hiermit der unbesonnen Welt nicht gedienet, und des Lästerns, Lachens und Gespötts immer mehr ist, und auch bei den Gelehrten der Stolz und der Ehrgeiz so hoch, daß sie nicht mögen zusammentreten, um aus Allem, so Gott in unserem *Sæculo* reichlich mitgeteilet hat, ein *Librum Naturæ* {Buch der Natur}

oder *regulam* {Gesetz, Richtschnur} aller Künste sammeln, sondern jeder Teil dem Anderen viel zuleide tut, so bleibt man bei der alten Leier[5], und müssen Papst, Aristoteles und Galenus, ja, was nur einem *Codice* {Lehrbuch} gleich siehet, entgegen dem, was das helle Licht offenbart, gelten: Die {Aristoteles und Galenus} würden ohne Zweifel selber, so sie lebten, mit großen Freuden sich corrigiren. Hier aber ist man zu solch großem Werk zu schwach, und obwohl in *Theologia*, *Physica* und *Mathematica* die Wahrheit dagegen steht, läßt doch der alte Feind seine List und Grollen übermächtig sehen, indem er durch Schwärmer, Unfrieden und Landstreicher solchen schönen Lauf hindert, und verhaßt machet.

Zu solch einer Intention einer General-Reformation hat sich auch sehr und lange Zeit bemühet der weiland denkwürdige Geistliche und sehr erleuchtete Vater Br. C.R., ein Teutscher, und unserer Bruderschaft Haupt und Urheber. Dieser, nachdem er aus Armut seiner allerdings adeligen Eltern im fünften Jahr seines Alters in ein Kloster gestecket worden und also beide Sprachen, die griechische und lateinische, wie es sich gehört erlernet hatte, wird er einem Bruder P.A.L. der sich eine Reise zum Heiligen Grab vorgenommen hatte (auf sein emsig Flehen und Bitten hin) noch in blühender Jugend beigesellt. Obwohl aber dieser Bruder in Cypern starb und also Jerusalem nicht gesehen hatte, kehrte doch unser Br. R.C. nicht um, sondern schiffte vollends hinüber und zog auf *Damcar* zu[6], Willens, von dort aus Jerusalem zu besuchen. Als er aber wegen des Leibes Beschwerden allda verharrte und wegen der Artzneikunst, (derer er nicht unkundig war) der Türken Gunst erhielt, kamen von ungefähr die Weisen zu Damaskus in Arabien zur Sprache: was für Wunderdinge dieselben betrieben, und wie ihnen die ganze Natur offen liege. Hierduch wurde das hohe und edle Ingenium Br. C.R.C. erwecket, sodaß ihm Jerusalem nicht mehr so hoch wie Damaskus im Sinne lag. Er konnte auch seine Begierde nicht länger meistern, sondern verdingte sich den Arabern, die ihn um sein gewisses Geld nach Damascon brachten.[7]

Nur 16 Jahr war er alt, als er dahin kam; aber er war von starkem deutschem Wuchs. Dort empfingen ihn die Weisen, wie er selber bezeuget, nicht wie einen Fremden, sondern gleichsam als einen, auf den sie lange gewartet hätten, nannten ihn mit Namen und sprachen ihm auch von anderen Geheimissen aus seinem Kloster, worüber er sich nicht genug wundern konnte. Allda erlernete er die arabische Sprache besser, wie er denn gleich im folgenden

Jahr das Buch und *librum* M. in gut Latein gebracht, und hernach mit sich genommen. Dies ist der Ort, wo er seine Physik und Mathematik herholte, deren sich die Welt billig zu erfreuen hätte, wenn die Liebe größer und der Mißgunst weniger wäre.[8]

Nach drei Jahren kehrte er wieder um: Mit guten Begleitbriefen schiffte er aus dem *Sinu Arabico* {dem arabischen Golf} nach Aegypten, wo er jedoch nicht lange blieb, außer daß er nunmehr bessere Achtung auf Gewächse und Creaturen gab[9]. Er überschiffte das ganze *Mare Mediterraneum* {Mittelmeer}, auf daß er käme gen Fez, wohin ihn die Araber gewiesen; und es ist dies billig eine Schande [zu nennen], daß so weit entlegene Weise nicht allein einig und allen Streitschriften abgeneigt, sondern auch zum [gegenseitigen] Anvertrauen und Eröffnen ihrer Geheimnisse so geneigt und willig seien.

Alle Jahre kommen die Araber und Africaner zusammen, befragen einander aus den Künsten, ob nicht vielleicht etwas Besseres erfunden, oder die Erfahrung ihre *Rationes* {Überlegungen} geschwächt hätte. Da kommet jährlich etwas zum Vorschein, wodurch *Mathematica, Physica* und *Magia* (denn hierin sind die Fessaner am besten) verbessert werden, wie es denn [auch] Teutschland derzeit weder an Gelehrten, *Magis, Cabalistis, Medicis* und *Philosophis* mangelte, wenn man es einander zuliebe tun wollte, oder der größte Haufen nicht wollte die Weide allein abfressen.

Zu Fez machte er Bekanntschaft mit den (wie man zu sagen pfleget) elementarischen Einwohnern, die ihm viel des Ihrigen eröffneten, wie denn auch wir Teutschen viel des Unsrigen könnten zusammen bringen, wenn gleiche Einigkeit unter uns wäre, und wenn man mit ganzem Ernst suchen wollte.[10]

Von diesen Fessanern bekannte er oft, daß deren Magia nicht allseits rein, und auch die *Cabala* durch ihrer Religion befleckt wäre; – doch nichts desto weniger wußte er sie sich trefflich zunutze zu machen, und fand noch besseren Grund seines Glaubens, welcher just mit der *Harmonia* der Welt übereinstimmte und auch allen *periodis seculorum* {Epochen des Zeitenlaufs} wunderbar eingeprägt war. Hieraus schloß diese schöne Vereinigung, daß so wie in jedem Samen ein guter ganzer Baum oder Frucht ist[11], so auch die ganze große Welt in einem kleinen Menschen sei, dessen Religion, *Politey* {Lebenshaltung}, Gesundheit, Glieder, Natur, Sprache, Worte und Werke alles im gleichen *Tono* {Grundton} und Melodie mit Gott, Himmel und Erde ginge; und was dagegen gehe, das sei Irrung, Verfälschung und des Teufels, welcher allein die erste mittlere und letzte Ursache der weltlichen Dissonanz, Blindheit und Dunkelsucht sei.

Derart möchte freilich einer alle und jeden Menschen des Erdbodens *examniren* {prüfen}: dann würde er befinden, daß das Gute und Wahre immerdar mit sich selber Eins, alles Andere mit tausenderlei irrigen Meinungen befleckt sei.

Nach zwei Jahren verließ Br. R.C. Fes und fuhr mit vielen köstlichen Stücken nach Spanien, in der Hoffnung, wenn er selber diese Reise sich so sehr angelegen sein ließe, würden die Gelehrten in *Europa* sich höchlich mit ihm freuen, und nunmehr alle ihre *Studia* nach diesen sicheren und wahren *Fundamentis* {Grundlagen} richten. Er besprach sich deshalb mit den Gelehrten in *Hispania* {Spanien}, worinnen es unseren *Artibus* {Künsten} fehle, und wie ihnen zu helfen sei; woraus die sicheren *Indices* {Anzeichen} der folgenden *Seculorum* {Jahrhunderte} zu entnehmen seien, und worin sie mit den vergangenen übereinstimmen müßten; [und ebenso] wie der Ecclesiæ {Kirche} Mängel und die ganze *Philosophia moralis* zu bessern wären.

Er zeigte ihnen neue Gewächse, neue Früchte und Tiere, die sich nicht nach der alten *Philosophia* richteten und gab ihnen neue *Axiomata* {Fundamental-Regeln} an die Hand, die durchaus Alles retten konnten; aber es war ihnen Alles lächerlich, und weil es [ihnen] noch neu war, besorgten sie, ihr großer Name würde geschmälert, wenn sie zuerst lernen und ihre vieljährigen Irrtümer bekennen sollten: Das Ihrige seien sie gewohnt, und es habe ihnen auch genug eingebracht. Ein Anderer, dem mit Unruhe gedient wäre, möge nach Belieben reformieren.

Dieses Liedlein wurde ihm von anderen Nationen auch vorge–sungen, was ihn desto mehr betrübte, weil es nicht im Geringsten erwartet hatte und nun bereit war, alle seine Künste mildiglich den Gelehrten mitzuteilen, wenn sie nur sich der Mühe unterziehen wollten, aus allen Fakultäten, Wissenschaften und Künsten und [aus] der ganzen Natur wahre, unfehlbare [neue] *Axiomata* zu schreiben, von denen er wußte, daß sie sich wie eine Kugel nach dem einzigen Zentrum richten würden, und wie es bei den Arabern der Brauch war, allein den Weisen zu einer Regel dienen sollten; sodaß man also auch in *Europa* eine *Societät* hätte, die genug von Allem – Gold, Silber und Edelgestein hätten, bei welchen die Regenten erzogen würden, die alle dasjenige, was Gott den Menschen zu wissen erlaubt hat, wüßten und in Notfällen möchten (wie der Heiden Abgötter) um ihr Urteil befragt werden.[12]

Gewißlich, wir müssen bekennen, daß die Welt schon damals mit so großer Commotion schwanger ging und in der Geburt arbeitete – und auch so unverdrossene rühmliche Helden herfür brachte, die mit aller Gewalt durch die Finsternis und Barbarei hindurch brachen und uns Schwächeren nur nachzurücken übrig ließen, und die freilich die Spitze am *Trigono Igneo* waren, dessen Flamme nunmehr desto heller leuchtet, und gewißlich der Welt den letzten Brand anzünden wird.

Ein solcher ist auch in seiner *Oration* {Rede} gewesen *Theophrastus* {Paracelsus}, der obwohl er nicht in unsere Fraternität eintrat, dennoch den *Librum M* fleißig gelesen und sein scharfes *Ingenium* {intuitiven Verstand} daran entzündet hat. Aber auch diesen Mann hat der Gelehrten und Naseweisen Übermacht in seinem besten Lauf gehindert, sodaß er seine Gedanken über die Natur niemals friedlich mit Anderen austauschen konnte und deswegen in seinen Schriften mehr die Vorwitzigen verspottete, als daß er sich ganz hätte sehen lassen. Doch ist gedachte *Harmonia* [*Harmonia Mundi – das harmonische Zusammenspiel aller Kräfte im Universum*] gründlich bei ihm zu finden, die er ohne Zweifel den Gelehrten mitgeteilet hätte, hätte er sie der Kunst mehr als des subtilen Spottes würdig gefunden, wie er denn auch mit freiem, unachtsamem Leben seine Zeit verloren und der Welt ihre törichte Freude gelassen hat.

Damit wir aber unseres geliebten Vaters Br. R.C. nicht vergessen, so ist selbiger nach vielen mühseligen Reisen und übel aufgenommenen treuen Informationen wiederum nach Teutschland gezogen, das er (um der unmittelbar bevorstehenden Änderungen und des zum Verwundern gefährlichen Kampfes willen) herzlich lieb hatte. Allda, obwohl er mit seiner Kunst – besonders aber *de transmutatione metallorum* {Umwandlung der Metalle} – sehr wohl prunken hätte können, ließ er sich doch den Himmel und dessen Bürger, den Menschen, viel höher angelegen sein als alle Pracht; baute sich aber eine zweckmäßige und hübsche Wohnstatt, in welcher er seine Reisen und Philosophie überdachte und in ein sicheres Denkmal faßte, und viele schöne Instrumente *ex omnibus huius artis partibus* {aus allen Gebieten jener Kunst} erbaute, wovon uns doch nichts als ein Weniges geblieben, wie nachfolgend zu vernehmen sein wird.

Nach fünf Jahren kam ihm die erwünschte Reformation abermals zu Sinn; und weil er an Anderer Hilfe und Beistand verzagte, daneben aber für seine Person arbeitsam, hurtig und unverdrossen war, nimmt er sich vor, mit wenigen Helfern und Mitarbeitern selbst eine solche zu versuchen. Er erbat sich daher aus seinem Kloster (zu welchem er eine besondere Liebe trug) drei seiner Mitbrüder: Br. G.V., Br. I.A., und Br. I.O., die ohnedies in den Künsten etwas mehr als damals üblich gesehen hatten. Diese mußten ihm aufs Höchste geloben, getreu, tätig und verschwiegen zu sein, auch alles das, wozu er ihnen würde Anleitung geben, mit höchstem Fleiß aufs Papier zu bringen, damit die Nachwelt, die durch besondere Offenbarung künftig sollte zugelassen werden, mit keiner Silbe und keinem Buchstaben betrogen würde.

Also fing die Bruderschaft des R.C. zuerst mit nur 4 Personen an, und durch diese wurde eingerichtet die magische Sprache und Schrift mit einem weitläufigen *Vocabulario*, wie wir es noch heutzutage zu Gottes Ehre und Ruhm zu gebrauchen pflegen und große Weisheit darin finden. Sie machten auch den ersten Teil des Buchs M.[13] – Weil ihnen aber die Arbeit zu groß wurde, und weil der Kranken unglaublicher Zulauf sie sehr hinderte und auch allbereits ein neues Gebäude, *Sancti Spiritūs* – {*zum Heiligen Geist*} genannt – vollendet war, beschlossen sie, noch Andere mehr zu ihrer Gesellen- und Bruderschaft beizuziehen. Hierzu wurden erwählt der Brudersohn {d.h. Neffe} des verstorbenen Vaters von Br. R.C.; [dazu] Br. B., ein geschickter Maler, [sowie] die Schreiber von G.G. und P.D.; alles Teutsche bis an I.A. – sodaß ihrer also Acht waren: alle ledigen Standes und gelobter Junggesellenschaft, durch welche gesammelt werden sollte alles, was der Mensch [an Kunst und Wissenschaft] für sich begehren, wünschen und erhoffen kann.

Obwohl wir nun freiwillig bekennen, daß sich die Welt innerhalb hundert Jahren trefflich gebessert hat, so sind wir uns doch gewiß, daß unsere *Axiomata* unbeweglich bleiben werden bis an den Jüngsten Tag; – und nichts [Anderes] wird die Welt auch in ihrem höchsten und letzten Alter zu sehen bekommen. Denn unsere *Rotæ* nehmen ihren Anfang an dem Tag, da Gott sprach FIAT {«Es werde!»}, und endigen, wenn er sprechen wird: PEREAT {«Es vergehe!»}. Darum {davon} soll uns der Teuffel kein Iota zucken {klauen}.[14] – Dennoch schlägt Gottes Uhr alle Minuten, während die unsrige kaum die ganzen Stunden schlägt.[15]

Wir glauben auch festiglich: Wenn unsere Brüder in unser jetziges helles Licht geraten wären, so hätten sie dem Papst, Mahomet, den Schriftgelehrten, Künstlern und Sophisten besser in die Wolle gegriffen, und ihr hilfreiches Gemüt nicht nur mit Seufzen und im Verlangen nach dem *Consumatum est* {*«Es ist vollbracht»*} bewiesen.

Als nun diese acht Brüder dergestalt alles bestimmt und eingerichtet hatten, sodaß nunmehr keine besondere Arbeit [mehr] vonnöten war und auch Jeder einen vollkommenen *Discurs* {Abhandlung} der geheimen und der offenbaren Philosophie hatte[16], wollten sie nicht länger beieinander bleiben, sondern wie es von Anfang an vereinbart war, verteilten sie sich in alle Länder, damit nicht nur ihre Axiomata insgeheim von den Gelehrten schärfer überprüft würden, sondern auch [, damit] sie selbst, wenn im einen oder anderen Land eine Beobachtung einen Irrtum erbrächte, sie es einander berichten könnten.[17] – Ihre Vereinbarung war diese:

1. Keiner sollte sich einer anderen *Profession* widmen, als Kranke zu heilen – und dies ganz umsonst.
2. Keiner solle genötigt sein, der Bruderschaft wegen ein besonderes Kleid zu tragen, sondern solle sich nach Landesart kleiden.
3. Ein jeder Bruder solle sich alle Jahre auf C. Tag bei *S[ancti] Spiritūs* einfinden, oder seines Ausbleibens Ursache melden.
4. Jeglicher Bruder solle sich nach einer geeigneten Person umsehen, die ihm allenfalls nachfolgen könnte.
5. Das Wort R.C. solle ihr Siegel, Losung und Kennzeichen sein.
6. Die Bruderschaft solle auf 100 Jahre geheim bleiben.

Diese 6 Artikel gelobten sie einander gegenseitig; und so zogen die 5 Brüder davon. Allein die Brüder B. und D. blieben bei dem Vater Br. R.C., ein Jahr lang. Als diese auch auszogen, blieben bei ihm sein Vetter und Br. I.O., sodaß er also Zeit seines Lebens immer Zwei bei sich hatte. Und wiewohl die Kirche noch ungesäubert war, wissen wir doch, was sie von ihr gehalten, und worauf sie mit Verlangen warteten.

Alle Jahre kamen sie mit Freuden zusammen, und berichteten ausführlich über ihr Tun und Lassen. Da muß es freilich lieblich gewesen sein, alle Wunder, die Gott hier und dort in der Welt ausgestreuet hat, wahrhaftiglich und ohne Erdichtung erzählen zu hören. Auch soll Männiglich für gewiß halten, daß diese Personen, die von Gott und der gesamten himmlischen *Machina* zusammengebracht und aus den weisesten Männern ausgesucht worden waren, die während etlichen *Seculis* lebten, in höchster Einigkeit, größter Verschwiegenheit und möglichster Wohltätigkeit unter einander und unter Anderen gelebt haben.[18]

In solch löblichem Wandel ging ihr Leben dahin, und wiewohl ihre Leiber von aller Krankheit und Schmerzen befreit waren, konnten doch die Seelen den [ihnen] bestimmten Punkt der Auflösung nicht überschreiten. Der erste aus dieser Bruderschaft war I.O.; er starb in England, wie ihm Br. C. längst zuvor gesagt hatte. Er war in der Cabala sehr kunstfertig und besonders gelehrt, wie auch ein Büchlein, H. genannt, es bezeugt. In England weiß man auch viel von ihm zu sagen, besonders, weil er einem jungen Grafen von Norfolk den Aussatz vertrieb.

Sie hatten beschlossen, daß ihre Grabstätten so gut wie nur möglich verborgen blieben, wie uns denn heutzutage nicht bekannt ist, wo ihrer Etliche verblieben sind. Doch ist Jedes Stelle mit einem geeigneten *Sucessore* {Nachfolger} ersetzt worden – Das wollen wir aber Gott zu Ehren hiermit öffentlich bekannt gemacht haben, daß, was [immer] wir auch aus dem Buch M. Geheimes erfahren haben (wiewohl wir der ganzen Welt *Imaginem* {Bild} und Abbild können vor Augen haben), so wissen wir doch weder unser Unglück noch Sterbestündlein: Das hat der große Gott sich vorbehalten, der uns in steter Bereitschaft haben will. Davon aber weitläufiger in unserer Confession, worin wir auch 37 Ursachen anzeigen, warum wir derzeit unsere Bruderschaft eröffnen und solche hohen *Mysteria* freiwillig, ungezwungen und ohne alle Belohnung anbieten; [und worin wir] auch mehr Gold, als der König von Spanien aus beiden Indien bringet, versprechen; denn *Europa* gehet schwanger und wird ein starkes Kind gebären: das muß ein großes Gevatter-Geld haben.[19] –

Nach Br. O. Tod ging Br. R.C. nicht müßig, sondern berief die Anderen, sobald er konnte, zusammen, und es will uns gar scheinen, damals könnte sein [des Br. R.C.] Grab begonnen worden sein.[20]

Obwohl wir (die Jüngeren) bisher gar nicht wußten, wann unser geliebter Vater R.C. gestorben sei und mehr nicht hatten, als die bloßen Namen der Gründer und aller Nachfolgenden bis auf uns, wußten wir uns doch noch eines Geheimnisses zu erinnern, welches A., des D. Nachfolger (der Letzte aus dem zweiten Kreis, der noch mit Vielen von uns gelebt hat), durch verborgene Reden von den 100 Jahren, uns, dem dritten Kreis anvertraut hatte: Sonst müßten wir bekennen, daß, nach dem Tod von A., unser Keiner das Geringste von Br. R.C und seinen Mitbrüdern gewußt hat, außer das, was in unserer Philosophischen *Bibliotheca* von ihnen vorhanden war. Darunter wurden von uns unsere *Axiomata* für das wichtigste, *Rotæ Mundi* fürs kunstvollste, und *Proteus*[21] für das nützlichste gehalten. Wir wissen also nicht mit Gewißheit, ob Die vom Zweiten Kreis von gleicher Weisheit mit den Ersten gewesen und zu Allem zugelassen worden seien.

Es soll aber der groß-günstige Leser nachträglich daran erinnert sein, daß, was wir jetzund von seiner, des Br. R.C. Grabstätte nicht allein erfahren haben, sondern auch hier in aller Öffentlichkeit kund tun, derart von Gott vorgesehen, erlaubt und *injungiret* {[uns] aufgetragen} worden ist: Dem kommen wir mit solcher Treue nach, daß wir, wo man uns hinwiederum mit Bescheidenheit und christlicher Antwort begegnen wird, uns nicht scheuen werden, unsere Tauf- und Zunamen, unsere Zusammenkünfte, und was immer von uns mag begehret werden, in offenem Druck zu eröffnen.

So ist nun die Wahrheit und die gründliche Erklärung des von Br. C.R.C., dem hocherleuchteten Mann Gottes Gefundenen diese:

Nachdem A. in *Gallia Narbonnensi* selig verschieden war, kam an seine Stelle unser geliebter Bruder N.N. – Dieser, als er sich bei uns eingestellt hatte und das *solenne Iuramentum Fidei et Silentii præstiren* {den feierlichen Eid der Treue und des Schweigens ablegen} sollte, berichtete uns im Vertrauen, es habe ihn A. vertröstet, diese Bruderschaft werde innert Kurzem nicht so geheim, sondern dem ganzen Vaterland Deutscher Nation behilflich, notwendig und rühmlich sein, weswegen er sich in seinen Umständen nicht im Geringsten zu schämen brauche.[22]

Im folgenden Jahr, als er (N.N.) schon sein Schulrecht getan hatte[23] und – da nun die Reihe an ihn kam – mit einem so stattlichen Reisegeld oder *Fortunatus-Säckel* zu verreisen willens war,[24] gedachte er (denn er war außerdem ein guter Baumeister) etwas an diesem Gebäu zu verändern und zweckmäßiger einzurichten. Bei dieser *Renovation* kam er auch an die Gedächtnistafel, die aus Messing gegossen war und den Namen eines Jeden der Bruderschaft nebst wenigem Anderem enthielt. Diese wollte er in ein anderes und passenderes Gewölbe transferiren, denn wo oder wann Br. R.C. gestorben, oder in welchem Land er mochte begraben sein, wurde von den Alten verheimlicht, und wir wußten es nicht.

An dieser Tafel nun stak ein großer Nagel etwas fester,[25] sodaß, als er mit Gewalt herausgezogen wurde, er ein ziemliches Stück von dem dünnen Gemäuer oder dem Verputz über der verborgenen Türe mit sich nahm und die Tür unverhofft freilegte. Daher schafften wir freudig und mit großem Eifer das übrige Gemäuer hinweg und säuberten die Tür. Auf ihr stand gleich oben mit großen Buchstaben geschrieben:

POST CXX. ANNOS PATEBO {nach 120 Jahren werde ich offen sein},

samt der alten Jahreszahl darunter. – Darum dankten wir Gott und ließen es an jenem Abend so auf sich beruhen, weil wir zuerst unsere *Rota* studieren wollten. Wir beziehen uns aber erneut auf die Confession; denn was wir hier offenbaren, geschieht den Würdigen zur Hilfe; den Unwürdigen soll es, so Gott will, wenig frommen. Denn gleich wie unsere Türe nach so vielen Jahren sich wunderbarlicherweise geöffnet hatte, also soll *Europæ* eine Tür aufgehen (wenn das Gemäuer erst weg ist), die sich schon hat sehen lassen und von nicht Wenigen mit Sehnsucht erwartet wird.

Des Morgens öffneten wir die Tür und fanden ein Gewölbe von sieben Seiten und Ecken; – jede Seite von fünf Schuh, und die Höhe acht Schuh.[26] Dieses Gewölbe, obschon es von der Sonne niemals beschienen wurde, leuchtete doch hell von einer anderen, die dies von der Sonne gelernt hatte, und die zuoberst an der Decke stand. – In der Mitte war anstatt eines Grabsteins ein runder Altar, belegt mit einem Messing-Blatt, worauf diese Schrift zu lesen war:

A.C.R.C.
HOC UNIVERSI COMPENDIVM VIVUS MIHI SEPULCRUM FECI.
{Hierher habe ich, ein Lebendiger, eine Zusammenfassung des Universums zu einem Grab für mich erbaut}[27]

Um den ersten Rand oder Ring herum stand:
JESUS MIHI OMNIA.
{Jesus ist mir Alles – und auch: Mir gilt Alles als Jesus}[28]

In der Mitte waren vier Figuren im Kreis eingeschlossen[29]; deren Umschriften sind:

1. NEQUAQUAM VACUUM {Es gibt keinen leeren Raum}
2. LEGIS IUGUM {Das Joch des Gesetzes}
3. LIBERTAS EVANGELII {Die Freiheit des Evangeliums}
4. DEI GLORIA INTACA {Gottes Glorie ist unantastbar}

Dies ist alles klar und durchsichtig, wie auch die sieben Seiten und die zwei mal sieben Dreiecke.[30] – Also knieten wir alle zusammen nieder und dankten dem allein weisen, allein mächtigen und allein ewigen Gott, der uns mehr gelehrt hatte, als alle menschliche Vernunft erfinden könnte – gelobet sei Sein Name!

Dieses Gewölbe teilten wir ab in drei Teile: Die Bühne oder Himmel, die Wände oder Seiten, den Boden oder das Pflaster. Vom Himmel werdet ihr von uns diesmal nicht mehr vernehmen, außer daß er nach den sieben Seiten hin in der offenen Mitte in Dreiecke unterteilt war. Was diese aber enthielten, das sollen (so Gott will) sehr bald eure (die ihr das Heil erwartet) eigenen Augen selbst sehen.[31] – Jede Seite aber war in zehn quadratische *Spacia* {Räume} abgeteilt – jeder mit ihren Figuren und Sprüchen belegt – wie diese hier in unserem Büchlein *Concentratum* {Zusammenfassung; – diese leider ebenso unbekannt wie die erwähnten Abbildungen} aufs Gewissenhafteste und Genaueste abgezeichnet sind. Der Boden ist auch wiederum in Dreiecke abgeteilt; aber weil hierin des Unteren Regenten Hoheitsgebiet und Gewalt beschrieben sind[32], läßt sich dies nicht für die vorwitzige, gottlose Welt zum Mißbrauch aushängen. Wer sich aber mit dem Himmlischen *antidoto* versehen hat, tritt der alten bösen Schlange ohne Scheu und Schaden auf den Kopf, wozu sich unser *sæculum* gar wohl eignet.

Jede der Seiten hatte eine Tür zu einem Kasten, worin unterschiedliche Sachen lagen, besonders alle unsere Bücher, die wir sonst auch hatten, samt dem *vocabulario Theoph. P. ab Ho.* und jenen, die wir täglich ohne Arg mitteilen.[33]

Hierin fanden wir auch sein *Itinerarium* und *Vitam*, woraus dieses [Vocabularium? – die hier erzählte Geschichte von C.R.C?] meistenteils genommen wurde. In einem anderen Kasten waren Spiegel von mancherlei Tugend; ebenso anderswo Glöcklein, brennende Ampeln[34], und abgesondert einige wunderbar kunstvolle Gesänge; – insgemein Alles dahin gerichtet, daß auch nach vielen hundert Jahren, selbst wenn der ganze Orden oder Bruderschaft sollte zugrunde gehen, dieser durch dieses einmalige Gewölbe wiederum zu *restituieren* wäre.

Noch hatten wir den Leichnam unseres so sorgfältigen und klugen Vaters nicht gesehen. Wir rückten deswegen den Altar zur Seite; da ließ sich eine schwere Messingplatte aufheben, und es fand sich ein schöner und ruhmwürdiger Leib, unversehrt und ohne alle Verwesung, so wie er hier nebenan aufs Ähnlichste im vollen Ornat und mit beigelegten Dingen abgebildet zu sehen ist. In der Hand hielt er ein Büchlein, mit Gold auf Pergament geschrieben, das T. genannt wird[35], welches uns nun nach der Bibel unser größter Schatz ist und zu Recht nicht so leicht der *Censur* der Welt soll unterworfen werden. Am Ende dieses Büchleins steht folgendes *Elogium*:

EIN IN DIE BRUST JESU EINGEPFLANZTES SAMENKORN[36]
— CHRISTIAN ROSENCREUTZ —
hervorgegangen aus einer edlen und glänzenden deutschen
Rosenkreuzer-Familie:
Der
– eine Leuchte seines [eigenen] Jahrhunderts [und] eine Zierde
für die kommenden –
dank göttlicher Offenbarung, feinsinnigen Forschungen und
unentwegten Bemühungen
zugelassen wurde zu den himmlischen und menschlichen
Mysterien und Geheimnissen,
Nachdem er seine Schätze – wertvoller als die der Könige oder
Kaiser –, die er auf seinen Reisen durch Arabien und Afrika ange-
sammelt hatte, [und] wofür sein Jahrhundert noch nicht reif war,
aufs Feinsinnigste (ingeniosissime[37]) beschützt hatte, damit die
Nachwelt sie[38] einst ausgraben sollte,
Nachdem er seine Getreuen und Vertrautesten zu Erben seiner
Künste sowie seines Namens eingesetzt hatte,
Nachdem er die Kleine Welt {den Stein der Weisen}, die
in all ihren Bewegungen (Eigenschaften) mit jener Großen
übereinstimmt, hergestellt[39] hatte,
und nachdem er
— da er endlich dieses Compendium der vergangenen,
gegenwärtigen und zukünftigen Dinge ausgezogen {extracto –
extrahiert, verdichtet und zusammengefaßt} hatte —
älter als ein Jahrhundert, [und zwar] nicht gedrängt durch eine
Krankheit
(deren er keine jemals körperlich erfuhr, noch bei Anderen jemals
sich festsetzen ließ)
sondern, durch den Geist Gottes berufen,
seine erleuchtete Seele in den Armen und unter den letzten
Liebkosungen seiner Brüder
Gott dem Schöpfer zurück gegeben hatte, als hochverehrter Vater,
überaus liebevoller Bruder,
hingebendster Lehrer und ganz unverbrüchlicher Freund —
wurde von den Seinen für 120 Jahre hier verborgen.[40]

Zu unterst hatten sich unterschrieben[41]:

1. Br. I.A. Ch. electione fraternitatis caput {Br. I.A., durch Wahl von Ch[ristian R.C.] das Haupt der Bruderschaft};
2. Br. G.V.M.P.C.
3. Br. R.C. junior, hæres S[ancti] Spiritūs {Br. R.C. junior, Erbe des [Hauses] S.S.};
4. Br. B.M.P.A., pictor et architectus {Maler und Architekt};
5. Br. G.G.M.P.I. Cabalista {Kabbalist}.

Secundi Circuli {im Zweiten Kreis}:

1. Br. P.A. Suaccessor Br. I.O. Mathematicus {Nachfolger von Br. I.O., ein Mathematiker};
2. Br. A. Successor Br. P.D. {Nachfolger von Br. P.D.};
3. Br. R. Successor patris C.R.C., cum Christo triumphantis {Nachfolger des wie Christus triumphierenden Vaters C.R.C.}

Am Ende stehet:

EX DEO NASCIMUR, IN JESU MORIMUR,
PER SPIRITUM SANCTUM REVIVISCIMUS[42]

Da nun damals Br. I.O. und Br. D. schon verstorben waren: Wo ist nun ihr Grabmal zu finden? – Wir zweifeln aber gar nicht, daß der alte Bruder Senior als etwas Besonderes zur Erde gelegt oder vielleicht auch verborgen worden sein könnte. Wir hoffen auch, es werde dieses unser Beispiel Andere ermutigen, fleißiger ihren Namen, die wir darum hier offenlegten, nachzuforschen und nach deren Gräbern zu suchen. Denn die Mehrzahl ist wegen der Medizin noch unter uralten Leuten bekannt und bei diesen berühmt. So könnte vielleicht unsere Gaza {Schatz, Schatzkammer} gemehret, oder zum Wenigsten besser erläutert werden.

Was den *Minutum Mundum* {die winzige Welt, d.h. den Stein der Weisen} betrifft, so fanden wir den in einem anderen Altärlein verwahret; und sicherlich schöner, als ihn auch ein Mensch von hohem Verstand sich selber vorstellen könnte: Den lassen wir unabgezeichnet, bis uns auf diese unsere treuherzige *Famam* vertrauenswürdig geantwortet wird. – So haben wir die Platte wieder darübergelegt, den Altar wieder darauf gestellt, die Tür wieder verschlossen, und mit unser Aller Siegel gesichert. Darauf sind auf Anleitung und Befehl unserer *Rota* etliche Büchlein, wozu auch die M. gehören (die anstelle etlicher Hausbesorgungen von dem löblichen M.P. gedichtet wurden), *evulgiret* {öffentlich herausgegeben} worden; und so gingen wir nach Gewohnheit wieder auseinander und ließen die natürlichen Erben im Besitze unserer Kleinodien. Nun warten wir, was für Bescheid, Urteil und Bemerkungen uns hierauf von Gelehrten oder Ungelehrten zukommen werden.

Wiewohl wir nun wohl wissen, daß es noch für längere Zeit nicht an dem ist, daß unserem Verlangen – oder auch der Hoffnung Anderer – mit einer allgemeinen Reformation *divini et humani* {der göttlichen und der menschlichen Dinge} Genüge getan werden wird, so ist es doch nicht unziemlich, daß, ehe die Sonne aufgeht, sie zuvor ein helleres oder dunkleres Licht an den Himmel wirft, und [daß] unterdessen Einige Wenige, die sich melden werden, zusammenkommen, um unsere Bruderschaft an Zahl und Ansehen zu vermehren und des gewünschten und von Br. R.C. vorgeschriebenen *Canons* einen glücklichen Anfang zu machen, oder doch wenigstens unsere Schätze, (die uns nimmermehr ausgehen können), mit uns in Demut und Liebe zu genießen, die Mühsal dieser Welt zu überzuckern und in den Wunderwerken Gottes nicht so ganz blind herumzutappen.

Damit aber auch ein jeglicher Christ wisse, wes Glaubens und Gesinnung wir Leute seien, so bekennen wir uns zur Anerkennung[43] Jesu Christi, wie diese in jüngster Zeit besonders in Teutschland hell und klar ausgetragen worden ist und noch heutzutage (ausgenommen alle Schwärmer, Ketzer und falschen Propheten) von gewissen und aufgezeichneten Ländern aufrecht erhalten, verteidigt[44] und *propagiert* wird. Wir praktizieren auch zwei Sakramente, wie diese mit allen *Phrasibus* {Sprüchen} und *Ceremoniis* der ersten erneuerten Kirche festgesetzt worden sind.

In der Politik anerkennen wir das Römische Reich und *Quartam Monarchiam* {die Vierte Monarchie}[45] als unser und aller Christen Oberhaupt.

Wiewohl wir nun wissen, was für Änderungen bevorstehen, und dieselben anderen Gottes-Gelehrten herzlich gerne mitteilen wollten, so ist es doch unsere Handschrift, welche wir in Händen haben. Es wird uns auch kein Mensch außer der alleinige Gott vogelfrei machen und den Unwürdigen zum Raub geben. Wir werden aber der *Bonæ Causæ* {guten Sache} verborgene Hilfe leisten, je nachdem ob es uns Gott erlaubt oder verwehrt. Denn unser Gott ist nicht blind wie der Heiden *Fortuna*, sondern der Kirche Schmuck und des Tempels Ehre. Auch ist unsere *Philosophia* nichts Neues, sondern so wie Adam sie nach seinem Fall erhalten, und wie Moses und Salomo sie ausgeübt haben.

Ebenso soll sie weder viel *dubitieren* {herum deuteln}, noch Anderer Meinungen widerlegen; sondern – weil die Wahrheit Eine, kurz und sich selber immerdar gleich ist, besonders aber mit Jesu *ex omni parte* {in jeder Beziehung} und in allen *membris* {Teilen} übereinstimmt (denn wie Er des Vaters Ebenbild ist, also ist sie {die Wahrheit} sein {Jesu} Abbild) – so soll es nicht heißen: *Hoc per Philosophiam verum est, sed per Theologiam falsum* {das ist philosophisch richtig aber theologisch falsch} – sondern so wie es Plato, Aristoteles, Pythagoras und Andere richtig sagten, worin Enoch, Mose und Salomon den Ausschlag gegeben haben, besonders aber womit das große Wunderbuch, die Bibel *concordiret* {überein stimmt}: Das harmoniert und wird eine *Sphæra* oder Globus, dessen *omnes partes* {alle Teile} gleich weit vom *Centro* sind. Hiervon [soll] in christlicher Zusammenführung weiter unten und ausführlicher [die Rede sein].

Was aber besonders in unserer Zeit das gottlose und verfluchte Goldmachen betrifft, das sehr überhandgenommen hat, sodaß sowohl viele hergelaufene henkersmäßige Taugenichtse große Bübereien damit zu treiben und den Vorwitz und die Leichtgläubigkeit Vieler zu mißbrauchen Anleitung gaben, als auch von bescheidenen Personen nunmehr angenommen wird, daß die *mutatio metallorum* {Verwandlung der Metalle} der *Apex* und *fastigium* {Höhepunkt und höchste Würde} in der *Philosophia* sei, worum Alles sich drehe; und daß es Gott besonders lieb sein müsse, wenn man nur große Goldmassen und Klumpen machen könne (wozu sie mit unbedachtem Bitten oder herzleiderischem Sauerblick den allwissenden Herzens-Kenner Gott zu bereden versuchen); – so bezeugen wir hiermit öffentlich, daß all dies falsch und es mit den wahren *Philosophis* so beschaffen sei, daß ihnen Gold zu machen eine Kleinigkeit und nur eine Nebenarbeit ist, wogegen sie noch einige Tausend andere und bessere Kunststücklein haben. Und wir sagen mit unserem lieben Vater C.R.C.: «*Pfui aurum nisi quantum aurum*» – {«Pfui übers Gold, außer insoweit als es Gold ist»}, denn wem die ganze Natur sich eröffnet hat, der freut sich nicht, daß er ⊙ machen kann, oder, wie Christus sagt, ihm die Teufel gehorsam sind, sondern daß er den Himmel offen und die Engel auf und ab steigen sieht[46], und daß sein Name geschrieben steht im Buch des Lebens.

Wir bezeugen auch, daß unter den alchemistischen Namen Bücher und Figuren herausgekommen sind *in Contumeliam gloriæ Dei* {in Verschmutzung der Glorie Gottes}, welche [Bücher] wir zu seiner Zeit nennen und den reinen Herzen einen *Catalogum* mitteilen wollen. – Und wir bitten alle verehrten [Leser], mit dergleichen Büchern gut Sorge zu tragen; denn der Feind unterläßt nicht, sein Unkraut zu säen, bis es ihm ein Stärkerer austreibt.

Also ersuchen wir im Sinne von Br. C.R.C.– wir seine Brüder – noch einmal alle Gelehrten Europas, welche unsere *Famam* (die in fünf Sprachen veröffentlicht wurde) samt der *Confessio* lesen werden, daß sie mit wohlbedachtem Gemüt dies unser Anerbieten erwägen, ihre Künste aufs Genaueste und Schärfste überprüfen, die gegenwärtige Zeit mit aller Gründlichkeit betrachten und dann ihre Überlegungen entweder *communicato consilio* oder *singulatim* {in Absprache Mehrerer oder einzeln} uns schriftlich im Druck eröffnen. Denn obwohl weder wir noch unsere Versammlung derzeit bekannt gemacht werden, soll uns doch gewiß eines Jeden *Iudicium* {Urteil} (in welcher Sprache das auch sei) zukommen. Es soll auch Keinem, der seinen Namen angeben wird, mißlingen, sodaß er nicht mit Einem der Unsrigen entweder mündlich, oder, wenn er dagegen Bedenken tragen sollte, schriftlich sollte ins Gespräch kommen.

Dies sagen wir aber mit Sicherheit, daß, wer es ernst und ehrlich mit uns meint, der soll dessen an Gut, Leib und Seele genießen. Wo aber ein Herz falsch oder nur auf Geld aus ist, der wird uns erstens keinen Schaden bringen, zweitens aber sich in das höchste und äußerste Verderben stürzen. Es soll auch wohl unser Gebäude, selbst wenn hunderttausend Menschen es aus der Nähe gesehen hätten, von der gottlosen Welt in Ewigkeit unberührt, unzerstört, unbeschaut und sogar ganz verborgen bleiben.

Sub umbra alarum tuarum, Iehova[47]

Hall mit *Heiligkreuz* im 18. Jh.; Wohnort von A. Haselmeyer, einer wichtigen Figur
im sogenannten Tübinger-Kreis der Rosenkreuzer des 17. Jh.
(Hall im Tirol war besiedelt, seit der Prähistorie; im 13. Jh. als *Gampas* erwähnt).

TEIL II

CONFESSIO FRATERNITATIS

BEKANNT ALS

DAS BEKENNTNIS DER ROSENKREUZER-BRUDERSCHAFT

(ERSTDRUCK 1615)

EDITION ORIFLAMME
2016

FAMA FRATERNITATIS.

Oder

Entdeckung der Bruder-
schafft deß löblichen Ordens
deß Rosen Creutzes.

Beneben der

CONFESSION.

Oder

Bekanntnuß derselben Fraternitet/an
alle Gelehrte vnd Häupter in Europa
geschrieben.

Jetzo von mehrern Erraten/als hiebevorn
geschehen/tasirdiger/sensu genuino resti-
tuiret, vnd zum andern mal in
druck verfertiget.

Sampt dem Sendtschreiben Iuliani de
Campis, vnd Georgii Moltheri Med. D. vnd
Ordinarii zu Weglar Relation/ von
einer diß Ordens gewissen
Person.

◦○◦○◦ ◦○◦○◦

Franckfurt am Mayn/bey Joh. Bringern
vnd Johann Bernern zu Staden.

M FAMA FRATERNITA-
TIS R. C.

Das ist/

Gerücht der Brü-
derschafft des Hochlöblichen
Ordens R. C.
An alle Gelehrte und Heupter Europæ
Beneben deroselben Lateinischen

CONFESSION,

Welche vorhin in Druck noch nie aus-
gangen/ nuhnmehr aber auff vielfältiges nach-
fragen/ juxta myr deren beygefügten Teutschen Versio-
ne freundtlichen gefallen/ allen Gottsamen guthertz-
nigen Gemühtern wolgemeint in Druck
gegeben vnd communicirt.

Von einem des Liechtes/ Warheit/ vnd Friedens
Liebhabenden und begierigen
Phil: ammæ/o.

Gedruckt zu Cassel/ durch Wilhelm Wessel
ANNO M. DC. XV.

Vorrede
an den weisheitshungrigen Leser der Confession

Hier hast du, wohlgesinnter Leser, unseres Vorhabens und *Intents* sieben und dreißig Ursachen, die der Confession einverleibt sind, und welche du nach Deinem Gefallen aus derselben hervorsuchen und mit einander vergleichen und auch bedenken magst, ob sie wichtig genug seien, um dich zu bewegen und auf unsere Seite zu bringen.

Zwar bedarf es nicht geringer Mühe, um Dasjenige zu beweisen, was man noch nicht siehet; wenn es aber dermaleins am Tage sein wird, so zweifeln wir gar nicht, man werde sich solcher Vermutungen und *Coniecturen* {vagen Mutmaßungen} zu Recht schämen.

Gleich wie wir aber jetzunder ganz sicher, frei und ohne Gefahr den Papst zu Rom den Antichristen nennen, was bis heute für eine Todsünde gehalten wurde und als Kapitalverbrechen mit dem Leben verbüßet werden mußte, so wissen wir gewiß, es werde noch einmal die Zeit kommen, wo wir dasjenige, was wir hier noch flüsternd äußern, frei, ganz öffentlich und mit heller Stimme ausrufen und vor Jedermann bekennen werden, was denn auch der wohlgesinnte Leser mit uns, auf daß es baldigst geschehen solle, von Herzen wünschen möge.

Brud. R.C.

Confessio Fraternitatis

Oder
Bekanntmachung der löblichen
Bruderschaft des Rosen-Creutzes /
an die Gelehrten Europæ geschrieben

as von unserer Fraternitet oder Bruderschaft aus der hierbevor abgedruckter FAMA Männiglich zu Ohren gekommen und offenbar gemacht worden ist, das soll niemand für leichtfertig oder erdichtet halten, viel weniger noch, als aus unserem Gutdünken hergeflossen und entstanden aufnehmen.[48]

Der HERR Jehova ist es, welcher (nachdem die Welt nun fast den Feierabend erreicht hat und nach einem vollendeten *Periodo* {Kreislauf[49]} und Umlauf wieder zum Anfang eilet) den Lauf der Natur umwendet, und was bisher umsonst mit vielem Schweiß und unablässiger Arbeit gesucht wurde, jetzund Denen, die es nicht achten, oder auch nicht einmal daran denken, eröffnet; Denen aber, die es begehren, freiwillig anbietet; Denen aber, die es nicht begehren, gleichsam aufzwingt, auf daß den Frommen zwar alle Mühseligkeiten des menschlichen Lebens gelindert, und des unbeständigen Glücks Ungestümigkeit aufgehoben, den Bösen aber ihre Bosheit, und [dadurch] die dafür gehörigen Strafen gemehret und gehäufet werden {vgl. Corp. Herm., Pymander, a.a.O. S. 53}.

Unsere Einrichtung, womit wir unseres allerbesten Vaters Willen ausführen, ist so: Obwohl wir keiner Ketzerei oder irgend einer bösen Absicht und Tuns gegen das weltliche Regiment bei Jemandem verdächtigt werden können, die wir sowohl des Orients als auch des Occidents (verstehe: des Mahomets und des Papstes) Lästerung wider unseren Herrn Jesum Christum verdammen, und dem obersten Haupt des Römischen Reichs {dem Kaiser} unsere Gebete, Geheimnisse und großen Goldschätze gutwillig darlegen und anbieten – so ist es uns doch als ratsam und gut erschienen, um der Liebe zu den Gelehrten willen noch etwas Weiteres dazu zu tun und besser auszuführen, für den Fall daß in der FAMA irgend etwas zu tief verborgen und zu dunkel ausgedrückt, oder aus besonderen Ursachen in den anderen Sprachen nicht ausgesprochen werden kann oder darf – in der Hoffnung, damit die Gelehrten uns desto geneigter und zu unserem Vorhaben um soviel desto bequemer und williger zu machen.

Zur Veränderung und Verbesserung der Philosophie haben wir (soviel derzeit nötig) genug erklärt: daß nämlich dieselbe ganz krank und mangelhaft sei. – Ja, wir haben gar keinen Zweifel, daß, obwohl die Meisten fälschlich vorgeben, daß sie ich weiß nicht wie gesund und stark sei, sie dennoch in den letzten Zügen liegt und dahinsiecht.

Gleich wie aber gewöhnlich an eben dem Orte, wo etwa eine neue Seuche auftaucht, die Natur auch eine Arznei für dieselbe offenbart, so zeigen sich auch bei den vielfältigen Krämpfen der Philosophie in unserem dafür sehr geeigneten Vaterland die einmaligen Mittel zu ihrer Gesundung, wodurch sie wieder erstarken und gleichsam der Welt, die jetzt erneuert werden soll, ganz neu oder doch erneuert erscheinen wird. [50]

Wir haben aber keine andere Philosophie als die, welche ist *Caput & Summa* {das Haupt und die Zusammenfassung} – Fundament und Inhalt aller Fakultäten, Wissenschaften und Künste, welche, wenn wir auf unser *Sæculum* {Jahrhundert} sehen wollen, sehr viel von der Theologie und der Medizin, aber am Allerwenigsten von der Jurisprudenz hat, und die zugleich Himmel und Erde mit höchstem Fleiß erforscht oder, um es kurz zu sagen, den all-einen Menschen als einen *Mikrokosmos* geziemend darstellt. Davon werden denn auch die bescheideneren aus der Zahl der Gelehrten, die auf unsere brüderliche Aufforderung und Einladung hin sich bei uns melden und einstellen werden, noch ganz andere und viel wunderbarere Geheimnisse bei uns finden, als sie bisher erfahren, glauben, bewundern und bekennen konnten.

Deshalb, und damit wir unsere Meinung hierüber kurz darlegen, so müssen wir uns mit allem Fleiß dahin bemühen, daß die Verwunderung über unseren Aufruf beseitigt werde, und daß für Jedermann klar sei, daß wir zwar solche *Arcana* {Mysterien}und Geheimnisse nicht für gering ansehen, es aber auch nicht unrecht sei, daß die Kunde und das Wissen darüber für Viele öffentlich ausgetragen werde. Denn es ist gut zu bedenken und zu glauben, daß durch dieses unser unverhofftes Anerbieten Viele in einem Streit der Gedanken verschüttet werden, welchen die Wunder des sechsten Weltzeitalters[51] noch unbekannt sind, oder welche die künftigen und gegenwärtigen Dinge dem vergangenen Lauf der Welt gleich achten, aber durch die Ungelegenheiten der gegenwärtigen Zeit nicht anders in der Welt herum wandeln als Blinde, welche beim hellen Tageslicht nichts, außer allein durchs Berühren zu unterscheiden wissen.[52]

Was nun das erste Argument betrifft[53], so denken wir darüber dies: Daß das, was unser Christlicher Vater {nämlich C.R.C.} über all das, was seit Anbeginn der Welt der menschliche Verstand entweder durch göttliche Offenbarung, oder durch der Engel und Geister Dienst, oder durch Scharfsinnigkeit des Geistes, oder durch die Erfahrung täglicher Beobachtung, Übung und Erfahrung herausgefunden, erdacht, verfeinert und weitergegeben oder fortgepflanzet hat, nachgedacht hat, so viel sei, daß allein aus dieser Gesamtheit, sogar wenn alle Bücher sollten umkommen und durch des allmächtigen Gottes Verhängnis aller Schriften und *totius rei literariæ interitus* oder Untergang geschehen sollte[54], die Nachwelt dennoch aus denselben allein neue Grundmauern aufwerfen und ein neues Schloß oder Festung der Wahrheit wieder aufbauen könnte. Das wäre auch vielleicht weniger schwer, als wenn man erst anfangen sollte, das alte, so unförmige Gebäude abzubrechen und zu verlassen, um bald den Vorhof zu erweitern, bald das Licht in die Gemächer zu bringen sowie die Türen, Treppen und Anderes so zu verändern, wie dies unsere Absicht mit sich bringt.

Warum also sollte all dies uns nun verächtlich erscheinen, wenn wir es nur wissen, und nicht vielmehr der dazu bestimmten Zeit zu ihrer Zierde gereichen lassen sollten? – Warum wollten wir nicht [einfach] in der einzigen, einheitlichen Wahrheit (welche die Menschen auf so vielen Irrwegen und krummen Straßen suchen) herzlich gern ruhen und bleiben, wenn es nur Gott gefiele, unseren Sechsten Kandelaber leuchten zu lassen? – Wäre es nicht gut, wenn man sich weder um Hunger und Armut, noch um Krankheit und Alter zu sorgen noch vorzusehen hätte? – Wäre es nicht ein köstlich Ding, wenn du könntest alle Stunden so leben, als ob du seit Beginn der Welt bis jetzt gelebt hättest und noch weiterhin bis ans Ender derselben weiterleben solltest? – Wäre es nicht herrlich, wenn du an einem Ort so wohnen könntest, daß weder die Völker, die jenseits des Flusses *Ganges* in *India* wohnen, ihre Dinge vor dir verbergen, noch die, welche in *Peru* wohnen, dir ihre Beschlüsse vorenthalten könnten? – Wäre es nicht ein köstlich Ding, wenn du in cinem Buch so lesen könntest, daß du Alles was in allen Büchern, die es je gab oder gibt, oder die noch jemals herausgegeben werden sollen, zu finden war, gefunden wird und noch jemals zu finden sein wird, lesen, verstehen und behalten könntest? – Wie lieblich wär es doch, wenn du so singen könntest, daß du anstatt der steinigen Felsen nur Perlen und Edelsteine an dich brächtest; – anstatt der wilden Tiere die Geister zu dir locktest, und anstatt des höllischen Pluto die mächtigen Fürsten der Welt beschwörtest und bewegtest?[55]

Oh ihr Sterblichen! – Gottes Ratschluß ist ganz anders [als solche eure Bequemlichkeit], indem er beschlossen hat, die Zahl unserer Bruderschaft in jetziger Zeit zu vermehren und zu vervielfachen: Das haben wir mit derselben Freude aufgenommen, womit wir zu diesen großen Schätzen ohne unser Verdienst, ja, ohne eine Hoffnung oder einen Gedanken unsererseits bisher zugelassen worden sind; und wir gedenken, es mit solcher Treue ins Werk zu setzen, daß uns auch das Gejammer unserer Kinder, deren Einige in unserer Bruderschaft auch welche haben, davon nicht abwendig machen soll, weil wir wissen, daß diese unverhofften Güter weder vererbt noch unterschiedslos weitergegeben werden können.

Sollte nun jemand da sein, der – zweitens – mehr Zurückhaltung von uns verlangen wollte, weil wir unsere Schätze so großzügig und unterschiedslos für Jedermann ausgießen und nicht vielmehr mit den Frommen, Gelehrten, Weisen oder überhaupt fürstlichen Personen rechnen, anstatt mit den gemeinen Leuten: Dem nehmen wir dies nicht übel (denn der Vorwurf ist nicht unbegründet); – doch versichern wir diese, daß unsere Mysterien keineswegs öffentlich gemacht werden, obwohl sie in fünf Sprachen Jedermann um die Ohren tönen; – sei es, weil sie die Stumpfsinnigen (wie wir wohl wissen) nicht bewegen werden; sei es, weil wir die Würdigkeit Derer, die in unsere Bruderschaft sollen aufgenommen werden, nicht aufgrund ihrer Neugierde, sondern gemäß der Richtschnur und Norm unserer Offenbarungen ermessen. Ob auch die Unwürdigen tausendmal schreien und sich uns tausendmal anbieten wollten, so hat doch Gott unseren Ohren geboten, Keinen derselben anzuhören, und hat uns mit seinen Wolken umgeben, sodaß seinen geringen Knechten mit keiner Gewalt nachgestellt werden kann; wodurch wir auch von keines Menschen Auge – er habe denn Adler-Augen – erblickt und erkannt werden können.

Zwar hat die *Fama* in Jedes Muttersprache müssen ausgefertiget werden[56], damit Diejenigen nicht darum betrogen und desselben Wissens beraubt würden, welche (obschon sie nicht gelehrt sind) Gott dennoch nicht ausgeschlossen hat von der Glückseligkeit dieser Bruderschaft, die in gewisse *Gradūs* {Stufen} soll unterschieden und abgeteilet werden. So wie Diejenigen, die in der Stadt Damcar in *Arabia* wohnen, ein ganz anderes Vorgehen[57] haben als die anderen Araber, weil besonders weise und verständige Leute darin herrschen, welchen es vom König erlaubt ist, besondere Gesetze daselbst zu machen, nach deren Beispiel auch die Regierung (wovon wir eine von unserem Christlichen Vater aufgesetzte Beschreibung haben) in [ganz] *Europa* von uns soll eingeführt werden, wenn dasjenige wird verrichtet und geschehen sein, was vorhergehen soll, und wenn unsere Posaune mit vollem Schall und ohne zweideutige Worte überall erschallen wird: Wenn nämlich Dasjenige, was derzeit von Wenigen gemurmelt und als zukünftig in Figuren und Bildnissen heimlich vorgetragen wird, den ganzen Erdkreis erfüllen und frei öffentlich ausgerufen werden wird. – Ebenso wird, nachdem hiebevor viele gottselige Leute des Papsts Tyrannei heimlich gebissen und beschimpft haben, und dieser nachmals aus Deutschland mit großer Gewalt und großem Schwung vom Stuhl hinabgestoßen und genugsam mit Füßen getreten worden [ist], dessen endlicher Untergang bis auf unsere Zeit versparet; damit er alsdann auch mit den Nägeln zerkratzt, und seinem Eselsgeschrei durch eine neue Stimme ein Ende soll gemacht werden: Wovon wir wissen, daß es vielen Gelehrten in Deutschland schon ziemlichermaßen offenbar und bekannt geworden ist, wie denn auch deren Schreiben und stillschweigende Zustimmungen dies genugsam bezeugen.

Nun wäre es der Mühe wohl wert, die ganze verflossene Zeit von Anno 1378, in welchem Jahr unser Christlicher Vater geboren wurde, bis heute zu studieren, wobei wir dann wohl erzählen könnten, was er die hundert und sechs Jahre seines Lebens über für Veränderungen in der Welt gesehen, und was er unseren Brüdern, wie denn auch uns selbst, nach seinem glückseligen Ableben zu erfahren überlassen hat.[57-A] Aber die Kürze, derer wir uns hier befleißen müssen, leidet's für diesmal nicht. Es kann [dann] vielleicht ein Andermal füglicher geschehen und ausgeführt werden. Jetzt aber sei es genug für Die, die unsere Erklärung nit verachten, daß wir in Kürze dasjenige berührt haben, wodurch sie sich für eine engere Verbindung mit uns[58] die Vorbereitungen zurecht machen können.

Zwar: Wem es gegeben ist, die großen Buchstaben und *Characteres* {Zeichen}, die Gott der Herr dem Gebäude Himmels und der Erde eingeschrieben und durch die Veränderungen der Regimente für und für erneuert hat, innerlich zu erschauen, zu lesen und sich dadurch kundig zu machen, derselbe ist schon allbereits (wiewohl ihm selber noch unbewußt) Einer der Unsrigen; und so wie wir wissen, daß er unseren Aufruf nicht verachten wird, so schwören wir jedem Betrug ab; und wir verheißen und sagen öffentlich, daß es niemanden geben wird, dem seine Aufrichtigkeit und die Hoffnung auf das Kommende durch uns zum Spott gereichen soll, wenn er unter dem Siegel der Verschwiegenheit sich bei uns melden und das Gespräch mit uns suchen wird.

Den falschen Heuchlern aber und Denen, die etwas Anderes als Weisheit suchen, sagen und bezeugen wir hiermit öffentlich, daß wir nicht können offenbar gemacht und verraten – viel weniger noch zu unserem Verderben gebracht werden, ohne den Willen Gottes. Sie aber werden der Strafe, die wir ihnen in unserer *Fama* androhten, gewißlich teilhaftig werden, auf daß also ihre gottlosen Anschläge auf ihr eigen Haupt zurückfallen, und aber unsere Schätze unberührt gelassen werden sollen, bis daß der Löwe kommt und dieselben gemäß seinem Recht für sich beanspruchen, in Empfang nehmen und zur Befestigung Seines Reichs darüber verfügen wird.

Wir müssen daher dieses allhier wohl anmerken und Jedermann zu verstehen geben, daß Gott gewiß und eigentlich beschlossen hat, der Welt vor ihrem Untergang, welcher bald hernach erfolgen wird, noch eben eine solche Wahrheit, Licht, Leben und Herrlichkeit widerfahren zu lassen und zu geben, wie sie der erste Mensch – Adam nämlich – aus dem Paradies verloren und verscherzet hat, sodaß hernach seine Nachkommen zusammen mit ihm ins Elend verstoßen und vertrieben worden sind.

Es werden also zu Recht alle Dienstbarkeit[59], Falschheit, Lügen und Finsternis weichen und aufhören müssen, welche allmählich im Lauf der Umdrehung der großen Weltkugel[60] in Wissenschaft, Werke und Regierungen der Menschen sich eingeschlichen und dieselben weitestgehend verdunkelt haben. Denn daher ist eine so unzählige Menge von Irrtümern mit allerhand Falschheiten, Ketzereien und Meinungen entstanden, welche auch den allerweisesten Leuten die Unterscheidung so schwierig gemacht haben, daß hier-[hin] das Ansehen der Philosophen, dort[hin] die Wahrheit der Erfahrung auseinander gerissen und entzweit wurden. Wenn aber (worauf wir vertrauen) dermaleinst all dieses aufgehoben wird, und wir dann sehen werden, daß stattdessen eine richtige und sichere Richtschnur eingeführt sein wird, so wird zwar Denen, die sich darum bemühten, dafür Dank gebühren; das gesamte Werk als solches aber wird der Glückseligkeit unseres *Sæculi* {Jahrhunderts} müssen zugeschrieben werden.

Gleich wie wir nun gerne bekennen, daß viele vortreffliche Leute der zukünftigen Reformation mit [ihren] Schriften nicht geringen Vorschub leisten, so begehren wir uns diese Ehre gar nicht zuzuschreiben, wie wenn ein solches Werk uns allein befohlen und auferlegt worden sei, sondern wir bekennen und bezeugen öffentlich mit dem Herren Christo: Es werde eher geschehen, daß die Steine sich aufrichten und ihre Dienste anbieten, bevor es an *Executoren* und Vollstreckern des göttlichen Ratschlusses mangeln möchte.

Zwar hat Gott der Herr schon etliche Botschafter seines Willens vorausgesandt, nämlich etliche neue Sterne, die am Himmel in *Serpentario* und *Cygno* {Schlangenträger und Schwan} aufgegangen sind, welche sogleich als deutliche *Signacula* {Anzeichen} für seinen hohen Ratschluß zu erkennen geben, wie Er für jene, die Ihm besonders nahe stehen, [alles] was menschlicher Scharfsinn erfunden hat, Seiner geheimen Schrift dienlich macht, sodaß, obwohl das große Buch der Natur vor Aller Augen ausgebreitet liegt und offensteht, dennoch nur Wenige da sind, die dasselbe überhaupt lesen, geschweige denn verstehen können.

Denn gleich wie dem menschliche Haupt zum Hören zwei Organe, desgleichen auch zum Sehen zwei und zum Riechen zwei, aber nur eins zum Reden gegeben wurden, und wie man vergeblich die Rede von den Ohren und vergeblich die Unterscheidung der Töne von den Augen verlangen würde: so sind *Sæcula* {Jahrhunderte} gewesen, die gesehen haben und sind solche gewesen, die gehört haben, und ist eine Zeit dagewesen, die gerochen und geschmecket hat. Nun bleibt noch, daß, wenn die Veränderungen gereift und beschleunigt sein werden, der Zunge auch ihre Ehre gegeben werde, sodaß die, welche vor Zeiten gesehen, gehöret und gerochen hat, nun endlich [auch] spreche – nämlich dann, wenn die Welt den Rausch von dem vergifteten und betäubenden Kelch ausgeschlafen haben {vgl. Corpus Hermeticum} und am Morgen der aufgehenden Sonne mit geöffneten Herzen, entblößten Häuptern und nackten Füßen fröhlich und jubelnd entgegen gehen wird.

Solche *Characteres* und Buchstaben, wie Gott da und dort der heiligen Bibel einfügte, hat er ebenso auch in das wunderbare Werk der Schöpfung den Himmeln, der Erde sowie den Tieren deutlich eingeprägt, sodaß eben wie ein *Mathematicus* und Sternseher die zukünftigen [Sonnen- und Mond-]Finsternisse voraussehen kann, so auch wir die Verdunkelungen der Kirche – und wie lange sie währen sollen – ablesen und voraussagen können. Von diesen Buchstaben haben wir denn ebenso unsere magischen Zeichen hergenommen und uns eine neue Sprache erfunden, in welcher zugleich die Natur aller Dinge ausgedrückt und erkläret wird, sodaß es daher kein Wunder ist, wenn wir in den anderen Sprachen – und noch weniger in der lateinischen – nicht so zimperlich sind, von welchen, wie wir wissen, keine nach jener [ersten] unseres Vaters, Adams, oder Enochs duftet, sondern [alle] durch die babylonische Verwirrung verdorben worden sind.

Dieses aber müssen wir nicht unterlassen, daß, alldieweil noch etliche Adlerfedern unserem Vorhaben ein klein Wenig hinderlich sind, wir Männiglich zur einzigartigen, ersten, eifrigen und ununterbrochenen Lesung der heiligen Bücher ermahnen. Denn wer an denselbigen sein Gefallen hat, der soll wissen, daß er bereits einen stattlichen Weg gemacht habe, um zu unserer Bruderschaft Zutritt zu bekommen.

Und so wie dies das höchste unserer Gesetze ist: daß kein Buchstabe in der ganzen wunderbaren Welt sei, der nicht dem [ewigen kosmischen]Gedächtnis übergeben würde; – also sind Diejenigen uns am nahesten verwandt und am ähnlichsten, die das einmalige Buch der Bibel zur Richtschnur ihres Lebens, zur Krone all ihrer Studien und zum *Compendium* des ganzen Universums machen.

Zwar verlangen wir nicht, daß sie dieselbige stets im Munde führen, sondern daß sie deren Verständnis sinnvoll auf alle Epochen und Zeitalter der Welt anzuwenden und auszurichten wissen. Denn auch unser Brauch ist es nicht, die göttlichen Prophezeihungen so zu mißbrauchen und gemein zu machen, wie, indem eine Unzahl von Auslegern gefunden wird, Etliche dieselbe ihrer eigenen Meinung anpassen. Andere setzen der Heiligen Schrift – in alter Bosheit – zum Spott eine Wachsnase auf, die zugleich den *Theologis, Philosophis, Medicis* und *Mathematicis* dienen könnte. Vielmehr wollen wir dies bezeugen: Daß seit Anfang der Welt den Menschen nichts Vortrefflicheres, Wunderbareres noch Heilsameres gegeben worden sei, als eben die heilige Schrift der Bibel. Selig ist, wer dieselbe hat; seliger noch ist, wer sie liest; am allerseligsten ist, wer sie gründlich studiert. – Aber wer sie versteht und bewahrt, ist Gott am ähnlichsten.

Was wir aber in der *Fama* betreffend die Verachtung der Hochstapler, gegen die Umwandlung der Metalle und das höchste Heilmittel der Welt gesagt haben, das wollen wir so verstanden wissen: Diese so vortreffliche Gabe Gottes wollen wir keineswegs für nichtig erklären; sondern, dieweil jene {die Metall-Umwandlung als Teil der gesamten Alchemie} nicht allezeit der Natur Erkenntnis mit sich bringet {nämlich wenn sie lediglich zur Bereicherung ausgeübt wird}, diese {die Natur-Erkenntnis} aber sowohl die Medizin als auch unzählig viele andere Geheimnisse und Wunder offenbart, so ziemt es sich, daß man sich am allermeisten befleißige, das Verständnis und das Wissen der Philosophie zu erlangen. Darum sollen hochbegabte Menschen nicht eher zur *Tinctur* {= Umwandlung} der Metalle angeleitet werden, als bis sie in der Erkenntnis der Natur sich gut geübet haben.

Der muß ja wohl ein unersättlicher Geizhals sein, der – wenn er einmal so weit gekommen ist, daß ihm weder Armut noch Ungemach oder Krankheit mehr schaden können, ja, daß er über alle übrigen Menschen erhöht worden ist, sodaß er über all das herrscht, wovon andere Leute gequält, geängstiget und gepeinigt werden – sich wiederum so nichtigen Dingen zuwendet, wie dem Bauen von Häusern, dem Kriegführen oder sonstigem Großtun, nur weil er über eine unerschöpfliche Quelle von Gold und Silber verfügt!

Gott hat es ganz anders gefallen, denn er erhöht die Niedrigen; aber die Hoffärtigen kränket er mit Verachtung. Den Schweigsamen sendet er heilige Engel, um mit ihnen Zwiesprache zu halten; die Schwätzer aber verstößt er in die Einsamkeit. Das ist die Strafe, derer der Römische Betrüger würdig ist, welcher seine Lästerungen aus vollem Halse und mit lauter Stimme wider Christum ausgespien hat, und selbst noch bei dem hellen Licht, worin Deutschland seine Greuel und abscheulichen Höhlen alle aufgedeckt hat, von seiner Lüge nicht absteht, damit er doch ja das Maß der Sünde reichlich fülle und zur Strafe möglichst reif werde. Es wird also irgendwann die Zeit kommen, wo diese Viper zu zischen aufhören, und die dreifache Krone zunichte gemacht werden wird. Ausführlicheres dazu [soll folgen], wofern wir zusammenkommen.

Zum Abschluß unserer *Confession* müssen wir noch dieses dringend empfehlen: Daß man, wo nicht alle, so doch die meisten Bücher der falschen Alchemisten wegwerfen solle, die sich einen Spaß daraus machen, die heilige Dreifaltigkeit bis zur Lächerlichkeit zu mißbrauchen, oder durch widernatürliche Figuren und rätselvolle Reden die Leute zu betrügen, und die sich bereichern, indem sie die Leichtgläubigen um ihr Geld bringen. Wie denn solcher Bücher zu dieser jetzigen Zeit viel herausgebracht und an den Tag kommen sind; – [und als einer der vornehmsten davon ein Amphitheatralischer Gaukler – ein Mensch, recht begabt, {Anderen} einen Bären aufzubinden][61]. – Solche mischt der Feind menschlicher Wohlfahrt mit dem Ziel unter den guten Samen, daß man desto weniger der Wahrheit glauben solle, weil jene schlicht ist und nackt geht, die Lüge aber prächtig ist und mit einem besonderen Schein göttlicher und menschlicher Weisheit geschmückt daher kommt. – Meidet diese Bücher, Ihr, die ihr klug seid, und fliehet zu uns, die wir nicht um euer Gold betteln, sondern unsere großen Schätze gutwillig euch anbieten: Wir stellen euren Gütern nicht nach mit Geschichten über [irgend] eine Tinctur, sondern laden euch ein zu einer einfachen und klaren Erklärung der Mysterien. –

Wir begehren nicht, von euch ausgehalten und aufgenommen zu werden, sondern rufen euch in unsere Häuser und in unsere mehr als königlichen Paläste; – und dies alles nicht aus eigener Prunksucht, sondern (damit ihr's gleich wissen sollt) auf Antrieb des Geistes Gottes, geheißen durchs Testament des allerbesten Vaters {C.R.C.}, und gezwungen durch das Drängen gegenwärtiger Zeit.

Was meinet ihr nun, liebe Leute, und wie ist euch zu Mute, nachdem ihr jetzt versteht und wißt, daß wir uns zu Christus rein und lauter bekennen, den Papst verdammen, der wahren Philosophie zugetan sind, ein eines [wahren] Menschen würdiges Leben führen, und gehört habt, daß wir zu unserer Gesellschaft, nebst denen, denen dasselbe Licht von Gott ebenso erschienen ist, noch viele Andere berufen, einladen, auffordern und bitten?

Überlegt ihr nicht, wie ihr – mit Euren Gaben und mit Eurem wohl erwogenen Verständnis der Heiligen Schrift sowie aufgrund gründlicher Betrachtung der Unvollkommenheiten aller Künste [und Wissenschaften[62]] und der vielen ungereimten Dinge darin – zusammen mit uns anfangen könntet, nach der[en] Verbesserung zu trachten, dem wirkenden Gott Eure Hände entgegen zu strecken und recht der Forderung der Zeit zu dienen, worin ihr lebt?

Fürwahr: wenn ihr das tun werdet, wird euch dieser Nutzen daraus erwachsen, daß alle Güter, welche die Natur an allen Orten der Welt wunderbarlich ausgestreuet hat, euch mit einander und zugleich verliehen und mitgeteilt werden, wie wenn sie im Zentrum der Sonne

und des Mondes zusammengetragen würden. – Und sogleich werdet ihr alles, was den menschlichen Verstand einnebelt und dessen
Wirkung verhindert – was immer [dem Lauf] der Welt nicht folgt –
sowie alle *Excentricos* und *Epicyclos*)[63] vertreiben können.

Euch [Andere] aber, die Ihr dazu verurteilt seid, allein Eure
Neugierde zu befriedigen; Ihr, die Euch der Glanz des Goldes
verblendet oder (um genauer zu sein) die Ihr gegenwärtig zwar
fromm seid, aber durch die unverhoffte Gabe so vieler Güter gar
leicht möchtet verderbt und dazu beweget werden, Euch dem
Müßiggang hinzugeben und ein weichliches, üppiges und über-
prächtiges Leben zu führen: Stört bitte unsere geheiligte Stille
nicht mit Eurem Geschrei. – Bedenket vielmehr, daß, obschon
eine Arznei vorhanden wäre, alle Krankheiten zu heilen, dennoch
Diejenigen, die Gott mit Krankheiten zu plagen und in dieser Welt
unter der Rute zu halten beschlossen hat, zu dieser [von uns ange-
botenen] Gelegenheit nimmermehr kommen und gelangen mögen.
– Ebenso werden auch wir, obschon wir wohl die ganze Welt reich
und gelehrt machen und von den zahllosen nie endenden Unannehmlichkeiten erlösen könnten, dennoch keinem Menschen ohne Gottes
besondere Gnade jemals offenbar und bekannt werden. – Ja, es fehlt
so viel, damit Jemand gegen den Willen Gottes von uns lernen und
unserer Guttaten teilhaftig werden könnte, daß er wohl eher das
Leben im Suchen und Nachforschen verlieren wird,
als daß er uns fände – und so gelangte
und käme zur gewünschten
Glücklichkeit der

BRUDERSCHAFT DES ROSENKREUZES.

Porträt von J.V. Andreæ aus dem Jahr 1616

TEIL III

CHYMISCHE HOCHZEIT
CHRISTIANI ROSENCREUTZ
A.D. MCCCCLIX

(ERSTDRUCK 1616)

EDITION ORIFLAMME
2016

Chymische Hoch=
zeit:
Christiani Rosencreütz.
ANNO 1459.

Arcana publicata vilescunt; & gratiam prophanata amittunt.

Ergo: ne Margaritas objyce porcis, seu Asino substerne rosas.

Straßburg/
In Verlägung / Lazari Zetzners.
Anno M. DC. XVI.

Titelseite zur Erstausgabe der Chymischen Hochzeit Christiani Rosencreutz.
Die lateinischen Devisen heißen: *Veröffentlichte Mysterien werden gemein; und profaniert verscherzensie die Gnade. – Daher:*
Wirf keine Perlen vor die Säue, noch streue Rosen vor einen Esel.

Erster Tag

n einem Abend vor dem Ostertag saß ich an einem Tisch; und als ich mich nach meiner Gewohnheit mit meinem Schöpfer in meinem demütigen Gebet ausführlich besprochen und dabei über viele große Geheimnisse nachgedacht hatte (deren mich der Vater des Lichts in seiner Majestät nicht wenige hatte sehen lassen); – und als ich mir nun mit meinem lieben Osterlämmlein ein ungesäuert, unbeflecktes Küchlein in meinem Herzen zubereiten wollte, da kam mit einem Male ein solch grausamer Wind daher, daß ich nicht anders dachte, als daß der Berg, worein mein Häuschen eingegraben war, durch die große Gewalt zerspringen müsse. Weil mir aber Solches und Dergleichen beim Teufel (der mir manches Leid angetan) keine Angst machte[64], faßte ich neuen Mut und blieb bei meiner Meditation, bis mich – entgegen meiner Gewohnheit – jemand am Rücken berührte, wodurch ich so erschrak, daß ich kaum wagte, mich umzudrehen; – doch tat ich so zuversichtlich, als menschliche Schwachheit in solchen Fällen sein kann.

Und wie mich dieses Ding etliche Male beim Rock zupfte, sah ich mich um: da war es ein herrlich schönes Weibsbild; deren Kleid war ganz blau und mit goldenen Sternen zierlich besetzt wie der Himmel. In der rechten Hand trug sie eine Posaune ganz aus Gold; darauf war ein Name eingestochen, den ich wohl lesen konnte, den zu offenbaren mir aber nachmals verboten worden ist. In der linken Hand hatte sie ein großes Büschel Briefe in allerlei Sprachen; die mußte sie (wie ich später erfuhr) in alle Lande tragen. Sie hatte aber auch große, schöne Flügel, über und über voller Augen; damit konnte sie sich aufschwingen und schneller fliegen als der Adler.

Ich hätte vielleicht noch mehr an ihr bemerken können, Aber weil sie nur so kurz bei mir blieb, auch noch aller Schrecken und Verwunderung in mir steckten, muß ichs dabei bewenden lassen. Denn sobald ich mich umgewendet hatte, blätterte sie ihre Briefe vorwärts und rückwärts und zog endlich ein kleines Brieflein heraus, das sie mit einer tiefen Verbeugung auf den Tisch legte, worauf sie ohne ein Wort von mir wich. Im Auffliegen hat sie aber so kräftig in ihre schöne Posaune gestoßen, daß der ganze Berg davon widerhallte, und ich noch fast eine Viertelstunde danach mein eigen Wort kaum mehr hörte.

Bei solch unerwartetem Abenteuer wußte ich mir Armem selbst weder zu raten noch zu helfen: Deshalb fiel ich auf meine Knie und

bat meinen Schöpfer, Er wolle mir nichts gegen mein ewiges Heil zustoßen lassen. Darauf trat ich mit Furcht und Zittern zu dem Brieflein: Das war nun so schwer, daß es, selbst wenn es aus lauterem Gold gewesen wäre, kaum so schwer hätte sein können. Da ich es nun genau besehe, finde ich ein klein Siegel, womit es verschlossen war. Darauf war ein feines Kreuz eingeritzt mit der Inschrift: *In hoc signo + vincas.* Kaum hatte ich nun dieses Zeichen gefunden, war ich umso mehr getrost, indem mir nicht unbewußt war, daß solch ein Siegel dem Teufel nicht angenehm, und noch viel weniger zu Gebrauch sei. Daher machte ich das Brieflein fein sorgfältig auf: Darinnen fand ich im blauen Feld mit goldenen Buchstaben den folgenden Vers geschrieben:

Heut, heut, heut
Ist des Königs Hochzeit.
Bist du hierzu geboren,
Von Gott zur Freud' erkoren,
Magst auf den Berg du gehen,
Worauf drei Tempel stehen,
Und dort die Geschichte besehen.

Halt Wacht,
Dich selbst betracht,
Wirst du dich nicht fleißig baden,
Die Hochzeit kann dir schaden.[65]
Schaden hat, wer hier verzeucht {zögert},
Es hüte sich, wer ist zu leicht.

Und darunter stand: Sponsus et Sponsa.

Als ich nun diesen Brief gelesen hatte, da wollte es mir zuerst beinah ohnmächtig werden; – alle Haare standen mir zu Berge, und der kalte Schweiß lief mir über den ganzen Leib hinab; denn obwohl ich merkte, daß dies die bevorstehende Hochzeit sei, wovon mir vor sieben Jahren in einem leiblichen Gesicht {Erscheinung} gesagt worden war, und worauf ich nun so lange Zeit mit großem Verlangen gewartet und endlich in fleißigem Nachrechnen und Kalkulieren meiner aufgezeichneten Planeten so befunden hatte, hätte ich doch niemals erwartet, daß damit so schwere und gefährliche Bedingungen verbunden sein könnten. Denn ich hatte zuvor gemeint, ich bräuchte lediglich bei der Hochzeit zu erscheinen und würde da willkommen und ein lieber Gast sein; nun aber verwies es mich auf göttliche Vorsehung, derer ich doch in diesem Fall nit gewiß sein konnte. Und so befand ich auch bei mir selbst, je mehr ich mich selber prüfte, daß in meinem Kopf nichts als großer Unverstand und Blindheit bezüglich aller geheimen Dinge sei; – daß ich auch selbst das nicht verstehen konnte, was [unmittelbar] unter meinen Füßen lag, und womit ich täglich umging; – und noch viel weniger, daß ich sollte zur Erforschung und Erkenntnis der Geheimnisse der Natur geboren sein, weil meines Erachtens die Natur allerwegen einen tauglicheren Discipel {Jünger} hätte finden können, um ihm ihren so teuren, obschon zeitlichen und vergänglichen Schatz anzuvertrauen.

So befand ich auch, daß mein Leib und mein äußerlicher guter Wandel und brüderliche Liebe gegenüber meinen Nächsten auch nicht recht gereinigt und geläutert seien. So zeigte sich auch noch der Kitzel des Fleisches, dem der Sinn nur nach hohem Ansehen und weltlicher Pracht stand – und nicht nach dem Wohl der Nebenmenschen; indem er immer dachte: «Ei, wie könnte ich durch solch eine Kunst meinen Nutzen in Kurzem so trefflich steigern, stattliche Gebäude aufführen, mir einen ewigen Namen in der Welt machen – und was dergleichen fleischliche Gedanken mehr sind. Besonders aber bekümmerten mich die dunkeln Worte über die drei Tempel, die ich mit keinem Nachdenken einordnen konnte – und es vielleicht auch heute noch nicht könnte, wäre es mir nicht auf wunderbare Weise offenbart worden.

Wie ich nun in solcher Furcht und Hoffnung steckte, mich selber hin und her prüfte, jedoch allerseits nur meine Schwachheit und Unvermöglichkeit fand, und mir also auf keine Weise Hoffnung machen konnte, mich auch vor dem erwähnten Auftrag entsetzlich fürchtete, griff ich endlich nach meinem gewöhnlichen und allersichersten Mittel und legte mich nach beendetem ernsthaftem und eifrigem Gebet in mein Bett, ob mir doch mein guter Engel nach göttlichem Willen erscheinen möchte, um mir in diesem zweifelsvollen Handel, wie dies früher mehrmals geschehen, zu raten; und das ist denn auch Gott zum Lob, mir zum Besten, und meinem Nächsten zu getreulicher und herzlicher Warnung und Besserung wirklich geschehen.

Denn ich war kaum eingeschlafen, da dünkte mich, ich liege in einem finstern Turm, neben unzählbaren anderen Menschen an großen Ketten gefangen. Darin wimmelten wir nun ohne jegliches Licht und Helligkeit wie die Bienen über einander, sodaß also Jeder

65

dem Andern seine Trübsal noch schwerer machte. Wiewohl nun weder ich noch sonst Einer von uns das Geringste sah, hörte ich doch immer wie Einer sich über den Andern erhob, sobald seine Ketten oder Klammern nur ums Geringste leichter wurden, ganz abgesehen davon, daß unser Keiner dem Andern viel vorzuwerfen hatte; weil wir alle armselige Tröpfe waren. Wie ich nun auch in solcher Trübsal mit Andern eine gute Weile verharrt hatte, indem immer einer den Andern einen Blinden und Gefangenen schalt, hörten wir endlich mit vielen Trompeten blasen und auch die Heertrommel so kunstvoll darzu schlagen, daß es uns dennoch in unserem Leid erquickte und erfreuet hat.

Unter solchem Getön wurde der Deckel oben auf dem Turm angehoben und uns einwenig Licht zugelassen. Da konnte man uns erst recht sehen durcheinander purzeln, denn da ging alles durcheinander; und mußte etwa der, der sich zuviel erhoben hatte, Anderen unter die Füße kommen. – In Summa: ein Jeder wollte der Oberste sein. So säumte auch ich selber nicht, sondern wischte trotz meinen schweren Hand- und Fußschellen unter den Andern hervor und erhob mich an einem Stein, den ich erwischte, wiewohl ich auch da etliche Male von Anderen angegriffen wurde. Da wehrte ich mich dann immer mit Händen und Füßen so gut ich konnte; denn wir meineten nit anders denn wir würden alle freigelassen werden; doch es geschah dies ganz anders: Denn nachdem sich die Herren, die oben vom Loch des Turms auf uns herabgesehen, über unser Zappeln und Wimmeln einwenig belustigt hatten, hieß uns ein alter eisgrauer Mann stillsein; und als er das endlich erreicht hatte, fing er, wie ich mich noch erinnere, also zu reden an:

> Wenn sich's nicht täte erheben,
> Das arme menschliche Geschlecht,
> Wär ihm viel Gut's gegeben
> Von meiner Mutter recht.
> Weil's aber nicht will gehorchen,
> Bleibt es in solchen Sorgen
> Und muß gefangen sein.

> Noch will meine liebe Mutter
> Anseh'n ihren Unrat nicht;
> Läßt ihre schönen Güter
> Zu Vielem kommen ans Licht,
> Wiewohl dies geschieht gar selten,

Damit sie auch etwas gelten,
sonst hielte man's für ein Gedicht.

Darum, dem Fest zu Ehren
Das wir heut feiern tun,
Damit man ihr' Gnad' vermehre,
Will sie ein gut Werk tun.
Das Seil wird man jetzt senken:
wer sich daran wird henken,
Derselbe soll werden frei.

Als er das nun kaum ausgeredet hatte, befahl die Alte Frau ihren
Dienern, das Seil sieben Mal hinab zu lassen und wer daran hangen
bliebe, heraufzuziehen. Oh, wollte Gott, ich könnte genugsam beschreiben, welche Unruhe sich da unter uns erhob; denn Jeder wollte an das Seil springen, und dabei hinderte doch nur Einer den
Andern. Es wurde aber nach sieben Minuten mit dem Glöcklein
ein Zeichen gegeben, worauf die Diener beim ersten Mal Viere
herauf zogen; denn damals konnte ich noch bei Weitem zum Seil
nit kommen, indem ich mich ja, wie zuvor berichtet, zu meinem
größten Unglück, an der Wand des Turms auf einen Stein begeben
hatte, und daher zum Seil, das in der Mitte herab hing, nicht gelangen mochte. –

Zum zweiten Mal wird das Seil herab gelassen. Aber weil Manchem die Ketten zu schwer, die Hände aber zu schwach waren,
konnte er sich am Seil nicht festhalten, sondern schlug wohl noch
Manchen, der sich vielleicht sonst gehalten hätte, mit sich hinab.
Ja, es wurde noch wohl Mancher von einem Andern herab gerissen, der doch selbst nicht dahin kommen konnte: Wir waren also
in unserem großen Elend noch neidisch auf einander. – Die aber
dauerten mich selber aber am allermeisten, denen ihr Gewicht so
schwer wurde, daß sie sich selber die Hand aus dem Leib rissen,
und dennoch nicht hinauf kommen konnten. So kam es, daß zu
fünf Malen gar wenige hinaufgezogen wurden: Denn sobald das
Zeichen ward gegeben, waren die Diener mit dem Hochziehen so
schnell, daß der mehrere Teil über einander purzelte, besonders
aber beim fünften Mal das Seil sogar leer hinaufgezogen wurde,
weswegen die Meisten, und auch ich selber, an unserer Befreiung
verzagten und Gott anriefen, er wolle sich unser erbarmen, und, so
es möglich wäre, uns aus dieser Finsternis erlösen. Der hat dann
auch etliche von uns erhört. Denn als das Seil zum sechsten Mal

kam, hingen sich Etliche festiglich daran. Und weil das Seil im Hinaufziehen hin und her schwankte, ist es vielleicht aus göttlichem Willen zu mir her gefahren. Da erhaschte ich es schnell, setzte mich zuoberst auf alle Anderen und kam also endlich wider Verhoffen heraus, was mich höchlich erfreute, sodaß ich die Wunde, die ich am Kopf von einem spitzigen Stein beim Hinaufziehen erhalten hatte, nicht empfand, bis ich mit Anderen Befreiten den 7. und letzten Zug tun helfen mußte (wie es zuvor jedesmal geschehen), wobei mir dann vor Anstrengung das Blut über mein ganzes Kleid hinab lief, dessen ich doch vor Freude nicht geachtet hätte.

Wie nun auch der letzte Zug, woran noch am Allermeisten hingen, vollendet war, ließ die Frau das Seil hinweg tun und ihren uralten Sohn (über den ich mich höchlichst verwunderte) den noch Gefangenen ihr Urteil verkündigen; der sie denn auch nach wenigem Bedenken wie folgt anredete:

Ihr lieben Kind',
Die ihr hier sind,
Es ist vollendt
Was längst erkennt:
Was meiner Mutter große Gnad
Euren Beiden hier erwiesen hat, [66]
Das sollt ihr ihnen nicht mißgönnen
Eine fröhliche Zeit, die soll bald kommen,
Worin Einer wird dem Anderen gleich:
Keiner wird sein arm oder reich.
Man wird befohlen,
Muß Vieles holen,
Wem viel angetraut,
Dem geht's an die Haut.
Darum so laßt eure große Klage:
Was sind schon ein paar wenige Tage!

Sobald er diese Rede vollendet hatte, wurde der Deckel wieder zugetan und verschlossen, und das Trompeten und Heertrommeln wieder angefangen. So laut konnte aber der Ton nit sein: man hörte noch der Gefangenen bittere Klage, die sich im Turm erhoben hatte, aus Allem heraus. Das hat mir denn auch bald die Augen übergetrieben.

Bald darauf setzt sich die Alte Frau mit ihrem Sohn auf vorbereiteten Sesseln nieder und befiehlt, die Befreiten zu zählen. Als sie

nun die Zahl vernommen und auf ein goldgelb Täfelchen aufgeschrieben hatte, fragte sie auch nach eines Jeden Namen; welche
auch durch ein Knäblein aufgeschrieben wurden. Wie sie uns nun
nach einander ansieht, seufzet sie und spricht zu ihrem Sohn, sodaß
ich es gut hören konnte: Ach wie dauern mich die armen Menschen
im Turm so gar sehr: Wollte Gott, ich dürfte sie alle befreien! Darauf
antwortete der Sohn: Mutter, so ist's von Gott verordnet: dem sollen
wir nit widerstreben. Könnten wir alle Herren werden, und hätten
alles Gut auf Erden, und so alsdann zu Tische säßen: wer wollte
uns da bringen zu essen? – Deswegen schwieg die Mutter; – aber
bald darauf sagt sie: Nun so laßt doch diese von ihren Fesseln befreien! Das geschah denn auch schnell, und ich war, außer einigen
Wenigen der Letzte. Doch konnte ich mich nicht enthalten, obwohl
ich immer auf Andere sah; sondern ich verneigte mich vor der Alten Frau und dankte Gott, der durch sie mich aus solcher Finsternis
ans Licht gnädig und väterlich hatte bringen wollen; was dann auch
Andere nach mir taten, und sich so vor der Frau verneigten.
Endlich wurde Jedem ein goldener Gedenk- und Zehrpfennig
gegeben. Darauf war auf der einen Seite die Sonne im Aufgang
geprägt; auf der anderen Seite standen, so wie ich mich erinnere
diese drei Buchstaben: D.L.S.[67] Damit wurde Jeder verabschiedet
und zu seiner Tätigkeit geschickt mit der Bemerkung, wir sollten zu
Gottes Lob unseren Nächsten nützlich sein, und über was uns
anvertraut worden, verschwiegen bleiben. Das versprachen wir
auch zu tun, und schieden so von einander. Ich aber konnte wegen
der Wunden, die mir meine Hand- und Fußschellen gemacht
hatten, nicht gut vorwärts kommen, sondern hinkte an beiden
Füßen. Das hatte die Alte schnell bemerkt; sie lachte darüber und
rief mich wieder zu sich und sprach mich an: «Mein Sohn, laß
dich diesen Mangel nicht bekümmern; sondern erinnere dich deiner
Schwachheiten und danke Gott, der dich zu so hohem Licht noch
in dieser Welt – und im Zustand deiner Unvollkommenheit – hat
kommen lassen; und behalte diese Wunden um meinetwillen.»
Darauf hob das Trompeten abermals an, was mich so erschreckte,
daß ich erwachte und erst jetzt bemerkte, daß es nur ein Traum gewesen war. Doch lag mir dieser doch so stark im Sinn, daß ich mich
noch immer vor dem Traum fürchtete; und so war mir auch, als ob
ich noch die Wunden an meinen Füßen empfände.
Wie nun dem allem auch sei, so verstand ich doch gut, daß mir von
Gott vergönnet worden sei, jener geheimen und verborgenen Hoch-

zeit beizuwohnen, weswegen ich seiner göttlichen Majestät mit kindlichem Vertrauen dankte und ihn bat, Er wolle mich auch fernerhin so in seiner Ehrfurcht erhalten, mein Herz täglich mit Weisheit und Verstand erfüllen und mich endlich [auch] ohne meinen Verdienst zum erwünschten Ende leiten.

Darauf machte ich mich für den Weg fertig, zog meinen weißen leinenen Rock an und umgürtete meine Lenden mit einem kreuzweise über die Achseln gebundenen blutroten Band. Auf meinen Hut steckte ich vier rote Rosen, damit ich durch dieses Zeichen in der Menschenmenge desto besser könnte bemerkt werden. Als Speise nahm ich Brot, Salz und Wasser mit, derer ich mich denn auf Rat eines Verständigen zu bestimmten Zeiten nicht ohne Nutzen in solchen Fällen bediente.

Ehe ich aber aus meinem Hüttlein wegging, fiel ich zuvor in dieser meiner Montur und Hochzeitskleid auf die Knie und bat Gott, daß, wo immer solches wäre, er es mir doch zu einem guten Ende gereichen lassen wolle. Auch gelobte ich darauf vor Gottes Angesicht, daß, wenn mir etwas durch Seine Gnad würde eröffnet werden, ich mich dessen weder zu [eigener] Ehre noch Ansehen in der Welt, sondern [zu] seines Namens Ausbreitung und den Nebenmenschen zum Dienst gebrauchen wolle.[68] Und unter diesem Gelübde und guter Hoffnung schied ich mit Freuden aus meiner Zelle.

Zweiter Tag

Bereits war ich aus meiner Zelle in den Wald gekommen, da dünkte mich schon, es habe sich der ganze Himmel und alle Elemente zu solch einer Hochzeit geschmückt; denn auch die Vögel sangen meines Erachtens lieblicher als zuvor. So sprangen die jungen Hirschlein so freudig daher, daß sie mein altes Herz erfreuten; und zum Singen bewegt fing ich deswegen mit lauter Stimme auch also an zu singen:

> Freu dich, liebes Vögelein
> Deinen Schöpfer hoch zu loben.
> Deine Stimm' erheb nun hell und fein,
> Dein Gott ist hoch erhoben.
> Dein' Speise hat er vorbereit't,
> Gibt dir's zu recht bequemer Zeit,
> Dran laß du dir genügen.

> Was wollt'st du doch unlustig sein,
> Was wolltest Gott du zürnen,
> weil er dich wollt' ein Vögelein sein.
> Wollst 's Köpflein nit verwirren,
> Daß er dich nicht als Menschen gemacht:
> Oh schweig! Er hat es besser bedacht:
> Dran laß du dir genügen.

> Was mach' ich armer Erdenwurm?
> Wollt ich mit Gott tun rechten?
> Daß ich so in den Himmel stürm,
> Große Kunst mit Gewalt zu erfechten?
> Gott will sich ja nicht fordern lan:
> Wer hier nicht taugt, der muß davon:
> Oh Mensch laß dich genügen!

> Daß Er dich nicht zum Kaiser g'macht,
> Des laß du dich nicht kränken:
> Sein'n Namen hätt'st du vielleicht veracht't,
> das machte ihm Bedenken.
> Die Augen Gottes sind so hell,
> Sie sehen dir ganz ins Herze schnell,
> Drum wirst du Gott nie trügen.

So sang ich nun von Grund meines Herzens durch den ganzen Wald, daß es allenthalben erschallte und die Berge mir die letzten

Worte repetirten, bis ich endlich eine schöne grüne Heide sah. Dahin begab ich mich aus dem Wald. Auf dieser Heide standen drei hohe schöne Zedern-Bäume, welche ihrer Breite wegen einen herrlichen und erwünschten Schatten gaben, was mich höchlich erfreute; denn obwohl ich noch nicht weit gegangen war, machte mich doch das große Verlangen gar müde, weswegen ich den Bäumen zueilte, um darunter einwenig zu ruhen. Wie ich aber näher hinzu komme, erblicke ich ein Täfelchen, das an den einen Baum geheftet war. Darauf waren, wie ich später las, folgende Worte, mit zierlichen Buchstaben geschrieben:

Hospes salve: si quid tibi forsitan de nuptiis Regis auditum, verba hæc perpende. Quatuor viarum optionem per nos tibi sponsus offert per quas omnes, modo non in devias delabaris ad Regiam ejus aulam perveni possis. Prima brevis est, sed periculosa, et quæ te in varios scopulos deducet, ex quibus vix te expedire licebit. Altera longior quæ circumducet te, non abducet, plana ea est & facilis, si te Magnetis auxilio neque ad dextrum neque sinistrum abduci patieris. Tertia vere Regia est, quæ per varias Regis nostri delicias & spectacula viam tibi reddet jucundam. Sed quod vix millesimo hactenus obtigit. Per quartam nemini hominum licebit ad Regiam pervenire, ut pote, quæ consumens, et non nisi corporibus incorruptibilibus conveniens est. Elige nunc ex tribus quam velis & in ea constans permane. Scito autem quamcunque ingressus fueris: ab immutabili Fato tibi ita destinatum, nec nisi cum maximo vitæ periculo regredi fas esse. Hæc sunt quæ te scivisse voluimus: sed heus cave ignores, quanto cum periculo te huic viæ commiseris. nam sie te vel minimi delecti [recte: delicti] contra Regis nostri leges nosti obnoxium: quæso dum adhuc licet per eandem viam qua accessisti domum te confer quam citissime.

{Gast, sei gegrüßt: So etwas dir vielleicht von der Hochzeit des Königs zu Ohren gekommen ist, erwäge diese Worte: Vierer Wege Wahl gewährt dir der Bräutigam durch uns, auf welchen allen du – sofern du auf keine Umwege abweichst – zu seinem königlichen Saal gelangen magst. Der erste ist kurz aber gefährlich, und er bringt Dich in manche Drangsal, woraus du dich kaum retten dürftest. Der andere ist länger: Er führt dich auf Umwege, doch nicht auf Abwege, ist eben und leicht, so du dich mit des Magneten Hilfe weder zur Rechten noch zur Linken ablenken läßt. Der dritte ist der wahrlich königliche, der dich durch manche Freuden und Schauspiele unseres Königs das Wandern angenehm machen soll. Doch kaum Einer von Tausend hat darauf das Ziel erreicht. – Auf dem vierten ist es keinem Menschen erlaubt, zum Königspalast zu gelangen; denn er ist ja verzehrend und ausschließlich für unvergängliche Körper tauglich.[69]

Wähle nun aus den dreien welchen du willst, und bleibe darauf beständig. Wisse jedoch: Welchen du einmal betreten haben wirst, der ist dir vom unabänderlichen Schicksal so bestimmt, und es ist – außer unter größter Gefahr des Lebens – nicht erlaubt, zurückzuweichen. Dies ist, was wir dich wissen lassen wollten. – Doch wehe dir! Hüte dich, daß du nicht unwissend seiest der Gefahr, in die du dich auf diesem Weg begibst! Denn wenn du dir des kleinsten Vergehens gegen die Gesetze unseres Königs schuldig weißt: Bitte begib dich, so lange es noch erlaubt ist, eilendst auf dem Weg, worauf du gekommen, nachhause zurück!

Als ich diese Schrift gelesen hatte, war mir schon alle Freud wieder dahin; und ich, der ich zuvor fröhlich gesungen, fing nun an, inniglich zu weinen, denn ich sah gleichwohl alle drei Wege vor mir und wußte auch, daß mir zur rechten Zeit erlaubt würde, mir einen Weg zu erwählen. Doch besorgte ich, da ich auf den Steinigen und Felsigen Weg käme, möchte ich jämmerlich zu Tode fallen. – Oder da mir der lange Weg würde, könnte ich mich entweder auf Abwege verirren, oder sonst auf der weiten Reise umkommen. So durfte ich auch nicht hoffen, daß unter Tausenden gerade ich eben Der sein sollte, der den Königlichen Weg erwählen sollte. – Den vierten Weg sah ich allerdings auch vor mir; – aber er war mit Feuer und Dampf dermaßen umgeben, daß ich mich ihm nicht einmal von Weitem zu nahen wagte.

Ich bedachte mich also hin und her, ob ich wieder umkehren, oder einen der Wege als den meinen nehmen sollte.

Meine Unwürdigkeit bedachte ich wohl; – mich tröstete aber jederzeit der Traum, worin ich aus dem Turm befreit worden, und doch durfte ich mich nicht kecklich auf einen Traum verlassen. Deswegen besann ich mich denn so lange hin und her, bis mir vor großer Mattigkeit Hunger und Durst in den Bauch kamen. Deswegen zog ich bald mein Brot hervor und schnitt es auf. Das sah eine schneeweiße Taube, die auf dem Baum gesessen, und die ich nicht wahrgenommen hatte, kam deswegen vielleicht nach ihrer Gewohnheit herab und setzte sich gar zutraulich zu mir. Der teilte ich denn

gerne von meiner Speise mit. Sie nahm es auch an, und so wurde ich durch ihre Schönheit wieder ein wenig gestärkt.

Sobald das aber ihr Feind – ein schwarzer Rabe – erblickte, schoß er gleich auf die Taube zu, indem er meiner nicht achtete, sondern der Taube das Ihre nehmen wollte, die sich anders nit als durch die Flucht erwehren konnte. Sie flogen deshalb mit einander Mittagwärts, was mich dann dermassen erzürnte und betrübte, daß ich aus Unbedacht dem losen Raben nacheilte und also, wider meinen Willen, fast eine Ackerlänge weit auf einem der vorgezeichneten Wege lief und so den Raben vertrieb, die Taube aber befreite. Da erst merkte ich, wie unbesonnen ich gehandelt hatte, und daß ich allbereits auf einen Weg gekommen, wovon ich (bei Gefahr großer Strafe) nicht wieder weichen durfte. – Und wiewohl ich mich [darüber] noch einigermassen hätte trösten können, war mir doch das Allerschlimmste, das ich mein Säcklein und Brot bei dem Baum gelassen hatte und es nicht mehr holen konnte. Denn sobald ich mich umkehrte, blies mir ein so starker Wind so heftig entgegen, daß er mich leicht niederwerfen konnte. Ging ich dann auf dem Weg weiter, so merkte ich ganz und gar nichts, woraus ich leicht schließen konnte, es würde mir das Leben kosten, wenn ich dem Wind widerstreben wollte. Ich nahm deswegen mein Kreuz geduldig auf mich, machte mich auf die Socken und dachte: weil es nun sein müßte, wolle ich mich dahin bemühen, das ich vor der Nacht zum Ziel kommen könne.

Wiewohl sich nun manch scheinbarer Abweg zeigte, schlüpfte ich doch allweg mit meinem Kompass heraus und wollte von der Mittag-Linie um keinen Schritt nit weichen, wiewohl der Weg manchmal so rauh und ungebahnt war, daß ich nit wenig an ihm zweifelte. Auf diesem Weg gedachte ich ständig der Taube und des Raben und konnte es doch nicht erspekulieren[70], bis ich endlich auf einem hohen Berg ein schön Portal von weitem erblickte, dem ich denn, ungeachtet es mir weit, weit vom Weg ab lag, zueilte, weil die Sonne sich bereits unter den Bergen verborgen hatte, und ich sonst bei Weitem noch keine bleibende Statt erblicken konnte; und zwar schreibe ich dies allein Gott zu, der mich wohl hätte auf solch einem Weg weiter gehen lassen und mir die Augen zuhalten mögen, sodaß ich jenes Portal hätte übersehen können: Diesem eilte ich nun, wie gesagt, hastig zu, und erreichte es noch bei solcher Tageszeit, daß ich es dennoch in aller Bequemlichkeit besehen konnte.

Es war aber ein überaus königlich schönes Portal, worein viele herrliche Bilder und Sachen eingehauen waren, deren jegliches, wie ich hernach erfuhr, seine besondere Bedeutung hatte. Oben an war ein ziemlich großes Täfelchen angeheftet, mit diesen Worten: PROCUL HINC, PROCUL ITE PROPHANI[71]. – und Anders mehr, welches zu erzählen mir ernstlich verboten worden.

Sobald ich nun unter das Portal gekommen war, huschte alsbald Einer in einem himmelblauen Kleid hervor, den ich sogleich freundlich grüßte, wofür er sich ebenso bedankte; doch forderte er flugs meinen Einladungs-Brief von mir. – Oh wie froh war ich damals, daß ich ihn mitgenommen; denn: Wie leicht hätte es sein können, daß ich seiner vergessen hätte, welches Andern auch wirklich geschehen war, wie er mir selber berichtete: Den [Brief] legte ich nun sogleich vor; und er war dessen nicht nur zufrieden, sondern – worüber ich mich verwunderte – wurde ich von ihm hoch geehrt, und er sagte:

Geht hin mein Bruder, ein lieber Gast seid ihr mir:

Auch bat er mich dabei, ich möge ihm meinen Namen nicht verhehlen. Als ich ihm nun antwortete, ich sei der Bruder von der Roten Rosen Creutz, da hat er sich verwundert und zugleich gefreuet und hob darauf an: Mein Bruder, habt ihr nicht soviel zu euch genommen, daß ihr könntet ein Zeichen kaufen? Ich antwortete: Mein Vermögen sei gering, wo er aber etwas bei mir sehe, was ihm beliebe, das möchte er nehmen. Wie er nun mein Fläschlein mit Wasser von mir begehrte, ich ihm dies auch bewilligte, gibt er mir ein goldenes Zeichen; worauf nicht mehr stand als diese zwei Buchstaben: S.C.[72] – mit der Ermahnung: Sofern mir dieses wohlbekommen würde, sollte ich seiner gedenken. Darauf fragte ich ihn, Wieviele vor mir hinein gegangen wären, was er mir auch berichtete. Endlich hat er mir aus guter Freundschaft ein versiegeltes Brieflein an den zweiten Hüter mitgegeben.

Wie ich mich nun des Längeren bei ihm aufhalte, sinkt die Nacht herab, weshalb alsbald über dem Portal eine große Pechpfanne angezündet wurde, damit, falls noch Jemand auf dem Weg wäre, er herzu eilen könnte. Der Weg aber, der vollends bis zum Schloß ging, war zu beiden Seiten mit Mauern eingeschlossen und mit schönen Bäumen von allerlei Früchten besetzt, auch immer drei Bäume auf jeder Seite; daran waren Laternen festgemacht, worin schon allbereits alle Lichter durch eine schöne Jungfrau – auch im blauen Kleid – mit einer herrlichen Fackel angezündet worden waren.. Das war so herrlich und meisterlich anzusehen, daß ich mich entgegen der Notwendigkeit etwas lange da aufgehalten. Endlich aber nach ausführlichen Gesprächen und nützlicher Anweisung bin ich vom ersten Hüter freundlich geschieden:

Auf dem Weg hätte ich gleichwohl gerne gewußt, was in meinem Brieflein geschrieben stand; weil ich aber dem Hüter nichts Böses zutrauen durfte, mußte ich meine Absichten im Zaum halten und also den Weg fortsetzen, bis ich auch zum zweiten Portal kam, das zwar dem ersten fast gleich, aber mit andern Bilden und geheimen Zeichen verziert war. Auf dem angehefteten Täfelein stand DATE, ET DABITUR VOBIS {gebt, so wird Euch gegeben}.

Unter diesem Portal lag an einer Kette ein grausiger Löwe, der, sobald er mich erblickte, sich aufrichtete und mit lautem Brüllen auf mich los springen wollte: Davon wachte denn der zweite Hüter, der auf einem Marmor-Stein gelegen hatte, auf und hieß mich, ohne Sorge und Furcht zu sein. Daraufhin trieb er auch den Löwen hinter sich, nahm das Brieflein, das ich ihm zitternd dargereicht, in Empfang, las es und sprach mich mit großer Hochachtung so an: Nun sei mir Gott willkommen der Mensch, den ich längst gern gesehen hätte! Damit zieht auch er ein Wahrzeichen heraus und fragt mich, ob ich's einlösen könne. Weil ich aber nichts mehr hatte als mein Salz, bot ich ihm dieses an, und er nahm es mit Dank an.

Auf dem Zeichen standen abermals nur zwei Buchstaben, nämlich: S.M.[73] – Als ich nun auch mit diesem [Wächter] plaudern wollte, fängt man im Schloß an zu läuten, weswegen mich der Hüter ermahnte, Ich solle schnell laufen, sonst wäre alle meine gehabte Mühe und Anstrengung vergebens; denn man fange dort oben schon an, die Lichter auszulöschen: So ging ich dann so schnell weg, daß ich sogar dem Hüter kein Abschiedswort gab, so Angst war mir[74], und wirklich war es wahrlich vonnöten.

Denn so schnell konnte ich nit laufen, da hatte die Jungfrau mich schon eingeholt, nach welcher alle Lichter erloschen. Ich hätte auch den Weg nimmer finden können, wenn sie ihn mir nit mit ihrer Fackel noch etwas erhellet hätte: Auch trieb mich die Not an, sodaß ich knapp mit ihr hinein kam; da dann das Portal so schnell zugeschlagen wurde, daß mir auch ein Stück vom Rocke hineingeschlossen wurde, welches ich unweigerlich hinter mir lassen mußte; denn den Torwart konnten weder ich, noch Jene, die bereits vor dem Tor draußen nach ihm riefen, dahin bringen, daß er nochmals geöffnet hätte; sondern [sagte,] er habe die Schlüssel der Jungfrau gegeben, die sie mit sich in den Hof genommen.

Unterdessen sahe ich mich abermals an der Pforte um: die war nun so köstlich, daß ihres Gleichen die ganze Welt nicht hat: Neben dem Tor waren zwei Säulen. Auf der Einen stand ein fröhlich Bild mit dieser Inschrift: CONGRATULOR. Das andere verhüllte sein Angesicht, war traurig, und es stand darunter CONDOLEO. – In Summa, solche dunklen verborgenen Sprüche und Bilder waren daran, daß die Gescheitesten auf Erden sie nicht hätten auslegen können. Es sollen aber alle diese, so es denn Gott zuläßt, in Kurzem von mir an den Tag gebracht und eröffnet werden.

Unter diesem Portal mußte ich abermals meinen Namen angeben; der wurde in ein Büchlein von Pergament als letzter eingeschrieben, und [so wurde ich] alsbald mit andern, dem H. Bräutigam übersandt. Da ward mir erst das rechte Gastzeichen gegeben: das war etwas kleiner als die andern, doch viel schwerer. Auf diesem standen diese Buchstaben: S.P.N.[75] – Überdies gab man mir ein neues Paar Schuhe, denn der Boden des Schlosses war mit lauter hellem Marmor ausgelegt. Meine alten Schuhe durfte ich einem der Armen, deren viele unter dem Tor, aber fein ordentlich, saßen, geben, welchem ich wollte. Die schenkte ich dann einem alten Mann. Darauf führte mich ein Page mit zwei Fackelträgern in ein kleines Gemächlein. Da hießen sie mich auf eine Bank niedersitzen, was ich auch tat; sie aber steckten ihre Fackeln in zwei Löcher, die in den Boden gemacht waren und gehen davon und lassen mich so allein sitzen.

Bald darauf hörte ich ein Geräusch, sah aber nichts; und das waren etliche Männer, die fielen über mich her. Weil ich aber nichts sehen konnte, mußte ich's so geschehen lassen und warten, was sie doch mit mir anfangen würden. Weil ich aber bald bemerkte, daß es Balbierer seien[76], so bitte ich sie, sie sollten mich nicht so festhalten, ich wäre doch willig zu tun, was sie von mir wollten. Darauf ließen sie mich bald los, worauf Einer, den ich doch nicht sehen konnte, mir fein sittsam das Haar mitten auf dem Kopf herum hinweg schnitt; – an der Stirn aber, an Ohren und Augen ließ er mein langes eisgraues Haar hangen.[77]

Bei solch unverhofftem Angriff, so muß ich bekennen, wäre ich schier verzagt, denn weil mich ihrer Etliche so stark festhielten, und ich doch nichts sehen konnte, mochte ich nichts Anderes denken, als daß Gott mich wegen meines Vorwitzes habe fallenlassen.

Nun, diese unsichtbaren Balbierer lesen das abgeschnitten Haar fleißig auf und tragen's mit sich hinweg: Darauf stelleten sich dann die beiden Pagen wieder ein und lachten herzlich über mich, weil ich mich so gefürchtet hatte.[78] Als sie aber kaum etliche Worte mit mir geredet hatten, fing man wieder an, mit einem kleinen Glöcklein zu läuten, um, wie mich die Pagen belehrten, das Zeichen zur Versammlung Aller zu geben, weshalb sie mich aufstehen hießen und mir durch viele Gänge, Türen und Wendeltreppen bis in einen großen Saal voranleuchteten.

In diesem Saal war eine große Menge von Gästen: von Kaisern, Königen, Fürsten und Herren, Edeln und Unedeln, Reichen und Armen – sowie allerlei Gesindel, worüber ich mich höchlich verwunderte und bei mir selbst dachte: Ach wie bist du so ein großer Narr gewesen, daß du dir diese Reise so bitter und sauer hast lassen angelegen sein! Siehe, da sind doch Gesellen, die du wohl kennst, und auf die du nie nichts gehalten hast: Die sind nun alle hier; und du bist mit all deinem Bitten und Beten kaum zuletzt noch herein gekommen! Dies und Anderes mehr gab mir der Teufel dazumal ein, dem ich doch, so gut ich konnte, den Ausgang wies.

Unterdessen spricht mich meiner Bekannten einer hier, der andere da an: Siehe Frater Rosencreutz, bist du auch hier!? – Ja antwortete ich, meine Brüder, die Gnade Gottes hat auch mir herein geholfen! Dessen lachten sie sehr und hielten's für einen Scherz, in einem so schlichten Ding auch noch Gottes zu bedürfen. Wie ich nun Jeden seines Wegs halber befragte, deren die Mehrzahl aber über die Felsen hatten herabklettern müssen, fängt man an, mit etlichen Trompeten, deren wir doch keine gesehen, zu Tisch zu blasen, worauf sich dann Männiglich setzte, immer Einer so wie ihn dünkte, er sei höher als der Andere, weswegen mir samt andern armen Gesellen kaum ein Plätzlein am unteren Tische ward.

Bald stellen sich die beiden Pagen ein, und betet einer von ihnen so schöne und herrliche Gebetlein, daß sich mein Herz im Leib erfreute, während doch etliche Großhanse dessen wenig achteten, sondern mit einander gelacht, einander gewunken, in die Hüte gebissen, und dergleichen Gaukeleien mehr getrieben. – Darnach ward das Essen aufgetragen, und wiewohl man keinen Menschen sehen konnte, wurde doch alles so ordentlich versehen, daß mich däuchte, es habe ein jeder Gast seinen eigenen Diener.

Als nun meine Künstler sich ein wenig erlabt und ihnen der Wein die Scham ein wenig vom Herzen weg gerückt hatte, da erhub sich erst ein Rühmen und Wohl-können: Der wollte Dies beweisen, der Andere Jenes, und es waren allgemein die unnützen Tröpfe die Lautesten: Ach, wenn ich daran denke, was für übernatürliche und unmögliche Angebereien ich damals gehört habe, möchte ich noch immer darüber unwillig werden. – Endlich blieben sie auch nimmer bei ihrer Ordnung, sondern da drängt sich da ein Lecker {Laffe, Schwätzer, Schmarotzer[79]} zwischen die Herren, da ein Anderer; – da gaben sie solche Streiche zum Besten, dergleichen weder Samson, noch Hercules mit all ihrer Stärke jemals hätten zuwege bringen können:

Der wollte den Atlas von seiner Last befreien; – Jener wollte den dreiköpfigen Cerberus wieder aus der Hölle ziehen; – in Summa: Jeder hielt sein eigen Geschwafel. Dazu waren die großen Herren so närrisch, daß sie ihren Angebereien glaubten – und die Bösewichte so verwegen, daß, obwohl einem hier, dem Anderen da mit dem Messer auf die Finger geklopft wurde, sie doch sich nicht daran kehrten; sondern wo einer etwa eine güldene Kette erschnappt hatte, trauten sie sich alle dasselbe zu. Ich sah Einen, der hörte die Himmel rauschen. Der Andere konnte Platons Ideen sehen. Der Dritte wollte Demokrits Atome zählen. – So waren auch der Ewigmobilisten nicht wenige.[80] – Mancher hatte meines Erachtens einen guten Verstand, aber er maßte sich selber zu seinem Verderben zuviel an. – Endlich war auch Einer, der wollte uns kurzum bereden, er sehe die Diener, welche aufwarteten. Er hätte auch sein Stänkern noch länger getrieben, wenn ihm nicht der unsichtbaren Aufwärter einer ein so Redliches auf sein verlogenes Maul gegeben hätte, daß nicht allein er, sondern auch Viele neben ihm wie die Mäuslein stillschwiegen. – Dies aber gefiel mir am Besten, daß alle Diejenigen, auf die ich etwas gehalten, in ihrem Tun fein still waren und nicht laut darzu schrien, sondern sich darzu bekannten, unverständige Menschen zu sein, denen der Natur Geheimnisse zu hoch, sie aber viel zu gering seien.

In solchem Tumult hätte ich schier den Tag, an dem ich hierher gekommen, verflucht, denn ich mußte mit Schmerzen sehen, daß lose, leichtfertige Leute oben am Brett waren, ich aber [selbst] an solch geringem Ort noch nicht könne in Frieden bleiben; – wie mich denn dieser Bösewichte Einer auch höhnisch einen gescheckten Narren schalt.

Nun bedachte ich nicht, daß noch eine Pforte vorhanden wäre, durch die wir gehen sollten, sondern meinte, ich werde die ganze

Hochzeit über in solchem Spott, Verachtung und Unwert verbleiben müssen, was ich doch weder um den H. Bräutigam, noch um die Braut jemals verschuldet hätte. Er sollte sich [so dachte ich] deswegen, von mir aus einem andern Narren zu seiner Hochzeit gesucht haben denn mich. Siehe, zu solcher Ungeduld bringt einfältige Herzen die Ungleichheit dieser Welt! Aber das war eigentlich ein Stück meines Hinkens, wovon mir, wie oben gemeldet, geträumt hatte, und zwar nahm dies Geschrei je länger je mehr zu. Denn da waren da noch Die sich falscher und erdichteter Gesichte rühmten, und Die, welche greifbar erlogener Träume uns bereden wollten.

Nun saß ein feiner stiller Mann bei mir, der redete nun mehrmals von feinen Sachen. Endlich spricht er: «Siehe, mein Bruder, wenn nun jemand käme, der solche verstockte Leute wollte auf den rechten Weg bringen, würde man auch auf ihn hören?» – «Nein, traun!», antwortete ich. – «So will nun, spricht er, die Welt mit Gewalt betrogen sein, und mag Die nicht anhören, die es gut mit ihr meinen. – Siehest du auch jenen Lecker, mit was für grillengierigen Figuren und närrischen Gedanken er Andere an sich bringt? Dort äffet Einer mit unerhörten verborgenen Worten die Leut. – Doch glaube mir darum, es kommet noch die Zeit, da man diesem Mummenschanz die Masken wird abziehen, und aller Welt weisen {zeigen}, was für Land-Betrüger darunter gesteckt haben. Da wird vielleicht [doch] noch gelten, Dessen man [jetzt] nicht achtet». – Wie er dies sagt und das Geschrei auch je länger je ärger wird, erhebt sich auf einmal in dem Saal ein so zierliche und feierliche Musik, dergleichen ich die Tage meines Lebens niemals gehört, weswegen Männiglich schwieg und wartete, was doch daraus werden wollte.

Es waren aber bei solcher Musik alle Saiten-Instrumente, die man sich hätte erdenken mögen, und [sie waren] mit solcher Harmonie zusammengestimmt, daß ich meiner selbst vergaß und so unbeweglich dasaß, daß Die bei mir saßen sich über mich verwunderten; – und das währte fast ein halbe Stunde, während welcher Keiner der Unsrigen ein Wort redete. Denn sobald Einer das Maul wollte auftun, traf ihn unversehens ein Streich, und er wußte doch nit, woher er käme. Ich dachte, weil uns ja von den Musikanten nichts sichtbar wurde: Wenn ich doch nur alle Instrumente, deren sie sich bedienten, beschauen möchte! – Nach einer halben Stunde hörte diese Musik unversehens auf, und wir konnten nichts weiter sehen noch hören.

Bald darauf erhebt sich vor des Saals Türe ein groß Geprassel und Getön von Posaunen, Trompeten und Heerpauken, und es war alles so meisterlich, als wollte der Römische Kaiser einziehen. Derweil öffnete die Tür sich selber; da wurde der Posaunenschall so laut, daß wir es kaum mochten ertragen:

Unterdessen kommen in den Saal viele Tausende Lichtlein, die zogen meines Erachtens alle von sich aus in der richtigen Ordnung daher, sodaß wir ganz aus der Fassung kamen, bis endlich die vorgenannten zwei Pagen mit hellen Fackeln in den Saal traten und einer schönen Jungfrau, die auf einem herrlich vergoldeten Triumph-Sessel ganz von allein daher gefahren kam, voranleuchteten. Mich däuchte, es sei eben Jene, die zuvor am Weg die Lichter angezündet und abgelöscht hatte, und es wären eben diese ihre Diener, die sie zuvor an die Bäume gestellt hatte. Diese war nun nicht wie zuvor blau, sondern mit einem schneeweißen glänzenden Kleid angezogen, welches von lauter Gold schimmerte und so hell war, daß wir sie nicht geradeaus anschauen konnten. Die beiden Pagen waren ganz ähnlich, wiewohl etwas schlichter bekleidet.

Sobald diese Jungfrau nun mitten in den Saal gekommen, und vom Stuhl abgestiegen war, neigten sich vor ihr alle Lichtlein. Darauf standen wir alle von unsern Bänken auf; blieb aber doch Jeder an seinem Ort. Wie sie nun uns, und wir wiederum ihr alle Reverenz und Ehrerbietung gezeigt hatten, fängt sie mit holdseliger Stimme, also an zu reden:

> Der König, mein gnädigster Herr,
> Der jetzt nicht weilet allzu fern,
> Wie auch sein' allerliebste Braut,
> Die ihm in Ehren ist vertraut,
> Die haben nun mit großer Freud,
> Eure Ankunft gesehen allbereit,
> Tun auch jedem in Sonderheit,
> Ihre Gnade entbieten jederzeit,
> Und wünschen aus ihres Herzen Grund,
> Daß euch's gelinge zu jeder Stund,
> Damit ihre künftige Hochzeitsfreud',
> Nicht werde vermengt mit Jemandes Leid.

Darauf verneigte sie sich abermals höflich mit allen ihren Lichtlein, und bald darauf begann sie so:

Ihr wißt, daß man im Einladungs-Brief
Keinen Menschen hieher berief,
Der nit von Gott alle schönen Gaben
Vorlängstens möcht' empfangen haben
Und wär' mit allem Nötigen geziert,
Wie sich in solcher Sach' gebührt. –
Wiewohl sie nun nit glauben mögen,
Daß jemand sei so gar verwegen,
Der bei so schwerer Condition,
Erscheinen dürfte vor dem Thron,
Wenn er sich nicht vor langen Zeiten,
Zu dieser Hochzeit tat bereiten,
Darum sie in guter Hoffnung stehen,
Ihr seiet mit allem Guten versehen.
Es freut sie daß in so schwerer Zeit
Sich eingefunden so viele Leut' –
Noch seien die Menschen so verwegen,
Daß sie ihre Grobheit nicht erwägen,
Und drängen sich an Orten ein,
Wohin sie nicht berufen sein.
Daß sich nun hie kein Bub verkaufe,
Kein Schalk mit Andern unterlaufe,
Sie aber bald ohn' alles Verhehlen,
Eine reine Hochzeit haben wöllen,
So wird auf den morgenden Tag,
Angestellt werden der Künstler Waag,
Wo Jeder leichtlich wird ermessen,
Was er zuhause habe vergessen.
Ist nun jemand aus dieser Schar,
Der sich nit darf vertrauen gar,
Der mache sich jetzt schnell beiseit',
Denn g'schieht es, daß er länger verweilt,
So ist alle Gnade an ihm verloren,
Und er muß morgen unter die Sporen.
Bei wem nun sein G'wissen klopfet an,
Den wird man heute im Saale lahn;
Am Morgen soll er werden frei,
Doch daß er niemehr komm herbei.
Weiß jemand nun, was hinter ihm,
Der geh mit seinem Diener hin,
Der ihm sein G'mach wird zeigen an,
Darin er heute ruhen kann,

Dort er der Wag mit Ruhm erwart',
Sonst wirt ihm das Schlafen furchtbar hart.
Die Andern nehmen hier Vorlieb,
Denn wer wider sein Vermögen blieb,
Dem wäre besser, er wäre entloffen:
Das Beste will man von Jedem hoffen.

Sobald sie ausgeredet hatte, tat sie wieder Reverenz und springt mit Freuden auf ihren Stuhl, worauf abermals die Trompeter anfingen zu blasen, was doch Manchem sein schweres Seufzen nicht nehmen konnte. Sie haben sie also wieder unsichtbar hinaus geleitet, doch sind die Mehrzahl der Lichtlein in der Stube geblieben, und hat sich immer eins zu einem der Unsern gesellet. In solcher Verwirrung ist es nicht wohl möglich, auszusprechen, welch schwere Gedanken und Gebärden hin und wieder gingen. Doch war der größere Teil dahin bedacht, die Waage zu erwarten, und wenn es je da nicht gelingen wollte, mit Frieden (wie sie hofften) davon zu ziehen. – Ich hatte mich bald besonnen, und weil mich mein Gewissen allen Unverstands und Unwürdigkeit überzeugt hatte, nahm ich mir vor, in dem Saal mit Andern zurück zu bleiben und viel lieber mit der empfangenen Mahlzeit zufrieden zu sein, weder zukünftige Schlappen mit Gefahr zu erwarten.

Nachdem nun Einer da, der Andere dort in ein Gemach (jeder, wie ich nachmals erfahren, in ein eigenes) von seinem Lichtlein geführet worden war, blieben unser neun – und unter andern auch der, so vormals am Tisch mit mir geplaudert hatte – im Saal. Wiewohl uns aber unsere Lichtlein nit verlassen hatten, ist doch bald nach einer Stunde einer der genannten Pagen gekommen, der ein großes Büschel Stricke mit sich gebracht hatte und uns zuerst fragte, ob wir dazubleiben entschlossen seien. Da wir nun solches mit Seufzen bestätigt hatten, hat er jeden an einen besonderen Ort angebunden und ist also mit unseren Lichtlein weggegangen und hat uns Arme im Finstern gelassen. Da fing zum ersten Mal das Wasser bei Manchem an, über die Körbe zu laufen, und konnte ich mich selber des Weinens nicht enthalten. Denn obwohl uns nicht zu reden verboten worden war, ließ doch der Schmerz und die Betrübnis Keinen reden.

So waren die Stricke so wundersam gemacht, das sie keiner aufschneiden, viel weniger vom Fuß bringen konnte; – doch tröstete mich das, daß noch Manchem, der sich jetzt zur Ruhe begeben hatte, sein Lohn mit großer Schmach bevorstünde, wir aber mit einer einzigen Nacht all unsere Vermessenheit abbüßen konnten. Endlich entschlief ich in meinen schweren Gedanken; denn ungeachtet dessen, daß der mindere Teil unter uns die Augen zutun konnte, konnte ich mich doch wegen der Müdigkeit [des Schlafens] nit enthalten. – In solchem Schlaf hatte ich einen Traum; – und wiewohl nun nit viel dahinter ist, halte ich doch nit für unnötig, denselben zu erzählen:

Mir war, wie wenn ich auf einem hohen Berg wäre und sähe vor mir ein großes und weites Tal. In diesem Tal waren beieinander eine unsägliche Menge Volks, deren jeder auf dem Kopf einen Faden hatte, mit dem er an den Himmel angehenket war. Nun hing Einer hoch der Ander niedrig, Etliche standen noch ganz auf der Erde. Es flog aber in den Lüften ein alter Mann herum, der hatte in seiner Hand eine Schere, womit er hie Einem, dort einem Andern seinen Faden abschnitt. Welcher nun nahe bei der Erde war, der war desto eher fertig und fiel ohne Lärm. Wenn es dann an einen Hohen kam, da fiel der, daß die Erde erzitterte. Etlichen geriet es, daß ihnen ihr Faden locker gelassen wurde, sodaß sie auf die Erde kamen, ehe der Faden abgeschnitten wurde. Ab solchem Purzeln hatte ich meine Lust und freute mich von Herzen, wenn Einer, der sich lang in den Lüften seiner Höhe überhob, so schändlich herunter fiel und noch etwan etliche seiner Nachbarn mit sich nahm. So freuete mich auch, wenn der, so sich jederzeit bei der Erde gehalten hatte, so fein still konnte davon kommen, daß es auch seine Nächsten nicht merketen.

Wie ich aber nun in meinen höchsten Freuden bin, werde ich von einem meiner Mitgefangenen unversehens gestoßen, weswegen ich erwachte und gar übel mit ihm zufrieden war. Ich dachte jedoch meinem Traum nach und erzählte ihn meinem Bruder, der auf der andern Seite neben mir lag. Der ließ sich das nicht übel gefallen und erhoffte, es möchte etwa noch eine Hilfe dahinter stecken. – In solchem Gespräch vertrieben wir die übrige Nacht und erwarteten mit Verlangen den Tag.

Dritter Tag

Sobald nun der liebe Tag angebrochen war und die helle Sonne sich über die Berge erhoben und am hohen Himmel zu ihrem befohlenen Amt wieder eingestellt hatte, fingen meine guten Kämpfer an, sich aus den Betten zu erheben und sich allgemach zur Inquisition gefaßt zu machen. Deswegen kam dann Einer nach dem Andern wieder in den Saal und wünschte einen guten Tag und fragte, wie wir diese Nacht geschlafen hätten. Als sie nun unsere Fesseln sahen, waren ihrer auch Viele, die uns foppten, weil wir uns so verzagt ergeben hätten und es nicht vielmehr – auf Glück oder Unglück wie sie – gewagt hatten, wiewohl etliche, denen das Herz immer geklopft hatte, nicht [gar] laut zu der Sache schrien. Wir entschuldigten uns mit unserm Unverstand und daß wir hofften, wir sollten nun bald frei weggehen und uns diese Spötterei eine Lehre sein lassen; daß sie hingegen noch nicht ganz entronnen wären und vielleicht noch die größte Gefahr vor sich hätten.

Endlich, als sich nun Männiglich wieder versammelt hatte, fängt man abermals an, wie früher zu trompeten und die Heerpauken zu schlagen; – da vermeineten wir nichts Anderes, als: es würde sich der Bräutigam zeigen. Das war aber weit gefehlt, denn es war abermals die gestrige Jungfrau, die hatte sich ganz in roten Sammet gekleidet und mit weißem Band umgürtet. Auf ihrem Haupt hatte sie einen grünen Lorbeerkranz, welcher sie trefflich zierte. Ihre Begleiter waren nicht mehr Lichtlein, sondern um die 200 geharnischte Männer, welche alle gleich in Rot und Weiß wie sie gekleidet waren.

Sobald sie nun vom Stuhl aufgesprungen, geht sie gleich zu uns Gefangenen her, und nach dem sie uns gegrüßt, sagt sie mit wenigen Worten: «Daß euer Einige ihr Elend erkannt haben, das läßt sich mein gestrenger Herr gefallen und will es euch auch lohnen». Und wie sie mich in meinem Habit erblickt, lacht sie und spricht: «Sieh, hast du dich auch unter das Joch begeben? Ich meinte, du hättest dich so fein gerüstet!» Mit diesen Worten hat sie mir die Augen übergetrieben. – Darauf läßt sie uns losbinden und zusammen koppeln, auch an einen Ort stellen, von wo wir die Waage gut sehen konnten; dann sagte sie: «Es könnte diesen noch besser ergehen, denn einem Vermessenen, der noch frei hier steht».

Unterdessen wird die Waage die ganz gülden gewesen, mitten in dem Saal aufgehenkt; auch ein kleines Tischlein mit rotem Sammet bedeckt und darauf sieben Gewichte gestellt: Erstens ein ziemlich großes: dann vier kleine besonders; endlich 2 große, aber besonders. Und es waren diese Gewichte verglichen mit ihrer Größe so schwer, daß es kein Mensch glauben, noch begreifen kann.

Es hatte aber jeder Geharnischte neben einem bloßen Schwert einen starken Strick; die teilte sie denn nach der Zahl der Gewichte in 7 Rotten, und aus jeder Rotte stellte sie einen zu seinem Gewicht; darauf sprang sie wieder auf ihren hohen Thron. – Sobald sie nun ihre Reverenz getan, fängt sie mit lauter Stimme so zu reden an:

> Wer in ein's Malers Stuben geht,
> Aber vom Malen nichts versteht,
> Und spricht doch davon mit großer Pracht,
> Der wird von Männiglich verlacht.
> Wer sich begibt in der Künstler Orden,
> Und ist doch nicht erwählet worden,
> Und künstelt doch mit großer Pracht,
> Der wird von Männiglich verlacht.
> Wer zu einer Hochzeit erscheint,
> Und ist doch niemals worden gemeint,
> Und kommt doch her mit großer Pracht,
> Der wird von Männiglich verlacht.
> Wer nun auf diese Waag' wird steigen,
> Und die Gewicht' ihn nicht werden meiden,
> Sodaß er fährt alsbald 'nauf, das es kracht,
> Soll sein von Männiglich verlacht!

Sobald die Jungfrau ausgeredet hatte, heißt einer der Pagen Jeden sich seiner Ordnung nach aufstellen, und Einen nach dem Anderen auf [die Waage] steigen: Dessen sich dann der Kaiser einer nicht weigerte, sondern hat sich zuerst gegen die Jungfrau ein Wenig verneigt. Darnach ist er mit allem seinem stattlichen Habit aufgestiegen. Darauf hat jeder Oberste sein Gewicht aufgelegt, welche er zu Männiglichs Verwunderung bestand. Aber das letzte wurde ihm zu schwer; er mußte also mit solcher Betrübnis hinauf fahren, daß er sogar, wie mich dünkte, die Jungfrau selber erbarmte, die dann auch den Ihren winkte, zu schweigen. Auch wurde der gute Kaiser nicht gebunden, und der 6. Rotte übergeben. Nach ihm kam aber ein Kaiser daher, der trat stolz auf die Waag, und weil er ein groß dick Buch unterm Rock hatte, meinete er, es würde ihm nit fehlschlagen. – Als er aber kaum das dritte Gewicht aushalten mochte, sondern unbarmherzig hinauf geschlingert wurde, ihm

auch sein Buch im Schrecken entfiel, fingen alle Soldaten an zu lachen, und wurde er der 3. Rotte gebunden überliefert. So ging's noch etlichen Kaisern, die alle spöttisch verlacht und gebunden wurden.

Nach diesen kommt ein kleines Männlein – auch ein Kaiser – daher: der hatte ein krauses braunes Bärtlein. Der stellt sich nach der gewohnten Reverenz auch auf [die Waage]: Der hat sich so standhaft gehalten, daß mich dünkte, wenn noch mehr Gewichte vorhanden wären, er würde sie aushalten. Gegenüber dem ist dann die Jungfrau schnell aufgestanden, hat sich vor ihm geneigt und hat ihm einen rot-samtenen Rock anziehen lassen. Endlich wurde ihm auch ein Lorbeerzweig, deren sie viele auf dem Stuhl hatte, gereicht, und er geheißen, auf die Stufen ihres Throns zu sitzen.

Wie es nun nach Diesem andern Kaisern, Königen und Herren ergangen, wäre zu lang zu erzählen; allein, ich kann nicht unerwähnt lassen: daß wenige solcher hohen Häupter übrig blieben, wiewohl sich sonst manch feine Tugend wider mein Erwarten an Vielen gefunden: Einer mochte Dieses aushalten, der Andere ein Anderes; – etliche 2, etliche 3, 4 oder 5. – Wenige aber konnten zu rechter Perfektion kommen. Aber über jeden, dem es fehlschlug, wurde von den Rotten heftig gelacht.

Nachdem auch die Inquisition über die vom Adel, die Gelehrten und Andere ergangen, und bei jedem Stand einer oder zwei, mehrmals aber gar keiner gut befunden worden war, ist es endlich auch an die frommen Herren Landbetrüger und *Lapidem Spitaláuficum* machenden Lecker[81] gekommen. Die wurden mit solchem Gespött auf die Waage gestellt, daß mir selbst in meinem Leid der Bauch vor Lachen wollte zerspringen; und konnten sogar die Gefangenen selber das Lachen nicht zurückhalten. Denn da konnte die Mehrzahl das erste Gewicht nicht abwarten, sondern wurden mit Pritschen {flachen Prügeln} und Geißeln von der Waage geschmissen und zu den anderen Gefangenen – jedoch bei der ihnen gebührenden Rotte – geführt. So sind von einem so großen Haufen so Wenige geblieben, daß ich mich ihre Zahl bekannt zu geben schäme; doch waren hohe Personen auch darunter, wiewohl man den Einen und Andern mit Samtenem Kleid und Lorbeerzweig ehrte.

Als die Inquisition nunmehr in Allem beendet war, auch niemand mehr dastand, außer wir armen gekoppelten Hunde: da tritt endlich einer der Hauptleute vor und spricht: «G[nädiges]. Fräulein, wenn es E[uer] G[naden] gefällig wäre, wollte man diese armen Menschen, welche ihren Unverstand erkannt haben, ohne Gefahr für sie – nur zum Vergnügen – auch auf die Waag stehen lassen: Ob doch etwas Rechts unter ihnen wäre».

Vorallem kam da ich in große Nöte, denn in meinem Kreuz war dies nunmehr mein Trost, daß ich nicht müßte so in Schanden stehen oder von der Waage gepeitscht werden. Denn ich bezweifelte nicht, daß viele der Gefangenen wünschten, sie wären zehn Nächte bei uns in dem Saal geblieben. Doch weil es die Jungfrau bewilligte, mußte es sein, und wir wurden losgebunden, auch einer nach dem andern auf die Waage gestellt. Wiewohl es nun mehresteils mißlungen, wurde ihrer doch weder gelacht noch sie gepeitscht, sondern mit Frieden auf eine Seite gestellt.

Mein Geselle war der 5.; der hielt sich stattlich. Deswegen wurde von Männiglich, besonders aber vom Hauptmann, der für uns gebeten hatte, gefrohlocket, und von der Jungfrau wurde ihm die gewohnte Ehre erzeigt. Nach ihm wischten abermals zwei flugs hinauf. – Ich aber war der Achte. – Sobald ich nun mit Zittern auf [die Waage] getreten war, sieht mich mein Gesell, der bereits in seinem Sammet da saß, freundlich an, und lächelt selbst die Jungfrau einwenig. Nach dem ich aber allen Gewichten widerstanden hatte, heißet mich die Jungfrau mit Gewalt hinaufziehen. Deswegen hingen sich noch 3 Mann an die andere Seite der Waage, doch vermochte es nichts. Deswegen stand gleich einer der Pagen auf und schrie überlaut: *«Der ist's!»*, worauf der andere antwortete: «So laßt ihm seine Freiheit geben!», was die Jungfrau erlaubte; – und nach dem ich mit gebührlichen Zeremonien aufgenommen worden, wird mir die Wahl gegeben, einen Gefangenen, wer mir gefiel, zu erlösen. Da besann ich mich nicht lang und wählte den ersten Kaiser, der mich längst erbarmt hatte; – der wurde alsbald losgebunden und mit allen Ehren zu uns gesetzt.

Während nun der Letzte auch aufgestellt wurde, die Gewichte ihm aber zu schwer wurden, sieht unterdessen die Jungfrau meine Rosen, die ich von dem Hut in die Hände genommen; weswegen sie dieselben durch ihren Pagen gleich von mir begehrte, und ich sie ihr willig übersandte.

Somit ist also dieser erste Akt um Zehn Uhr Vormittags absolviert {erledigt} worden, weswegen man abermals anfing, zu trompeten, was wir jedoch damals noch nicht sehen konnten.

Unterdessen mußten die Rotten mit ihren Gefangenen abtreten und ein Urteil abwarten. Darauf wurde der Rat von den sieben Obersten und uns besetzt und von der Jungfrau als Präsidentin der ganze Handel vorgebracht und begehrt, es möge Jeder seine Meinung abgeben, wie man sich mit den Gefangenen zu verhalten habe.

Die erste Meinung war, man solle sie alle töten, aber Einen härter, als den Anderen, als solche, die sich wider die ehrlichen Bedingungen mutwillig eingestellt hatten. – Andere wollten sie gefangen halten, welches beides weder der Präsidentin noch mir gefiel. Endlich wurde durch den Kaiser, den ich befreit hatte, durch einen Fürsten, meinen Gesellen und mich die Sache dahin geregelt:

Es sollten erstens Jene, die vornehme Herren wären, mit Bescheidenheit aus dem Schloß geführt werden. Andere könnte man mit etwas mehr Spott hinaus führen: die solle man ausziehen und nackend laufenlassen. Die Vierten [solle man] mit Ruten geißeln oder mit Hunden hinaus jagen. Wer sich gestern willig ergeben, die solle man ohne alle Vergeltung ziehen lassen. Endlich aber [solle man] die ganz Mutwilligen, und die sich in gestriger Mahlzeit so ungebührlich verhalten hatten, an Leib und Leben nach jedes Verwirken strafen. Und diese Meinung gefiel der Jungfrau wohl und behielt die Oberhand. Es wurde ihnen auch noch zum Überfluß ein Mittagessen vergönnt. Das wurde ihnen sogleich angezeigt, das Urteil aber auf 12 Uhr nachmittag aufgeschoben. Und hiermit nahm der Senat ein Ende und verfügte sich sogleich die Jungfrau samt den Ihrigen an ihren gewohnten Ort. Uns aber wurde der oberste Tisch in dem Saal angewiesen, mit der Bitte, wir möchten damit Vorlieb nehmen, bis der Handel vollends ausgerichtet wäre. Alsdann sollten wir zum H. Bräutigam und Braut geführt werden. Damit ließen wir uns derzeit willig entlassen.

Unterdessen wurden die Gefangenen wieder in den Saal gebracht und Jeder seinem Stand gemäß [an den Tisch] gesetzt. Es wurde ihnen auch befohlen, sich etwas züchtiger als es gestern geschehen war, zu verhalten. Das hätte zwar keines Verbietens bedurft, denn ihnen war die Pfeife ohnedies in die Tasche gefallen. Und ich kann – nicht um mir zu schmeicheln, sondern der Wahrheit zuliebe – dieses kecklich sagen, daß sich im Allgemeinen hohe Personen am besten in dieses unverhoffte Unglück zu schicken gewußt: Ihre Bewirtung war ziemlich dürftig; jedoch ehrlich; auch konnten sie ihre Aufwärter noch nicht sehen. Uns aber waren sie sichtbar, welches mich denn höchlich erfreute.

Daneben aber – und obwohl uns das Glück erhöhet hatte – ließen wir uns doch nicht mehr als Andere bedünken, sondern plauderten

95

mit den Andern und hießen sie guten Muts zu sein; es würde so übel nit ausgehen. Obwohl sie nun das Urteil von uns gerne erfahren hätten, war es uns doch so stark eingeprägt worden, daß es keiner durfte verlauten lassen; doch trösteten wir sie, so gut wir konnten. Wir tranken auch mit ihnen, hoffend. daß doch der Wein sie möchte fröhlicher machen. Unsere Tafel wurde mit rotem Sammet bedeckt und mit lauter silbernen und güldenen Trinkgeschirren besetzt, welches die Andern denn mit Verwunderung und größten Schmerzen sahen.

Ehe wir uns aber gesetzt hatten, kommen beide Pagen herein und verehren von des Bräutigams wegen Jedem das Goldene Vlies mit einem fliegenden Löwen, mit dem Begehr, wir möchten dieselben bei Tische anhaben und des Ordens (den S[eine] M[ajestät] uns jetzt schenkte und bald auch mit gebührlicher Feierlichkeit bestätigen würde) Ruhm und Herrlichkeit auf gebührende Weise bewahren. Den nahmen wir mit höchster Untertänigkeit an und versprachen, alles was seiner Majestät würde belieben, gehorsamlich zu verrichten. Außerdem hatte der Edelknabe einen Zettel, wonach wir ordentlich logiert wurden. Und begehrte ich meinen Ort nicht zu verhehlen, wenn mir nicht Solches vielleicht als Hoffart, welche doch wider das 4. Gewicht ist, ausgelegt würde.

Weil nun unsere Bewirtung gar ehrenvoll war, fragten wir der Pagen einen, ob uns nicht erlaubt wäre, unsern Freunden und Bekannten als Aufmerksamkeit Essen zuzuschicken, wogegen dieser denn keine Bedenken zeigte. Deswegen sandte Jeder seinen Bekannten reichlich durch die Diener zu, deren sie doch keinen sahen; und weil sie nicht wußten, woher es käme, wollte ich Einem etwas selber bringen. Sobald ich aber aufgestanden, war mir schon der Diener einer auf den Fersen mit Vermeldung, er wolle mich freundlich gewarnet haben, denn wo Solches der Pagen einer gesehen hätte, wäre es vor den König gekommen, was mir gewiß übel ausgeschlagen hätte. Weil es aber niemand als er gemerket habe, gedenke er mich nicht zu verraten; doch sollte ich fürderhin des Ordens Würde besser in Acht nehmen. Mit diesen Worten hatte der Diener mich wahrlich dermaßen zurückgestutzt, daß ich mich lange Zeit auf meinem Stuhl kaum mehr regte; doch bedankte ich mich für die getreuliche Warnung, so gut mir's in der Eile und dem Schrecken eben einfiel.

Bald darauf fängt man an zu trompeten, dessen wir schon gewohnet waren, denn wir wußten wohl, daß es die Jungfrau war, weswegen wir uns rüsteten, sie zu empfangen. Sie kommt nun mit dem gewohnten Gefolge auf ihrem hohen Sessel daher, und wird ihr von dem einen Pagen ein hoher güldener Becher, vom andern aber ein pergamentenes Dokument vorangetragen. Als sie sich nun vom Sessel kunstvoll geschwungen, nimmt sie den Pokal von dem Pagen und übergibt uns denselbigen von des Königs wegen, mit Vermeldung, er sei uns von seiner M[ajestät] zugebracht, und wir sollten den Ihm zu Ehren herumgehen lassen. Auf dieses Pokals Deckel stand die Fortuna, von Gold zierlich gegossen. Die hatte in der Hand ein rotes fliegendes Fähnlein, weswegen ich etwas traurig getrunken, als [Einer,] dem des Glückes Tücke nunmehr genugsam bekannt geworden war.

Es war aber die Jungfrau gleich wie wir mit dem Güldenen Vlies und dem Löwen geziert, woraus ich annahm, daß sie vielleicht des Ordens Präsidentin sei. Deswegen fragten wir sie, wie doch der Orden genannt werde? Sie antwortete, es sei noch nicht Zeit, dies zu eröffnen, bis die Sache mit den Gefangenen ausgerichtet werde. Deshalb ihnen auch noch die Augen verschlossen seien, und was derzeit uns geschehen sei, sei für sie nur Anstoß und Ärgernis, wiewohl es noch nichts sei gegenüber der Ehre die wir zu gewärtigten hätten. – Damit nahm sie das Dokument von dem andern Pagen; das war in zwei Teile geteilt: Dem ersten Haufen wurde von dem Text ungefähr soviel vorgelesen:

Sie sollten bekennen, daß sie falschen erdichteten Büchern zu leicht geglaubt, sich selber zuviel zugetraut und so in dieses Schloß gekommen wären, wozu sie doch niemals berufen worden waren. Es wäre auch vielleicht die Mehrzahl gesinnt gewesen, sich hier drin zu besappen {s. mästen, s. bereichern}, um darnach desto prächtiger und herrlicher zu leben. So hätte auch einer den andern aufgereizt und in solchen Spott und Schande gebracht, weswegen sie wert wären, eine ziemliche Strafe zu erleiden. Das bekannten sie denn auch demütig und boten die Hand [zur Entschuldigung] dar. Darauf wurde den Andern ziemlich streng ungefähr auf diese Weise zugeredet:

Sie wüßten sehr wohl und seien in ihrem Gewissen überzeugt, daß sie *falsche, erdichtete Bücher* geschmiedet, Andere genarret, betrogen und hierdurch die königliche Ehre bei Männiglich geschmälert hätten.[82] So wüßten sie, was für gottlose verführerische *Figuren* sie gebraucht, worin sie auch die *Göttliche Dreifaltigkeit* nicht verschont, sondern sich derselben bedient hätten, Land und

Leute zu betrügen. So sei nunmehr am Tage, mit was für Praktiken sie rechten Gästen nachgestellet und Unverständige versetzt hätten. So sei Männiglich bekannt, daß sie in öffentlicher Hurerei, Ehebrecherei, Völlerei und anderem unreinem Wesen steckten, welches alles gegen die öffentliche Ordnung unsers Königreichs sei. – *In Summa*: Sie wüßten, daß sie K[önigliche] M[ajestät] auch beim gemeinen Mann herabgesetzt hätten. Sie sollten deswegen bekennen, daß sie *öffentlich überführte Landbetrüger*, Lecker und Buben wären, welche verdient hätten, daß sie von redlichen Menschen abgesondert und aufs Härteste bestraft würden.

Hinter dieses Bekenntnis stellten sich die guten Künstler ungern. Dieweil ihnen aber nicht allein die Jungfrau selber den Tod angedroht und geschworen hatte, sondern auch noch die andere Partei heftig über sie tobte und einmütig beklagte, sie seien von ihnen böswillig hinters Licht geführt worden, haben sie, um großes Unglück zu verhüten, endlich Alles mit Schmerzen bekannt – und dennoch daneben vorgebracht: Was hierin geschehen sei, sei ihnen nicht als überaus schlimm anzukreiden; denn weil nun einmal jene Herren in das Schloß kommen wollten, auch hierfür große Geldsummen versprochen hätten, hätte jeder alle List, etwas zu erschnappen angewendet und es also, wie es bereits dargelegt worden, so weit gebracht. Daß es aber nicht gelungen sei, das *hätten sie ihres Erachtens nicht mehr als jene Herren verschuldet*: Denn die hätten von sich aus verstehen sollen, daß, wenn einer sicher hätte herein kommen können, würde er nit um eitlen Gewinnes willen, mit ihnen unter so großer Gefahr über die Mauern gestiegen sein. Auch seien ihre Bücher so häufig aufgekauft worden, daß, wer sich anders nicht ernähren konnte, einen solchen Betrug anfangen habe müssen. Sie dächten auch, wenn man recht wolle urteilen, so sollte an ihnen, da den Herren [Gleiches] wie den Dienern gebührt, auf ihr eifriges Begehren hin gar kein Vergehen gefunden werden.

Mit solchen und dergleichen Worten wollten sie sich entschuldigen; – es wurde ihnen aber geantwortet: K[önigliche] M[ajestät] sei entschlossen, Alle und Jeden zu strafen, doch den Einen härter als den Andern. Denn was von ihnen vorgebracht werde, sei zwar zum Teil wahr und *solle auch deswegen den Herren nicht ganz geschenkt sein*. – Die aber mögen sich wirklich auf den Tod vorbereiten, die mutwillig sich angeboten und etwa Unverständige wider deren Willen verführt hätten; – ebenso Die mit falschen Büchlein

[Ihro] K[önigliche] M[ajestät] verletzt hätten, wie denn Solches alles aus ihren eignen Schriften und Büchern nachweisbar sei.

Hierüber erhub sich bei Vielen ein erbärmlich Klagen, Weinen und Flehen, Bitten und Fußfallen, was doch alles nicht helfen mochte; – und es wunderte mich sehr, wie sich doch die Jungfrau so standhaft konnte behaupten, wo doch Jener Elend uns allen (wiewohl uns mehrenteils viel Leid und Qualen angetan worden) die Augen übertrieb und zu Mitleid bewegte. Danach fertigte sie bald ihren Pagen ab; der brachte mit sich alle Kürisser {Geharnischten; von *cuirasse – Lederharnisch*}, die sich heute bei der Waage eingestellt hatten: Diesen wurde befohlen, jeder den Seinen zu sich zu nehmen, und in ihren großen Garten in einem ordentlichen Zug, so daß stets ein Kürisser mit einem Gefangenen ging, zu führen,. Da erkannte denn jeder den Seinen so geschickt, daß ich mich verwunderte. – Es wurde aber auch meinem gestrigen Cumpanen erlaubt, hinaus in den Garten ungebunden zu gehen und der Ausführung des Urteils beizuwohnen.

Sobald nun Männiglich hinaus gegangen war, schwingt sich die Jungfrau aus ihrem Stuhl und begehrt, wir sollten auch auf den Stufen sitzen und beim Urteil erscheinen: Das verweigerten wir nicht, sondern ließen Alles auf dem Tisch (außer dem Pokal, den die Jungfrau dem Pagen zu verwahren befohlen) stehen, und fuhren in unserm Schmuck auf dem Stuhl hinaus, welcher für sich selber so sanft fortging, als ob wir in der Luft führen – bis wir so in den Garten gekommen waren, wo wir Allesamt abstiegen.

Dieser Garten war nicht sonderlich zierlich; allein, es gefiel mir, das die Bäume so ordentlich gesetzt waren. Ansonsten lief auch ein köstlicher Brunnen darin, mit wunderbarlichen Bildern und Inschriften, auch seltsamen Zeichen verziert (deren ich, so Gott will, in einem künftigen Buch gedenken will).

In diesem Garten war ein hölzernes Gerüst aufgeführt, mit schönen bemalten Decken umhänget. Es waren aber 4 Gänge übereinander gemacht: Der erste war herrlicher denn alle anderen, und deswegen mit einem Umhang von weißem Taft verdeckt, also, daß wir damals noch nicht wissen konnten, wer dahinter wäre. Der zweite war leer und unbedeckt; die letzten zwei waren abermals mit rotem und blauem Taft verdeckt.

Sobald wir nun zu dem Gerüst gekommen waren, verneigte sich die Jungfrau bis fast auf die Erde, sodaß wir heftig erschraken.

Denn wir konnten leichtlich annehmen, der König und die Königin müßten nicht weit sein. Als wir nun auch unsere Reverenz wie sich ziemt erzeigt hatten, führte uns die Jungfrau über die Wendeltreppe auf den zweiten Gang, wo sie sich zuoberst hinstellte, während wir in voriger Ordnung verblieben. Wie sich nun der Kaiser, den ich erlöst hatte, damals wie auch zuvor an der Tafel gegen mich erzeigte, kann ich ohne Behelligung durch böse Mäuler nicht gut erzählen. Denn er konnte sich gut vorstellen, in welcher Trübsal und Sorgen er jetzt wäre, wo er zuerst mit solchem Spott mußte das Urteil erwarten, und nunmehr durch mich zu solcher Ehre und Würde dastand. Unterdes tritt die Jungfrau, die mir zuerst die Einladung gebracht, und die ich bisher nicht wiedergesehen hatte, hervor, bläst zuerst auf ihrer Posaune Eins herab und eröffnet hierauf mit lauter Stimme das Urteil wie folgt:

Es möchte die König[liche] Majestät, M[ein] aller[gnädigster] H[err] von Herzen wünschen, daß Alle und Jeder der hier Versammelten mit solchen Qualitäten auf S[einer] M[ajestät] Aufforderung hin erschienen wären, daß sie Dero zu Ehren in größerer Anzahl das hochzeitlich ausgerichtete Freudenfest könnten zieren. Weil es aber Gott dem Allmächtigen anders gefallen, hat seine M[ajestät] nichts darwider zu murren, sondern muß – nach altem, löblichen Herkommen dieses Königreichs – entgegen S[einer] M[ajestät] Belieben verfahren. Damit aber nun I[hro] M[ajestät] angeborene Milde in aller Welt möchte zelebriert werden, hat sie mit Dero Räten und Landständen immerhin ausgehandelt, daß das gewohnte Urteil um ein Merkliches gelindert würde. Er wolle also als Erstes den Herren und Potentaten nicht allein das Leben ganz geschenkt, sondern sie auch frei entlassen haben, mit fr[eundlicher] Gunst und G[nädiger] Bitt, es möchten I[hre] L[ehnsherrschaften] ganz nicht zürnen, daß sie S[einer] M[ajestät] Ehrenfest nicht können beiwohnen; sondern sie sollten bedenken, es sei I[hrer] L[ehnsherrschaft] ohnedies von Gott dem Allmächtigen mehr auferlegt, als sie füglich und mit Ruhe tragen könnten: Der [König] habe auch in der Austeilung seiner Gaben ganz unbegreifliche Überlegungen. – So sei es auch I[hro] Ansehen nicht nachteilig, wenn sie auch bei diesem unserm Orden verworfen würden, weil wir nun einmal nicht Alle Alles zu können vermögen. Daß aber I[hre] L[ehnsherrschaften] von bösen Leckern verführt worden seien, solle an ihnen nicht ungeahndet bleiben. Wie denn seine Maj[estät] Willens sei, in Kurzem E[hrenwerten] L[ehnsherrschaften] einen *Catalogum Haereti-*

corum oder *Indicem Expurgatorium*[83] mitzuteilen, damit dieselben
fürderhin mit besserem Verständnis könnten zwischen Guten und
Bösen unterscheiden. Weil S[eine] M[ajestät] in Kurzem auch
unter Dero Bibliothek eine Ausmusterung sowie die verführe-
rischen Schriften dem Vulcano aufzuopfern vorhabe, will sie
E[hrenwerten] L[ehnsherrschaften] Fr[eundlichen?] Dienst und
G[ehorsam?] erbeten haben, es wolle Jeder mit den seinigen [Biblio-
theken & Schriften] auch so hausen: Damit solle hoffentlich allem
Übel und Unrat künftig gesteuert werden. Daneben sollen sie auch
ermahnet sein, fürderhin so unbedachtsam nie mehr herein zu begehren, damit ihnen nicht die zuvor gehörte Entschuldigung der Verführer vorgehalten werde, sodaß sie bei Männiglich in Spott und Verachtung kämen. Endlich, weil ohnedies die Landschaft etwas an
ihre L[ehnsherrschaft] zu fordern habe, so hoffe I[hro] M[ajestät],
es werde keiner sich weigern, sich mit einer [Hals]-Kette, oder was
er gerade bei sich habe, freizukaufen, und also freundschaftlich von
uns abzuscheiden, und durch unser Geleit wieder sich zu den Seinigen zu begeben.

Die andern, welche im 1., 3. und 4. Gewicht nit bestanden haben,
will I[hro] M[ajestät] so leicht nit ziehen lassen. Damit nun auch
Diese S[einer] M[ajestät] Milde mögen spüren, ist ihr Befehl, dieselbigen ganz nackt auszuziehen und so fortzuschicken. – Wer im
2. und 5. Gewicht zu leicht befunden worden, solle neben der Ent-
blößung auch mit einem, 2 oder mehr Brandmalen (nach dem jeder leichter oder schwerer gewesen) bezeichnet werden. – Die, welche vom 6. oder 7. [Gewicht] ohne die anderen hinaufgezogen worden waren, sollen etwas gnädiger behandelt werden. – Und so fort:
denn es wurde für jede Kombination eine gewisse Strafe verordnet, welches hier zu erzählen zu lang würde. Die sich gestern freiwillig abgesondert hatten, sollten ohne alle Vergeltung frei hinaus
gehen dürfen. – Endlich sollen die überführten Landbetrüger, die
gar kein Gewicht aufzuwiegen vermocht hatten, an Leib und Leben,
je nach dem, mit dem Schwert, dem Strang, Wasser oder Ruten
gestraft werden. Und es solle dieses Urteils Exekution unveränder-
lich Anderen zum Exempel öffentlich abgehalten werden. Damit
brach unsere Jungfrau das Stäblein; darauf blies die andere, die das
Urteil verlesen hatte, in ihre Posaune und trat mit hoher Ehrerbietung zu Jenen, die unter dem Umhang standen.
Aber hier kann ich nicht unterlassen, dem Leser von der Zahl unserer Gefangenen etwas zu eröffnen: Derer, die ein Gewicht ausge-

halten hatten: waren 7; – die mit zweien waren 21. die mit dreien, 35; – die mit vier, 35; – die mit fünf, 21; – die mit sechs 7. – Aber wer bis auf die sieben kam und doch nicht leicht aufzuheben war, deren war einer, und zwar den ich befreit hatte. Ansonsten: Derer, die ganz und gar durchgefallen waren, waren viele; – deren aber, die alle Gewichte auf den Boden gezogen, waren etliche.

Und so habe ich's fleißig auf meinem Schreibtäfelchen, so wie sie unterschiedlich vor uns standen, abgezählt und notiert. Und das ist hoch zu verwundern, daß unter allen denen, die etwas gewogen, keiner dem Andern gleich gewesen ist. Denn obschon unter den mit dreien wie gesagt 35 gewesen, hat doch Dieser das 1. 2. 3.; – ein Anderer das 3. 4. 5.; – ein Dritter das 5. 6. 7. und so fort aufgewogen, sodaß also zum höchsten Wunder unter 126, die etwas gewogen, keiner dem Andern gleich war; und die wollte ich alle, mit jedes Gewicht wohl nennen können, wenn es mir nicht danach verboten worden wäre. – Ich hoffe aber, es solle künftig mit der Interpretation an den Tag kommen.[84]

Als nun dieses Urteil verlesen worden war, waren vorallem die Herren (Adligen) wohl zufrieden, weil sie bei solcher Strenge eine milde Sentenz nicht hätten erwarten dürfen. Deswegen gaben sie noch mehr als man verlangte, und kaufte sich jeder frei mit Ketten, Geschmeide, Gold, Geld und Anderem, soviel er bei sich hatte, und nahmen sie mit Ehrerbietung ihren Abschied. Wiewohl nun den Königlichen Dienern verboten war, einen bei seinem Abzug zu verspotten, konnten doch etliche Spottvögel das Lachen nicht verkneifen; und wirklich war es lächerlich genug, wie sie sich so geschwind und ohne hinter sich zu sehen davon machten.

Etliche wünschten, man möge ihnen den versprochenen *Catalogum* baldigst zukommen lassen, so wollten sie sich mit ihren Büchern so verhalten, daß es K[öniglicher] M[ajestät] würde wohlgefällig sein. Das wurde ihnen abermals zugesagt. Unter dem Tor wurde Jedem aus einem Becher ein *Oblivionis haustus* gereicht[85], damit er dieses Mißgeschick vergessen sollte. Danach zogen die Freiwilligen davon; – die ließ man um ihrer Redlichkeit willen passieren, doch sollten sie nie mehr in solcher Gestalt wiederkommen. Wenn ihnen aber, wie auch den Andern, Etwas Mehres eröffnet werde, sollten sie liebe Gäste sein.

Unterdessen war man beim Ausziehen [der Kleider], wobei abermals eine Unterscheidung nach Jedes Verwirken gemacht wurde:

Etliche wurden nackend aber unbeschädigt fortgeschickt; Etliche trieb man mit [angebundenen] Glöckchen und Schellen hinaus. Etliche wurden hinaus gepeitscht ... – *In Summa*: der Strafen gab es so mancherlei, daß ich sie nit alle erzählen kann.

Endlich kamen auch die Letzten dran; – mit denen zog es sich etwas länger hin: Denn bis Etliche gehenkt, Etliche geköpft, Etliche ins Wasser gejagt, und wieder Andere anders abgefertigt worden waren, ging eine gute Zeit vorüber.

Bei solcher Exekution gingen mir wahrlich die Augen über; – nit zwar der Strafe wegen, welche sie sonsten um ihres Frevels willen wohlverdient hatten, sondern in der Betrachtung menschlicher Blindheit, daß wir uns immer und immer in dem Bemühen, was uns vom ersten Fall her versiegelt ist. Es wurde also der Garten, der kurz zuvor voller Leute war, bald geleert, sodaß außer den Soldaten kein Mensch mehr da war.

Sobald nun dies geschehen und auch fünf Minuten lang sich eine Stille erhoben hatte, kam herfür ein schönes schneeweißes Einhorn mit einem güldenen Halsband, worein einige Buchstaben [eingraviert waren], und bis zu dem Brunnen. Daselbst neigte es sich auf beiden Vorderfüßen, als ob es dem Löwen, der auf dem Brunnen so unbeweglich stund, daß ich ihn für steinern oder erzen gehalten, hiemit die Ehre erweisen wollte. Der nahm alsbald das bloße Schwert, das er in den Klauen geführt hatte und brach es mitten entzwei. Dessen Stücke versanken, so dünkte mich, in den Brunnen. Er brüllte darauf so lange, bis eine weiße Taube in ihrem Schnäbelein ein Ästlein von einem Oelbaum brachte, welches der Löwe alsbald verschluckte, worauf er zufrieden war. Nun ging auch das mit Freuden wieder an seinen Ort.

Hierauf führte unsere Jungfrau uns wieder auf der Wendeltreppe vom Gerüst herab, und wurde unsere Reverenz abermals gegen den Umhang erwiesen. Nun mußten wir unsere Hände und Häupter aus dem Brunnen waschen und in unserer Ordnung da eine kurze Zeit warten, bis der König durch einen verborgenen Gang sich wieder in seinen Saal verfügt hatte, und wir auch wieder mit besonderer Musik, Pomp, Pracht und löblichem Gespräch aus dem Garten in unser voriges Logis geführt worden waren. Und dies geschah um Vier Uhr Nachmittags.

Damit uns nun derweilen die Zeit nicht zu lang wurde, gesellte die Jungfrau unser Jedem einen Edelknaben zu; die waren nicht allein köstlich bekleidet, sondern auch trefflich gelehrt. Sie konn-

ten deswegen über alle Dinge so artig berichten, daß wir uns billig
zu schämen hatten. – Diesen wurde befohlen, uns im Schloß herum
(jedoch an bestimmte Orte) zu führen und wo möglich nach unserm
Begehren die Zeit zu verkürzen. Unterdes nahm die Jungfrau Urlaub, mit Vertröstung, sie wolle beim Nachtessen wieder erscheinen
und darauf die Zeremonien *suspensionis ponderum*[86] zelebrieren,
mit der Bitte, wir möchten also den morgenden Tag mit Geduld erwarten; denn morgen sollten wir dem König vorgestellt werden.

Als sie nun also von uns geschieden war, tat unser Jeder was
ihm am liebsten war. Ein Teil besah sich die schönen Tafeln, die
sie sich selbst bezeichneten[87] und bedachten auch, was die wunderlichen Darstellungen und Symbole bedeuten könnten; Etliche mußten sich mit Speise und Trank wieder erquicken. Ich selber ließ
mich von meinen Pagen samt meinem Gesellen im Schloß hin und
her führen, welcher Spaziergang auch alle Tage meines Lebens mich
nimmer gereuen soll. Denn neben manchen herrlichen Antiquitä-
ten wurden mir auch die Grabmäler der Könige gezeigt, bei welchen ich mehr gelernt habe, denn was in allen Büchern geschrieben
steht.

Daselbst steht auch der herrliche Phœnix (von dem ich vor zwei
Jahren ein eigen Büchlein habe herauskommen lassen. Ich bin auch
Willens, auch von Löwe, Adler, Greif, Falke und Andern mehr
(wofern diese meine Erzählung Früchte bringen wird) – und zwar
von jedem ein eigenes Traktätlein mit derselben Abbildung und
Beschriftung – ans Licht kommen zu lassen. Es dauren mich auch
noch meine anderen Consorten {Schicksalsgenossen}, daß sie solch
einen wertvollen Schatz versäumt haben, und muß doch denken,
es sei dies Gottes besonderer Wille hierin gewesen. Dabei habe
ich wahrlich am Meisten dank meinem Pagen gewonnen; denn
wie Jedes Veranlagung war, so führte er seinen Anbefohlenen an
Stellen und Orte, die ihm gefielen. Nun waren meinem Pagen die
Schlüssel dazu {zu den Königsgräbern} anvertraut, weswegen mir
vor Andern dieses Glück zugestanden wurde. Wiewohl er nun auch
Andere hinzu berief, meineten sie doch, es würden solche Gräber
nur auf dem Kirchhof sein, wohin sie noch wohl (falls je da etwas
zu sehen wäre) kommen würden. Es sollen aber auch derartige *mo-
numenta*, wie wir Beide sie verzeichnet und aufgeschrieben haben,
meinen dankbaren Schülern nit vorenthalten werden.

Das Andere, was uns Zweien gezeigt wurde, war die herrliche
Bibliothek, wie sie noch vor der Reformation beieinander war.

Von dieser (wiewohl sie mir mein Herz erquickt, so oft ich ihrer gedenke) begehre ich desto weniger etwas zu sagen, weil deren *Catalogus* baldigst ans Licht kommen soll. Am Eingang dieses Gemachs steht ein großes Buch, dergleichen ich niemals gesehen. In diesem sind alle Figuren, Säle, Portale, auch alle Aufschriften, Ægnigmata und dergleichen gezeichnet, welche im ganzen Schloß zu sehen sind. Wiewohl wir nun auch von diesem etwas besprochen haben, halte ich doch noch derzeit inne, und muß die Welt zuvor besser erkennen lernen. – Bei jedem Buch steht sein Autor abgebildet. Von diesen [Büchern] sollen, wie ich verstanden habe, viele verbrannt werden, damit auch ihr Andenken von recht-[gläubig?]en Leuten ausgetilgt werde.

Als wir nun auch dies gründlich betrachtet hatten und kaum heraus gekommen waren, läuft ein anderer Page daher, und nachdem er dem unseren etwas in ein Ohr geflüstert hatte, übergab der ihm die Schlüssel, der sie alsbald die Wendeltreppe hinauf trug. Unser Page aber war sehr erblichen, und weil wir ihm mit Bitten hart zugesetzt, vermeldete er, K[önigliche] M[ajestät] wolle nicht haben, daß jemand die beiden, nämlich die Bibliothek und die Grabmäler sehe. Er wolle uns deswegen, so lieb wir sein Leben haben, bitten, solches niemandem zu verraten, weil er es schon allbereits geleugnet habe. Dies versprachen wir beides in Freude und Furcht; doch blieb die Sache verschwiegen, und es fragte niemand mehr danach. Wir hatten also an beiden Orten drei Stunden zugebracht, welche mich niemals gereut haben.

Wiewohl es nun allbereits Sieben geschlagen hatte, gab man uns doch noch nicht zu essen. Es war aber unser Hunger mit der stetigen [geistigen] Erquickung wohlbezahlt; und ich wollte bei solcher Behandlung [gerne] mein Leben lang fasten.

Unterdessen wurden uns auch die schönen Brunnenwerke, Bergwerke und allerlei Kunstwerkstätten gezeigt. Deren war keine, die nit all unsre Kunst, wenn man die alle zusammenschmelzen wollte, überträfe: Alle ihre Gemächer waren in einem Halbkreis gebaut, damit sie das köstliche Uhrwerk, das im Zentrum an einem schönen Turm befestigt war, vor Augen haben und sich nach der Planeten Lauf (der hierauf herrlich zu sehen war) richten möchten. Dabei konnte ich abermals leichtlich erachten, woran es unsern Künstlern fehlt, wiewohl es nicht meine Aufgabe ist, dieselbigen zu belehren.

Endlich kam ich in einen weiten Saal, (welcher zwar den Andern schon längst gezeigt worden): Darinnen stund in der Mitte ein *Glo-*

bus terrenus[88], dessen Durchmesser 30 Schuh war, wiewohl mindestens der halbe Teil, bis an Einiges, das mit der [Zugangs-] Treppe bedeckt war, in die Erde eingegraben war: Diesen *Globum* konnten zwei Mann mit seinem Antrieb[89] so artig herumdrehen, daß jederzeit nicht mehr als soviel über dem *Horizonte* zu sehen war. Wiewohl ich nun leichtlich merkte, daß er auch einen besonderen Nutzen mußte haben, konnte ich doch nit wissen, wozu die goldenen Ringlein, die an etlichen Orten darauf waren, dieneten: Darüber lachte mein Page und ermahnte mich, ich solle sie fleißiger besehen. – *In Summa*, ich fand da mein *Vaterland auch mit Gold vermerkt*: deswegen suchte mein Gesell das seinige auch und befand das Gleiche. Weil nun solches auch bei Anderer Zurückgebliebener Heimat so war, sagte uns der Page mit Gewißheit, es sei gestern von ihrem alten Atlas (so heißt der Astronomus) K[öniglicher] M[ajestät] angezeigt worden, daß alle vergoldeten Punkte dem jeweiligen Vaterland, wie das von Jedem angezeigt worden war, ganz genau entspreche. Deswegen habe er auch, als er sah, daß *ich mich ausgesondert hatte, während doch bei meinem Vaterland ein Punkt stehe,* der Hauptleute einen dazu gebracht, für uns zu bitten, daß wir auf Glück und Unglück, ohne einen Nachteil für uns aufgestellt würden; – besonders auch weil *des Einen Vaterland ein sonderlich gutes Zeichen trage.* So sei auch er als der Page, welcher unter Allen die größte Macht habe, nicht ohne Ursache mir zugeteilt worden. Deswegen bedankte ich mich und sah darum fleißiger nach meinem Vatterland, fand auch, daß *neben dem Ringlein noch einige schöne Striche wären,* was ich jedoch nicht mir selbst zu Ruhm oder Lob will gesagt haben. – Ich sah wohl noch mehr auf diesem Globus, was ich nit begehre zu eröffnen. Es denke jedoch Männiglich selbst nach, warum nicht jede Stadt einen Philosophen hat.

Hierauf führte er uns sogar in den Globum hinein. Der war so gemacht: Auf dem Meer, da es ohnedies viel Platz einnimmt, war eine Tafel, darauf drei Widmungen und des Autors Name standen. Diese [Tafel] konnte man sorgsam hochheben, und durch ein beweglich Brettlein ins Zentrum, das ihrer Viere tragen konnte, hineinkommen. Das war nit mehr als ein rund Brett, darauf wir sitzen und wohl bei hellem Tag (damals war es schon dunkel) die Sterne hätten betrachten können: Meines Erachtens waren es lauter Karbunkel[90], die glänzeten in gebührender Ordnung und Lauf so schön, daß ich kaum mehr heraus wollte, was hernach der Page

bei der Jungfrau erwähnte, die mich oftmals damit geneckt hat; –
denn es war allbereits Essens-Zeit, und ich hatte mich dermaßen
in diesen Globus verguckt, daß ich fast der Letzte bei Tisch war.
Deswegen säumte ich nit länger; und als ich meinen Rock (zuvor
hatte ich ihn abgelegt) wieder angetan und zu Tisch gekommen
war, wurde mir von den Dienern so viel Reverenz und Ehre
erwiesen, daß ich vor Scham nicht aufzuschauen wagte, sodaß ich
die Jungfrau, die meiner auf einer Seite gewartet hatte, unbemerkt
stehen ließ. Das bemerkte sie sogleich, erwischte mich beim Rock
und führte mich so zu Tisch.

Von Musik und anderer Herrlichkeit weiter zu reden halt ich für
unnötig, weil nit allein solche nit genugsam zu beschreiben, sondern auch zuvor, so viel in meinem Vermögen steht, gerühmt
worden ist. In Summa da war nichts denn Kunst und Lieblichkeit.
Nachdem wir nun unser Tun, das wir nachmittags gehabt, Einer
dem Andern erzählt hatten, (wiewohl der Bibliothek und Monu-
mente geschwiegen wurde), wir auch allbereits vom Wein lustig
waren, so fängt die Jungfrau an:

«Liebe Herren, Ich hab einen großen Zank mit einer meiner
Schwestern: In unserem Gemach haben wir einen Adler. Nun
nähren wir denselben mit solchem Fleiß, daß jede will die liebste
sein und haben deswegen manchen Zank. – Dieser Tage
beschlossen wir mit einander, zu ihm zu gehn, und gegen welche
er sich am freundlichsten erzeigen würde, der sollte er zu Eigen
sein. – Dies geschah, und ich trug wie gewohnt in meiner Hand
einen Lorbeerzweig; meine Schwester aber hatte keinen. Wie er
uns nun beide erblickt, gibt er von Stund an meiner Schwester
einen Zweig, den er im Schnabel hat, und begehrt hingegen den
meinigen, welchen ich ihm gab. Nun vermeint jede, er habe sie
am liebsten: Wie habe ich mich zu verhalten?»

Solches züchtige Anliegen der Jungfrau gefiel uns allen wohl,
und es hätte auch gern Jeder die Lösung gehört. Weil aber
Männiglich auf mich sahe und begehrte, daß ich den Anfang
machen sollte, war mein Gemüt dermaßen verwirrt, daß ich nichts
Anderes zu tun wußte, denn ein Anderes an dessen Stelle zu
setzen. – Ich sprach derhalben:

«Gnädiges Fräulein, Euer G[naden] Frage wär leichtlich aufzulösen, wenn mich nit Eins bekümmerte: Ich hatte zwei Gesellen,

die beide mich liebten ohne Maß. Weil sie nun zweifelten, welcher mir am liebsten sei, beschlossen sie, unversehens zu mir zu laufen. Wen ich alsdann auffangen würde, der wäre der Rechte. – Das taten sie nun, doch vermochte der Eine dem Anderen nicht zu folgen, blieb deswegen zurück und weinete. Den Andern empfing ich mit Verwunderung. Als sie mir nun später den Handel entdeckten, *wußte ich mich nicht zu entschließen, hab es also bishero anstehen lassen,* ob ich doch hierin guten Rat finden möchte?

Die Jungfrau wunderte sich hierüber und merkete wohl, worum es mir zu tun wäre; sie antwortete deshalb: «Wohlan, so laßt uns Beide quitt sein; – ich begehre also von Anderen die Lösung».

Ich hatte sie aber schon gewitzigt: Und fieng deswegen Dieser auch an: «*In meiner Stadt* wurde neulich ein Jungfrau zum Tod verurteilt: Weil sie aber dem Richter aus einem Grund leid tat, ließ er ausrufen, falls da jemand wäre, der die Jungfrau zu erstreiten begehrte, dem stehe das frei. – Nun hatte sie *zwei Liebhaber,* – der Eine machte sich rasch fertig und kam auf den Platz, seinen Widerpart zu erwarten. Unterdes präsentierte sich der Andere auch; – weil er aber zu spät gekommen, gedachte er dennoch zu streiten, und sich willentlich überwinden zu lassen, damit doch die Jungfrau am Leben bleibe, welches dann auch geschah. – *Hierauf wollte sie ein Jeder haben. – Nun lehrt mich ihr Herren, wem gebührt sie?*»

Die Jungfrau konnte sich nicht mehr zurückhalten und sprach: «Ich meinete viel zu erfahren; nun komme ich selbst ins Netz. Doch möchte ich hören, ob Weitere vorhanden seien?»

«Jawohl», antwortete der 3. – «Ein größer Abenteuer ist noch nie erzählt worden, als was mir selbst begegnet ist: In meiner Jugend liebte ich eine ehrbare Jungfrau. Damit nun diese meine Liebe zum erwüntschten Ziel möchte kommen, mußte ich mich eines alten Mütterleins bedienenen, die brachte mich auch endlich zu ihr. – Nun begab sichs, daß dieser Jungfrau Brüder zu uns kamen, eben als wir Drei allein beisammen waren: Die erzürneten so sehr, daß sie mir wollten, das Leben nehmen. Weil ich aber so sehr bat, mußte ich endlich schwören, *Jede [der beiden Frauen] ein Jahr lang als mein ehelich Weib zu haben:– Nun sagt mir ihr Herren: Sollte ich die Alte oder die Junge zuerst genommen haben?*»

Dieses Rätsels lachten wir Alle genug, doch wiewohl ihrer Etliche darüber zu einander mümmelten, wollte doch keiner den Ausschlag geben. – Darauf fing der 4. an:

«In einer Stadt wohnete eine ehrliche Frau von Adel, die ward von Männiglich geliebt, besonders aber von einem jungen Edelmann, der ihr zuviel zumuten wollte. Sie gab ihm endlich den Bescheid: Falls er sie im kalten Winter in einen schönen grünen Rosengarten führen werde, so solle es ihm gewährt sein, wo nicht, solle er sich nie mehr sehen lassen. – Der Edelman zog hin in alle Lande, um einen solchen Mann, der dies leisten könnte, zu finden, bis endlich er ein altes Männlein antraf: Der versprach ihm, solches zu tun, wofern er ihm das Halbtheil seiner Güter werde versprechen, welches dieser bewilligte und jener verrichtete.

Deswegen beruft er besagte Frau zu sich in seinen Garten; die befand es wider Verhoffen alles grün, ergötzlich und warm. Dabei erinnerte sie sich ihres Versprechens und begehrte nicht mehr, als noch einmal zu ihrem Herrn {Ehemann} zu gehen; – dem klagte sie ihr Leid mit Seufzen und in Tränen. Weil aber dieser ihre Treue gnugsam gespürt hatte, fertigt er sie wieder ab, ihrem Liebhaber, der sie so teuer erworben, ein Genügen zu tun. – Den Edelman bewegte dieses Ehemanns Redlichkeit so sehr, daß er sich zu versündigen fürchtete, wenn er ein so ehrlich Weib berühren würde; er schicket sie also mit Ehren ihrem Herrn wieder heim.

Wie nun das Männlein Jener Beider Treue erfahren, wollte er, wie arm er sonst war, auch nicht der Geringste sein, sondern stellet dem Edelman all seine Güter wieder zu und zog davon. – Nun weiß ich nicht, liebe Herren, wer doch unter diesen Personen die größte Treue möchte bewiesen haben?»

Hier war uns das Maul recht abgehauen; so wollte auch die Jungfrau nichts Weiteres antworten, als nur: «Ein Anderer soll fortfahren!» – Deshalb säumte sich der Fünfte auch nicht und fing an: «Liebe Herren, ich begehr es nit lang zu machen: Wer hat größere Freud – der das, was er liebt, anschaut, oder der, der nur seiner gedenkt?» «Der es sieht», sprach die Jungfrau. – «Nein», antwortete ich. Hiemit erhub sich ein Streit, und deswegen ruft der Sechste: «Liebe Herren, Ich soll ein Weib nehmen. Nun habe ich vor mir eine Jungfrau, eine Verheiratete und eine Wittib. Helft mir dieses Zweifels ab, so will ich hernach auch helfen, jenes Andere zu schlichten.»

«Da geht's noch gut», antwortete der Siebente, «wo man die Wahl hat: Mit mir hat es ein andere Gestalt: In meiner Jugend liebet ich eine schöne und ehrliche Jungfrau vom Grund meines Herzens, und sie mich wiederum; doch konnten wir wegen des Verbots ihrer Freunde nit ehelich zusammen kommen. Sie wurde deswegen einem andern wiewohl ehrlichen, züchtigen Gesellen vermählet, der hielt sie in Zucht und Liebe, bis sie in Kindsbanden kam, wo es ihr so sauer wurde, daß Männiglich meinte, sie wäre tot; und so wurde sie auch prächtig und mit großem Klagen zur Erde bestattet. – Nun dachte ich. „Hat dir dies Mensch in ihrem Leben nit mögen zuteil werden, so willst du sie doch also tot umfangen und genug küssen!" – Ich nahm deswegen meinen Diener zu mir, der grub sie wieder bei Nacht aus. – Wie ich nun den Sarg eröffnet, und sie in meine Arme geschlossen und auch ihr Herz berührt hatte, fand ich, daß es sich noch ein wenig regte, was von meiner Wärme mehr und mehr zunahm, bis ich endlich merkte, daß sie eigentlich noch lebte. Ich trug sie deswegen im Stillen nach Hause, und nachdem ich ihren erkalteten Leib durch ein köstlich Kräuterbad erwärmt hatte, befehle ich sie meiner Mutter, bis sie eines schönen Sohns genas; dessen ließ ich gleich wie der Mutter getreulich pflegen. – Nach zwei Tagen, da sie sich heftig verwunderte, entdeckte ich ihr allen vorgefallenen Handel mit der Bitte, sie solle nun fürderhin mir ehliche Beiwohnung tun. Das wollte sie ablehnen, wenn es ihrem Ehemann, der sie gut und ehrlich gehalten hatte, leid sein möchte; wenn aber solches auch sein Wille sei, so sei sie nunmehr dem Einen sowohl als dem Andern in Liebe verpflichtet. – Nun lud ich nach zweien Monaten (inzwischen mußte ich anderswohin verreisen) ihren Ehemann zu Gast, und als ich ihn unter Anderem befragte, ob er wohl seine verstorbene Hausfrau, falls die ihm wieder zurück käme, wieder wollte annehmen, da bejahte der solches mit Zähren und Weinen. Endlich brachte ich ihm sein Weib samt dem Sohn, nebst der Erzählung aller vorgekommenen Handlungen, mit der Bitte, er wolle diese meine beabsichtigte Verehelichung mit seinem Einverständnis genehmigen. – Nach langem Disputieren mochte er mich von meinem Anspruch nit abbringen, mußte mir also das Weib lassen. Doch war da noch der Streit um den Sohn ... »

Hier fiel ihm die Jungfrau in die Rede und sprach: «Mich wundert, wie Ihr habt mögen dem betrübten Mann sein Leid verdoppeln!» – «Wie!» – antwortet dieser – «War ich denn dazu nicht befugt?» – Daraufhin erhub sich ein Disputieren unter uns, doch befand die Mehrzahl, er hätte recht getan. – «Nein!» – sprach er – «Ich hab ihm beides – sein Weib und den Sohn geschenkt! – Jetzt sagt mir, liebe Herren, war meine Redlichkeit oder des Mannes Freude größer?»

Diese Worte hatten die Jungfer dermaßen erquickt, daß sie gleich um dieser Beider willen ließ ein Trunk herum gehen. – Darauf gingen der Anderen übrige Aufgaben etwas verwirrt weiter, sodaß ich sie nit alle behalten konnte. Eins [aber] fällt mir noch ein:

Da sagte Einer, er habe vor wenig Jahren einen Medicum {Arzt} gesehen, der habe sich auf den Winter Holz eingekauft; damit auch sich den ganzen Winter gewärmet. Sobald aber der Frühling wieder herbei gekommen, habe er eben dies Holz wieder verkauft, und also seiner umsonst genossen. – «Hier muß Kunst[91] [mit im Spiel] sein», sprach die Jungfrau, «aber die Zeit ist nunmehr vorüber». «Ja» antwortete mein Gesell, «wer die Rätsel nit alle weiß aufzulösen, der mag es Alle bei einem besonderen Gespräch[92] wissen lassen. Ich meinete nit, daß ihm [die Antwort] sollte versagt werden».

Unterdessen ward das *Gratias* angefangen zu sprechen[93], und standen wir allesamt von der Tafel auf, mehr satt und fröhlich denn voll; – und ich möchte auch wünschen, daß alle Gastungen und Mahlzeiten also gehalten würden.

Als wir nun wieder einwenig in dem Saal auf und ab spaziert waren, fragte uns die Jungfrau, ob wir begehrten, mit der Hochzeit zu beginnen? – «Ja» sprach Einer, «edle und tugendsame Jungfrau». Darauf fertigte sie einen Pagen heimlich ab, fuhr jedoch unterdes mit uns im Gespräch fort. *In Summa*: sie war mit uns so vertraulich, daß ich's wagte, sie nach ihrem Namen zu fragen. Die Jungfrau lächelte meiner Vorwitzigkeit, ließ sich jedoch nicht aus der Ruhe bringen, sondern antwortete: «Mein Name enthält Fünfundfünfzig, und hat doch nur acht Buchstaben. Der Dritte ist des Fünften dritter Teil; kommt er dann zu dem Sechsten, so wird daraus eine Zahl, deren Radix {Wurzel} schon um den ersten Buchstaben größer wird, als der Dritte selbst ist, und ist des Vierten Hälfte. – Nun sind der Fünfte und Siebente gleich; ebenso ist der Letzte dem Ersten gleich, und die machen mit dem Zweiten soviel als der Sechste hat, der doch nur um vier mehr als der dritte dreimal hat: Nun saget ihr mir mein Herr, wie heiß' ich?»

Die Antwort war mir kraus genug, doch ließ ich nit nach: Ich sprach: «Edle und tugendsame Jungfrau, könnte ich nicht einen einzigen Buchstaben bekommen? » – «Jawohl, sprach sie, das ist wohl zu machen.» – «Was mag dann, antwortete ich wieder, der

Siebente haben? » – «Er hat, sprach sie, so viel als der Herren hier sind!» – Hiermit war ich zufrieden und fand ihren Namen leichtlich. Dessen war sie wohl zufrieden, mit der Bemerkung, es werde uns noch gar Manches mehr entdeckt werden.

Unterdessen hatten sich etliche Jungfrauen fertig gemacht. Die kamen daher mit großem Gepränge: Als Erstes leuchteten ihnen zwei Jünglinge vor. Der Eine hatte ein lustiges Gesicht, helle Augen und feine Proportionen. Der Ander war eher zornig anzusehn: Was er haben wollte, daß mußte sein, wie ich nachmals inne ward. Auf sie folgeten zuerst vier Jungfrauen. Die eine sah züchtig zur Erde und war an Gebärden gar demütig. Die Andere war auch eine züchtige schamhafte Jungfrau; die Dritte entsetzte sich etwas, als sie in die Stube trat. Wie ich aber vernommen habe, kann sie nicht gut bleiben, wo man zuviel lustig ist. – Die Vierte brachte etliche Sträußlein mit sich, um ihre Liebe und Freigebigkeit hierdurch zu erzeigen. – Nach diesen Vieren kamen zwo, die etwas herrlicher bekleidet waren; die grüßeten uns schön. – Die Eine hatte einen ganz blauen Rock, mit goldenen Sternlein besetzt. Die Andere ganz grün, mit roten und weissen Strichen geziert. Auf den Häuptern hatten sie zarte fliegende Tüchlein, welche ihnen auf das Zierlichste dazu standen. – Endlich kam Eine allein, die hatte ein Krönlein auf dem Haupt, sah jedoch mehr über sich gen Himmel denn auf die Erden. Wir meineten alle, es wäre die Braut. Aber das war noch weit gefehlt, wiewohl sie sonst an Ehre, Reichtum und Stand der Braut weit überlegen war; – und diese hat nachmals die ganze Hochzeit regiert.

Nun im gegenwärtigen Fall folgten wir unserer Jungfrau, fielen ganz nieder auf die Knie, wiewohl sie sich gar demütig und Gottsfürchtig erzeigte: Sie bot jedem die Hand, vermahnte uns auch, wir sollten uns nit zu sehr darüber verwundern, denn dies sei eine ihrer geringsten Gaben. Unsere Augen aber sollten wir zu unserm Schöpfer erheben, und hierin seine Allmacht lernen erkennen; auch auf unserem angefangenen Weg fortfahren und Gott zum Lob, und der Menschheit zu Gute, diese Gnade benutzen. – *In Summa*: ihre Worte waren ganz anders als die unserer Jungfrau (die war noch etwas weltlicher); und sie drangen mir durch Mark und Bein. – «Und du«, sprach sie weiter zu mir, «hast mehr denn Andere empfangen: Sieh zu, daß du auch mehr austeilest!» – Diese Predigt war mir gar fremd!

Dann, als wir die Jungfrauen mit der Musik erblickt hatten, meineten wir, wir sollten schon tanzen, aber die Zeit war noch nicht da.

Nun stunden die Gewichte, wovon oben die Rede war, noch alle da. Deswegen hieß die Königin, (ich weiß aber nicht, wer sie gewesen) jede Jungfrau, eins zu sich nehmen. Unserer Jungfrau aber gab sie das ihrige, welches das Letzte und Größte gewesen, und hieß uns hernach folgen. Unsere Majestät war da etwas geringer, denn ich merkte wohl, daß unsere Jungfrau uns nur zu sehr liebte, und wir nicht gar so hoch eingeschätzt seien, wie wir uns schier zum Teil selbst wollten anfangen einzubilden. Wir gingen also in unserer Ordnung hinterher. Da wurden wir in das erste Gemach geführt; da henkte unsere Jungfrau der Königin Gewicht als erstes auf, und dabei wurde ein schöner geistlicher Gesang gesungen.

In diesem Gemach war nichts Kostbares, ausser einigen schönen Gebetbüchlein, deren man denn niemals entraten kann. In der Mitte stand ein aufgerichtet Pult, zum Beten gar geeignet; darauf kniete die Königin nieder. Um die mußten wir alle herum knieen und der Jungfrau, die aus einem Büchlein las, nachbeten: daß solche Hochzeit mit Gottes Ehr und unserm Nutzen ablaufen möge. – Hierauf kamen wir in das zweite Gemach; da henkte die erste Jungfrau ihr Gewicht auch auf, und so fort, bis alle Zeremonien verrichtet worden waren. Hierauf bot die Königin jedem wieder die Hand und schied mit ihren Jungfrauen davon. – Unsere Präsidentin blieb noch eine Weile bei uns; – weil es aber allbereits um zwei Uhr in der Nacht war, wollte sie uns länger nit aufhalten. Mich däuchte, sie sei sehr gern um uns. Nun nahm sie eine gute Nacht und wünschte uns, die Nacht ruhig zu schlafen; schied dergestalt freundlich und gleichsam ungern von uns.

Unsere Pagen waren über Alles kundig gemacht, wiesen deswegen jedem seine Kammer zu, blieben auch bei uns in einem andern Bette, damit, so wir etwas bedürften, wir uns ihrer bedienen könnten. Meine Kammer (von den andern weiß ich nichts zu sagen) war königlich bereitet, mit schönen Teppichen, und mit Gemälden umhängt. Vor allem aber liebte ich meinen Pagen; der war so trefflich beredt und in Künsten erfahren, daß er mich auch noch um eine Stunde [Schlafs] brachte und ich erst um halb Vier entschlief.

Und dies war die erste Nacht, daß ich mit Ruhe geschlafen. Doch ließ ein schändlicher Traum es mir nicht allzu wohl werden;

denn die ganze Nacht war ich mit einer Tür beschäftigt: die konnte ich nit aufbringen; – doch endlich geriet es mir. – Mit solchen Phantasien vertrieb ich die Zeit, bis ich endlich gegen Tagesgrauen erwachte.

Vierter Tag

Ich lag noch in meinem Bette und besahe mir gemächlich die herrlichen Bilder und Figuren, die da und dort in meinem Gemach waren. Unterdes hörte ich bald eine Musik von Zinken[94], als ob man schon allbereits in der Prozession wäre. Mein Page wischte aus dem Bett, als ob er von Sinnen wäre, sah auch einem Toten viel gleicher, denn einem Lebendigen. Wie nun mir gewesen sei, ist leicht zu denken, denn er sagte, die Andern würden allbereits dem König präsentiert. Ich wußte mehr nicht zu tun, denn die hellen Zähren zu weinen, und meine Faulheit selber zu verfluchen.

Noch zog ich mich an, aber mein Knab war längst fertig und lief zum Gemach hinaus, zu sehen, wie doch die Sachen stünden. Er kam aber doch bald wieder und brachte die fröhliche Botschaft, daß gleichwohl nichts versäumt wäre; allein hätte ich das Frühstück verschlafen; man hätte mich jedoch um meines Alters willen nit begehret zu wecken. Jetzt aber sei es Zeit, daß ich mit ihm zum Brunnen gehe: Da seien sie mehrenteils versammlet: Von diesem Trost kam mein Geist wieder; ich ward deswegen bald mit meiner Kutte fertig und eilte dem Pagen nach, in obgemeldeten Garten, zu dem Brunnen.

Nachdem wir nun einander gegrüßt, und auch die Jungfrau meines Langschlafens gespottet hatte, führte sie mich bei der Hand zu dem Brunnen, da fand ich, daß der Löwe anstatt seines Schwertes eine ziemlich große Tafel bei sich hatte. Wie ich nun die eben besichtigte, befand ich, daß sie aus den Alten Monumenten genommen und hieher zu sonderlicher Ehre gesetzt worden. Die Schrift war etwas aus Älte abgelescht; ich will sie deswegen wie sie ist hieher setzen und einem Jeden nachzudenken geben.

HERMES PRINCEPS.
POST TOT ILLATA
GENERI HUMANO DAMNA,
DEI CONSILIO:
ARTISQUE ADMINICULO,
MEDICINA SALUBRIS FACTUS
HEIC FLUO.

Bibat ex me qui potest, lavet, qui vult:
turbet qui audet:

{übersetzt: Hermes ist der Fürst. – Nach so vielen dem Menschen-geschlecht zugefügten Beschädigungen fließe ich hier – gemäß dem Ratschluß Gottes und durch Hilfe der Kunst zum kräftigen Heilmittel geworden. – Trinke aus mir wer es kann, wasche sich [aus mir] wer es will, trübe [mich] wer es wagt. – Trinkt, Brüder und lebt! – [XXX]}. – Diese Schrift war nun gut zu lesen und zu verstehen, mag auch wohl darum hieher gesetzt worden sein, weil sie leichter ist denn jede andere.[95]

Nach dem wir uns nun erstlich aus dem Brunnen gewaschen, auch jeder einen Trunk aus einer ganz güldenen Schale getan, muß-ten wir der Jungfrau noch einmal in den Saal folgen und daselbst neue Kleider anziehen: Das waren ganz goldene Stücke, mit Blu-men herrlich gezieret. – So wurde auch jedem ein anderes Goldenes Vlies gegeben, welches mit Edelgestein besetzt war und mancher-lei Wirkung nach Jedes wirksamer Kraft mit sich brachte. Daran hing ein schweres Goldstück, darauf waren Sonne und Mond einander gegenüber abgebildet; – auf der andern Seite aber stund dieser Spruch: *Des Mondes Schein wird sein wie der Sonne Schein, und der Sonne Schein wird sieben mal heller sein denn jetzt.* – Un-sere vorigen Geschmeide aber wurden in ein Kästlein gelegt und einem der Diener anbefohlen.

Nach diesem führte uns die Jungfrau in unserer Ordnung hinaus, da warteten bereits vor der Tür die Musikanten, alle in rotem Sammet mit weißen Borten bekleidet. – Hierauf wurde eine Tür (die ich zuvor nie offen gesehen) zur königlichen Wendeltreppe geöffnet. Da hinauf führte uns die Jungfrau samt der Musik, 365 Stufen hinauf. Da sahen wir nichts denn lauter köstliche und künst-liche Arbeit. Je höher wir auch gingen, desto herrlicher wurde der Zierat, bis wir endlich zu oberst in ein gemaltes Gewölb kamen: Da warteten unser wohl gegen 60 Jungfrauen, alle kostbar geklei-det. Sobald die nun sich gegen uns verneigt hatten, wie auch wir unser Reverenz so gut wir konnten erzeigten, fertigte man unsere Musikanten ab, die mußten wieder die Wendeltreppe hinunter; dann wurde die Tür verschlossen. Hierauf wurde ein kleines Glöck-lein geläutet: Da kam eine schöne Jungfrau herfür, die brachte jedem einen Lorbeerkranz. Unserer Jungfrau aber wurde ein Zweig gege-ben. Unterdessen ward ein Vorhang aufgezogen; da erblickte ich den König und die Königin, wie die in ihrer Majestät da saßen. Und wenn mich die gestrige Königin nit hätte so treulich ermahnet, hätte ich meiner selbst vergessen und solch unsägliche Herrlichkeit dem

Himmel verglichen. Denn außer daß der Saal von lauter Gold und Edelgestein glänzte, war doch der Königin Kleidung dermaßen beschaffen, daß ich sie nit anzusehen vermochte. Und wo ich zuvor etwas für schön gehalten, war doch da in Allem Eins über das Andere wie die Sterne am Himmel erhaben.

Hiezwischen trat die Jungfrau hinein. Da nahm auch jede Jungfrau Einen von uns bei der Hand und wir präsentirten uns also mit hoher Reverenz dem König: Darauf hub die Jungfrau also an zu reden[96]: «Daß, Eurer Königlichen Majestät zu Ehren, allergnädigster König und Königin, gegenwärtige Herren sich mit Leibs- und Lebens-Gefahr hieher begeben, das soll S[eine] M[ajestät] billig erfreuen, weil sie auch mehrenteils qualifiziert sind, E[urer] M[ajestät] Königreich und Lande zu erweitern: wie [Ihr] dies denn selbst von Jedem allg[ütigst] werdet erforschen können. Ich wollte sie also hiemit E[urer] Majestät] in Untertänigkeit vorgestellt haben, mit untertänigster Bitte, aus dieser meiner Commission mich zu entlassen und von Jedem meines Tuns und Lassens genugsame Kunde allergnädigst [selber] einzuziehen.» – Hiemit legte sie ihren Zweig auf die Erde.

Nun wollte es sich gleichwohl gebühren, daß unser Einer auch etwas hätte hierauf geredet: Weil uns aber allen war das Zäpflein herabgefallen, trat endlich der alte Atlas herfür und sprach im Namen des Königs: «König[liche] Maj[estäten] tun sich eurer Ankunft allergnädigst erfreuen. wollen auch ihre königliche Gnade Allen und Jedem zugesagt haben. Mit deiner Verrichtung, L[iebe] Jungfrau, sind sie auch all[er]g[nädig]st zufrieden, und es solle dir auch deswegen eine Kön[igliche] Ehrung vorbehalten sein. Es wäre jedoch ihre Meinung, du solltest dich heute ihrer noch annehmen, denn sie wüßten dir nichts Arges zuzutrauen. – Hierauf hub die Jungfrau den Zweig wieder demütig auf. Und mußten wir also hiemit fürs Erste mit unseren Jungfrauen abtreten.

Dieser Saal war vorne viereckig, fünf mal breiter als er lang war. Gegen den Ausgang aber hatte er einen großen Bogen wie ein Tor. Darinnen stunden im Kreis drei herrliche Königliche Stühle; doch war der Mittlere etwas höher, denn die andern[97]. Nun saßen in jedem Stuhl zwo Personen: Im ersten saß ein alter König mit einem grauen Bart, doch war seine Gemahlin überaus schön und jung. – Im dritten Stuhl saß ein schwarzer König mittelmäßigen Alters. – Neben diesem war ein fein alt Mütterlein, nit gekrönet, sondern mit einem Schleier verhüllet. – Im Mittleren aber saßen die

zwei jungen Menschen. Die hatten gleichfalls Lorbeerkränze auf ihren Häuptern; ob ihnen aber hing eine große köstliche Krone. Nun waren sie dennoch damals nit so schön, als ich mir sie vorgestellt hatte. Aber das mußte so sein. – Hinter ihnen saßen auf einer runden Bank mehresteils alte Männer, deren jedoch keiner, was mich wunderte, ein Schwert, noch andere Wehr bei sich hatte. So sah ich auch keine andere Leibgarde. – Dann [waren da] etliche Jungfrauen, die gestern bei uns gewesen, die saßen auf der Seite an dem Bogen.

Hier kann ich nit verschweigen: Der kleine Cupido flog da auch umher, haspelte und gauklete auch mehresteils auf der großen Krone herum. Zuweilen setzte er sich zwischen beide Liebhabende hinein, etwas ihnen lächelnd, mit seinem Bogen. Ja er stellte sich auch zuweilen, als wollte er auf unser Einen schießen. – *In Summa*: das Knäblein war so mutwillig, daß es auch der kleinen Vögelein, so haufenweise im Saal umherflogen, nit verschonete, sondern sie neckte, was er konnte. Und die Jungfrauen hatten auch ihre Kurzweil mit ihm, und wenn sie ihn konnten erwischen, mochte er so bald nit von ihnen kommen; – so machte also dieser kleine Knab Allen Freude und Vergnügen.

Vor der Königin stand ein kleines aber über die Maßen zierliches Altärlein: Darauf lag ein schwarz sammten Buch, mit Gold nur ein wenig beschlagen. Neben diesem stund ein kleines Kerzenlichtlein auf einem elfenbeinen Leuchter. Wiewohl nun das gar klein war, brannte es doch immer und immer, und auch so stetig, daß, wenn Cupido nit zuweilen aus Kurzweil darein geblasen hätte, möchten wir es nit für ein Feuer gehalten haben.

Neben diesem stund eine Sphæra oder Himmelskugel. die drehte sich artig von sich selber. Neben dieser [stand] ein kleines Schlag-Ührlein, darauf ein klein kristallen Rohrbrünnlein, woraus ein blutrot hell Wasser stetigs lief – und endlich ein Totenkopf: In dem war eine weiße Schlange, die war so lang, daß, obwohl sie rings um die anderen Stücke herum kroch, blieb ihr doch allweg der Schwanz in einem Aug, bis der Kopf wider zum anderen hinein kam; – wich also nimmer aus ihrem Totenkopf. Begab sich's dann, daß Cupido sie ein wenig zwickte, so wischte sie so geschwind hinein, daß wir uns alle verwundern mußten. – Neben diesem Altärlin waren hier und dort in dem Saal wunderliche Bilder, die bewegten sich alle, als ob sie lebten, und waren so wunderlich phantastisch, daß mir unmöglich wäre, alles zu erzählen. So erhub sich auch, wie wir hinaus gingen, eine so wunderbarliche Vocal-Musik {Gesang}, daß ich nit eigentlich wußte, ob von Jungfrauen, die noch darinnen blieben, oder von den Bildern selbst gesungen wurde.

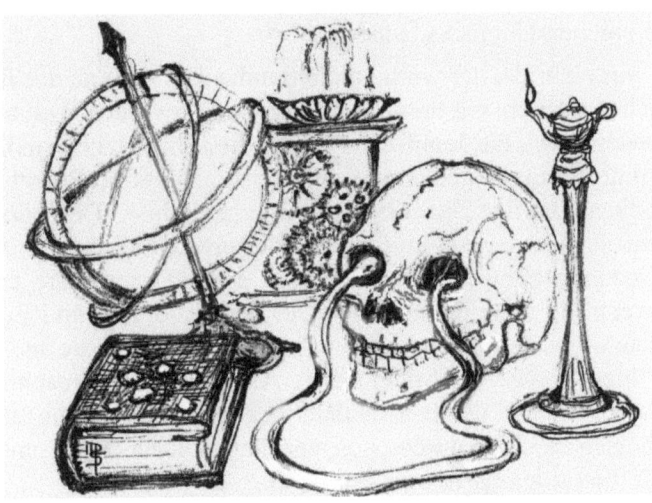

Nun, wir waren für diesmal zufrieden und zogen mit unseren Jungfrauen darvon. Da waren allbereit unsere Musikanten vorhanden, die führten uns wieder die Wendeltreppe hinab. Aber die Tür wurde schnell verschlossen und verriegelt.

Wie wir nun wieder in den Saal kommen, fänget der Jungfrauen eine an: «Schwester mich wundert, daß du dich unter so viel Personen hast wagen dürfen!» – «Meine Schwester – antwortet unser Praesidentin – ich sorgte mich um keinen so sehr, als um den!» – und deutete damit auf mich. Dies Wort ging mir nahe zu Herzen, denn ich verstund wohl, daß sie meines Alters spottete. Und zwar war ich unter Allen der Älteste. Doch tröstete sie mich wieder mit Verheißung, wo ich mich würde recht mit ihr halten, wolle sie mir dieser Last wohl abhelfen.

Dieweil ward das Essen wieder aufgetragen und jedem seine Jungfrau beigesetzt: Die wußten uns mit holdseligem Gespräch die Zeit wohl zu verkürzen. Was aber ihr Gespräch und Kurzweil gewesen, darf ich nit aus der Schul schwätzen. Der Mehrertheil der Fragen aber waren von Künsten, wobei ich leichtlich erachten konnte, daß Jung und Alt mit Kunst umginge.

Doch lag mir immer im Sinn, wie ich doch wieder könnte jung werden. Ich war deswegen etwas trauriger. Das merkte die Jungfrau und hub derowegen an: «Ich merke wohl, was diesem jungen Gesellen fehlet. Was gilt's: wenn ich künftige Nacht bei ihm schlafe, soll er morgen lustiger sein!» – Hierauf fingen sie an zu lachen, und wiewohl mir Röte an allen Orten aufstieg, mußte ich doch meines eigenen Unglücks lachen.

Nun war einer da, der wollte mein Schmach wieder an der Jungfrau rächen. Der sprach deswegen. «Ich hoffe, es werden nit allein wir, sondern auch die Jungfrauen selbst, die hier zugegen sind, unsern Bruder Zeugnis geben, daß sich unsere Jungfrau Präsidentin versprochen, künftige Nacht bei ihm zu schlafen!» – «Des wäre ich wohl zufrieden», antwortete die Jungfrau: «wenn ich mich nit vor diesen meinen Schwestern zu fürchten hätte: Denen wäre es nit recht, wenn ich ohne ihren Willen mir den Schönsten und Besten erwählete!» – «Meine Schwester – fing bald eine Andere an – wir spüren hierbei, daß dich dein hohes Amt nit stolz gemacht hat. Wenn wir nun aus deiner Erlaubnis gegenwärtige Herren uns zu Schlafbuhlen möchten durchs Los austeilen, solltest du mit unserm guten Willen solche *prærogativam* {Vorrecht} haben!» –

Wir ließen dies nun einen Scherz sein, fingen also auch an, wieder unter einander zu sprechen[98]. – Unser Jungfrau aber konnte uns nit ungeneckt lassen und fing deswegen wieder an: «Ihr Herren, wie wär's, wenn wir das Glück zeigen ließen, wer doch heute bei wem schlafen müsse? – «Wohlan – sprach ich – kanns nit anders sein, so können wir ein solch Erbieten nicht abschlagen!»

Weil nun beschlossen wurde, solches nach dem Essen zu probieren, wollten wir länger nit zu Tisch sitzen, stunden also auf und spazierte Jeder mit seiner Jungfrau auf und ab. – «Nein! sprach die Jungfrau, «das soll noch nit sein, aber laßt sehen, wie uns das Glück gesellen wolle!» Hierauf wurden wir von einander getrennet. – Nun erhub sich erst ein Disputieren, wie diese Sache anzupacken sei; es war aber dies nur ein angelegtes Spiel, denn die Jungfrau tat bald den Vorschlag, wir sollten uns unter einander in einem Ring vermischen. Dann wolle sie bei ihr anfangen zu zählen, und müsste [jeweils] der Siebente mit dem nachfolgenden Siebenden für gut nehmen, es sei jetzt gleich ob es eine Jungfrau oder Mann wäre. – Wir versahen uns keiner List, ließen's deswegen geschehen; und während wir meinten, wir vermischten uns ganz gut, waren die Jungfrauen doch so verschmitzt, das jede ihren Ort schon vorher wußte. Die Jungfrau hub an zu zählen, da traf es eine Jungfrau. Nach ihr war das Siebent wider eine Jungfrau; zum 3. wieder eine

Jungfrau; – und dies geschah so lang, bis alle Jungfrauen zu unserer Verwunderung heraus gekommen waren, und unser Keiner getroffen worden war. So blieben also wir armen Tröpfe allein stehen, und mußten dazu unser noch spotten lassen und bekennen, daß wir ja redlich betrogen wären. – In Summa: Wer uns in unserer Ordnung gesehen hätte, mochte sich schier des Himmels Fall eher versehen haben, denn daß es niemals an uns kommen sollte. – Hiemit war unser Scherz aus, und mußten wir uns der Jungfrauen Schalkheit gefallen lassen. Hiezwischen kam auch zu uns der kleine mutwillige Cupido. Weil aber der von Königlicher Mai[estät] wegen da war, auch uns auf Geheiß Derselbigen einen Trunk aus einer güldenen Schale überbrachte und unsere Jungfrau zum König abforderte, darneben noch erklärte, er könne diesmal nit länger bei ihnen sein – so konnten wir uns nit recht mit ihm erlustigen. Wir ließen ihn also mit gebührender untertänigster Danksagung fortfliegen. Weil nun auch inzwischen meinen Consorten die Freude in die Füße kam, und da solches auch die Jungfrauen nit ungern sahen, hatten sie in kurzem ein züchtig Tänzlein angestellt, wobei ich mehr mit Freuden zusah, denn mittat. Denn es konnten sich meine Mercurialisten so artig in die Posse schicken, als ob sie das Handwerk sehr lange gelernet hätten.

Nach etlichen Tänzen kam unsere Präsidentin wieder daher und vermeldete uns, daß sich die Künstler und Studiosi gegenüber ihrer König[lichen] Majest[ät] erboten hätten, Deren zu Ehren und Gefallen vor Dero Abzug, eine fröhliche *Comœdiam* aufzuführen: Wollten nun wir derselben auch beiwohnen und König[lichen] Maj[estäten] auf das Sonnen-Haus begleiten, das wäre Dero lieb und wollten Sie solches in allen Gnaden anerkennen. Hierauf taten wir uns zuvörderst der angebotenen Ehre alleruntertänigst bedanken und nit allein hierinnen, sondern noch in Mehrem unsere geringen Dienste demütigst offerieren. Das zeigte die Jungfrau wieder an und brachte bald den Bescheid, König[licher] Maj[estät] auf dem Gang in unserer Ordnung zu warten, wohin wir dann bald geführt würden. Wir stunden auch nit lang da, denn die Königliche Prozession war schon vorhanden, doch ohne alle Musik:

Voran ging die unbekannte Königin, die gestern bei uns gewesen, mit einem kleinen und köstlichen Krönlein und in weißen Atlas gekleidet. Die trug mehr nit dann ein klein Crucifix, so von einer Perle gemacht war: Das war heute zwischen dem jungen König und der Braut befestigt gewesen. – Nach ihr gingen die sechs vorgenannten

Jungfrauen in zweien Gliedern, die trugen das auf das kleine Altärlein gehörige Kleinod des Königs. – Auf diese folgten die drei
Könige, unter denen der Bräutigam in der Mitte war. Der ging aber
schlicht, nur in schwarz Atlas auf Italienisch gekleidet, hatte ein
klein schwarz rund Hütlein auf, mit einem kleinen schwarzen spitzigen Federlein: das zog er freundlich gegen uns, um hierdurch seine
Gnade gegen uns zu erweisen. Gegen diesen verneigeten wir uns
(wie auch gegen den Ersten), so wie wir dessen erinnert worden
waren. – Nach den Königen kamen die drei Königinnen, deren die
zwei köstlich bekleidet waren. – Allein die Mittlere ging auch ganz
in Schwarz, und trug ihr der Cupido die Schleppe nach. – Hierauf
wurde uns gewinkt, zu folgen, und nach uns den Jungfrauen, bis
endlich der alte Atlas den Reigen beschloß.

In solcher Prozession kamen wir endlich durch manchen köstlichen Gang auf der Sonne Haus, um daselbst auf einem zugerich-
teten stattlichen Gerüst neben König und Königin, der angestellten
Komödie zuzusehen. – Wir zwar stunden den Königen (obwohl
abgetrennt) an der Rechten, die Jungfrauen aber zur Linken, ausgenommen Jene, denen die königlichen Insignia anbefohlen waren.
Denen war zu oberst ein besonderer Standplatz eingeräumt: Was
aber andere Diener waren, die mußten zu unterst zwischen den
Säulen stehen, und also vorlieb nehmen.

Weil nun an dieser Comœdia viel Sonderlichs zu bedenken war,
wollte ich dieselbige kurz durchzugehen nit unterlassen[99]:

Erstens kam heraus ein alter König, mit etlichen Dienern; vor
dessen Thron wurde ein kleines Kästlein gebracht, mit der Mel-
dung es sei auf dem Wasser gefunden worden: Wie man nun dieses eröffnete, war es ein schönes Kind: das neben etlichen Kleinodien auch ein kleines versiegeltes pergamentenes Brieflein [hielt[100]],
dessen Anschrift an den König gerichtet war. Deswegen eröffnete
der König dieses gleich, und nachdem er es gelesen, weinete er
darüber. Hierauf zeigte er seinen Dienern an, mit welch großem
Schaden der Mohren-König seiner Base das Land weggenommen
und allen Königlichen Samen bis auf das Kind ausgetilget hätte,
mit deren Tochter er doch jederzeit seinen Sohn zu vermählen gedacht hätte. Er schwur darauf ewige Feindschaft wider den Mohren
und seine Gehilfen zu tragen, und dies an ihm zu rächen. – Hiermit
befahl er, das Kind zärtlich aufzuziehen und sich wider den Mohren
gefaßt zu machen. Dies Rüsten nun sowie des Töchterleins Diszi-

plinierung (sie war nämlich, als sie ein wenig erwachsen war, einem alten Lehrmeister untergeben worden) währte mit viel feiner und löblicher Kurzweil durch den ganzen ersten Akt hindurch.

Inzwischen ließ man einen Löwen und einen Greifen miteinander kämpfen und blieb dem Löwen der Sieg: welches auch angenehm zu sehen war.

Im zweiten Akt kam auch der Mohr herfür: ein schwarzer tückischer Mann. Der hatte nun mit Schmerzen vernommen, daß sein Mord entdeckt und ihm doch ein Fräulein durch List wäre entwendet worden. Er beratschlagte sich deswegen, wie er einem so mächtigen Feind könnte mit List begegnen, welches ihm auch endlich durch Etliche, die aus Hungersnot zu ihm geflohen, geraten wurde, worauf das Jungfräulein wider Männiglichs Erwarten in seine Hand kam. Der hätte sie dann gleich erwürgen lassen, wenn er nit von seinen eignen Dienern wunderbarlich wäre betrogen worden. – So wurde also dieser Akt mit einem wunderbarlichen Triumph des Mohren auch beschlossen.

Im dritten Actu wurde von's Königs wegen ein groß Kriegsheer wider den Mohren versammlet und unter einen alten tapferen Ritter gestellt; der fiel dem Mohren ins Land, bis er endlich mit Gewalt die Jungfrau aus dem Turm befreit und sie wieder bekleidet hatte.

Nach diesem richteten sie geschwind ein herrlich Gerüst auf und stelleten ihr Fräulein darauf. Bald kamen zwölf königliche Gesandte, unter welchen bedachter Ritter das Sagen hatte und berichtete, wie sein Allergnädigster H[err] König sie nicht allein schon zum zweiten Mal vom Tod erlöst und auch bisher hätte königlich auferziehen lassen, sie aber sich nit allwegen, wie sich wohl gebührt verhalten hatte. Dennoch habe I[hre] K[önigliche] M[ajestät] sie vor Anderen für seinen Jungen Herren und Sohn zum Gemahl erwählet, begehre auch, solche Verlobung allergnädigst ins Werk zu rüsten, wofern sie sich unter folgenden Bedingungen gegenüber S[einer] M[ajestät] verloben würden.[101] – Damit las er aus einem Patent etliche herrliche Bedingungen, die wohl wert wären, hier erzählt zu werden, wenn es nit zu lang würde. – Kurz: Die Jungfrau schwur einen Eid, solches unverwandt zu halten: indem sie sich zugleich dieser so hohen Gnade aufs Zierlichste bedankte. Deswegen huben sie an zu singen, Gott, den König und die Jungfrau zu loben, und traten also für diesmal wieder ab.

Zur Kurzweil wurden dieweil die vier Tiere Danielis, wie er die in seiner Vision gesehen und ausführlich beschrieben, aufgeführt, welchs alles seine bestimmte Bedeutung hatte.[102]

Im vierten Actu ward der Jungfrau ihr verloren Königreich wieder eingeräumt, sie gekrönet und auch eine Zeitlang in solchem Schmuck auf dem Platz mit herrlichen Freuden umhergeführt. Darauf erschienen viele und mancherlei Legaten, nicht nur um ihr Glück zu wünschen, sondern auch, um ihre Herrlichkeit zu sehen. Nun bliebe sie [jedoch] nit lang bei ihrer Züchtigkeit, sondern fing schon an wieder frech um sich zu sehen und den Legaten und Herren zuzuwinken, worin sie wahrlich ihre Person wacker aufführte.

Solche ihre Mores {Benehmen} werden dem Mohren bald kund; der wollte solche Gelegenheit nit versäumen, und weil ihr Hofmeister nit gnugsam Achtung auf sie hatte, ward sie leichtlich durch großes Versprechen verblendet, daß sie ihrem König nichts Gutes zutrauet, sondern sich heimlich dem Mohren nach und nach gänzlich befahl. – Hierauf eilete der Mohr zu ihr, und wie er sie durch ihre Einwilligung in seine Hände gebracht, gab er ihr so lang gute Wort, bis all ihr Königreich sich ihm unterwarf. Hierauf ließ er sie in der dritten Scena dieses Actus herausführen und erstlich ganz nackend ausziehen, auf einem groben hölzernen Gerüst an eine Säule binden und gründlich geißeln – und endlich auch zum Tod verurteilen. – Dies war so kläglich anzusehen, daß es Manchem die Augen über trieb. – Hiemit wurde sie also nackend in den Kerker geworfen, um daselbst den Tod zu erwarten, und das sollte mit Gift geschehen. Aber dieses tötete sie doch nit, sondern machte sie ganz aussätzig. So war also dieser Actus mehrerteils kläglich.

Inzwischen führten sie Nebucadenezars Bild heraus, das war mit allerlei Wappen an Kopf, Brust, Bauch, Schenkeln, Füßen und dergleichen geschmückt, von welchen auch in künftiger Erklärung soll geredet werden.

Im fünften Actu wurde dem Jungen König angezeigt, was sich mit dem Mohren und seiner zukünftigen Gespons zugetragen. Der verwandte sich als Erstes bei seinem Vater für sie, mit der Bitte, man wolle sie so nit hangen lassen. Da dies der Vater bewilliget, werden Legaten abgefertiget, sie in ihrer Krankheit und Gefängnis zu trösten, doch auch, sie ihrer Unbedachtsamkeit zu verweisen. Sie jedoch will sie noch nit annehmen, sondern willigt ein, des Mohren Concubina zu sein, welches auch geschehen und dem Jungen König angezeigt worden ist.

Nach diesem kommen ein Chor Narren, deren jeder einen Stekken mit sich gebracht; daraus machten sie in kurzer Eile eine große Weltkugel, die sie auch alsbald wieder zerlegten. Das war ein feiner, kurzweiliger Einfall.

Im sechsten Actu beschloß der junge König, dem Mohren einen Kampf anzubieten, welches auch geschehen. Und es wird zwar der Mohr erlegt, aber Männiglich hält den jungen König auch für tot. Endlich kam er wieder zurecht, erlöste sein Gespons und machte sich zur Hochzeit bereit. Er befiehlt sie unterdessen seinem Hofmeister und Hofprediger an, deren Ersterer sie heftig gepeiniget. Endlich kehret sich das Blatt um, und der Pfaff wird so übermütig bös, daß er über Allen wollte stehen, bis solches dem jungen König angezeigt worden, welcher eilends Einen abgefertiget; und wird dem Pfaffen seine Gewalt gebrochen und die Braut zur Hochzeit mehrfach geschmücket.

Nach dem Actu führete man einen gemachten übergroßen Elephanten heraus; der trug einen großen Turm mit Musikanten, was auch Männiglich wohlgefiel.

Im letzten Actu erschien der Bräutigam mit solchem Pomp, daß es nit wohl zu glauben ist, und es mich wundernahm, wie solches ins Werk zu setzen gewesen sei. – Ihm kam die Sponsa mit gleicher Solennität {Feierlichkeit}entgegen: Da rief nun alles Volk: «Vivat Sponsus; vivat Sponsa!» – Damit wollten sie also durch solche Comoediam unserm König und Königin auf das Stattlichste gratulieren, welches ihnen (wie ich wohl gesehen) über die Maßen trefflich gefallen hat. –

Endlich zogen sie also in solcher Prozession einmal verschiedentlich herum, bis sie zuletzt anfingen, Alle zugleich so zu singen:

    I. *Die liebe Zeit,*
       bringt uns so große Freud
       mit des Königs Hochzeit,
       darum singet alle,
       daß es erschalle,
       Glück sei dem, der's uns geit. [103]

    II. *Die schöne Braut,*
       deren wir so lang gewartet,
       wird ihm nunmehr vertraut,
       wir haben gewonnen,
       darnach wir gerongen,
       wohl dem der für sich schaut.

III. *Die Eltern gut,*
die sind nun erbeten,
lang genug war sie in Hut,
mehrt euch mit Ehren,
daß Tausend werden
aus eurem eigenen Blut.

Nach diesem ward abgedankt, und nahm die Comœdia mit Freuden, und indem sie den Königlichen Personen außerordentlich gefallen hatte, ein Ende.

Nun war der Abend auch allbereits herbei gekommen, und Alle traten deshalb in der zuvor gesagten Ordnung mit einander ab; doch mußten wir die Königlichen Personen, die Wendeltreppe hinauf bis in den obgemeldeten Saal begleiten. Daselbst waren die Tafeln schon köstlich zugerichtet; und es war dies das erste Mal, daß wir an die Königliche Tafel geladen wurden. Das Altärlein stellte man mitten in den Saal, und wurden die besagten sechs königlichen Insignien drauf gelegt.

Dazumal hielt sich der junge König gegen uns sehr gnädig, aber er konnte nit recht fröhlich sein, sondern, obwohl er zuweilen mit uns etwas redete, seufzte er doch öfters; aber der kleine Cupido spottete nur darüber und trieb seinen Mutwillen. – Die alten König und Königin waren sehr ernsthaft. – Allein, des einen Alten Gemahl zeigte sich recht frisch; die Ursache dafür wußte ich jedoch nicht.

Inzwischen wurde die erste Tafel mit den Königlichen Personen besetzet; an der zweiten saßen wir alleine. An die dritte setzten sich etliche vornehme Jungfrauen nieder. – Die anderen Männer und Jungfrauen mußten alle aufwarten. Das ging nun mit solcher Pracht und ernsthaftem stillem Wesen zu, daß ich mich scheue, viel hiervon zu reden.

Hie kann ich nit unangeregt lassen, daß alle königlichen Personen vor dem Essen schneeweiße glänzende Kleider angezogen und also zu Tische saßen. Über der Tafel hing die zuvor genannte große goldene Krone, deren Edelsteine wohl hätten ohn alles andere Licht den Saal erleuchten mögen. Sonst wurden alle Lichter von dem kleinen Lichtlein auf dem Alter angezündet. Was die Ursach dafür war, weiß ich nit eigentlich.

Dies habe ich aber wohl wahrgenommen, daß der junge König manchmal der weißen Schlange auf dem Altärlein zu Essen geschickt, welches mich auch nachdenklich machte. – Das Gespräch dieses Banketts ging fast bei Allen um den kleinen Cupido: Der konnte uns und zwar mich besonders nit ungeneckt lassen. Er brachte immerdar etwas Wunderlichs auf die Bahn. – Aber da war keine besondere Freude, alles ging still zu. Dadurch konnte ich mir selber große künftige Gefahr vorstellen; denn es wurde auch keine Musik gehört; sondern wenn wir etwas gefragt wurden, mußten wir kurze runde Antworten geben und es dabei bewenden lassen. – In Summa: es hatte Alles ein so wunderlichs Aussehen, daß mir der Schweiß über den Leib zu rinnen begann, und ich glaube wohl, daß noch dem beherztesten Mann der Mut hätte können entfallen.

Wie nun also dieses Nachtessen fast zu Ende war, verlangt der junge König, ihm das Buch von dem Altärlein herzubringen; das schlug er auf und ließ uns nochmalen durch einen alten Mann ernstlich fragen, ob wir gedächten, bei ihm in Lieb und Leid zu verharren: Da wir solches mit Zittern bestätigten, ließ er uns weiter trauriglich fragen, ob wir uns ihm ganz verschreiben wollten; – da konnten wir nit umhin: es mußte auch sein. – Hierauf stand Einer nach dem Andern auf und schrieb sich mit eigner Hand in dieses Buch ein. Als nun Solches auch verrichtet war, bringt man das kristallene Springbrünnlein herbei, samt einem sehr kleinen kristallenen Gläslein: daraus tranken alle königlichen Personen nach einander; darnach wurde es uns auch gereichet, und so fort zu allen Personen, und wurde dies genannt: der *Haustus Silentii*[104]. Hierauf boten uns alle königlichen Personen die Hand mit dem Hinweis, daß, wenn wir jetzt nit zu ihnen halten würden, wir sie jetzt und nimmermehr sehen würden. Das trieb uns wahrlich die Augen über. Unsere Præsidentin aber versprach sich an unserer Statt gar hoch; das stellte sie zufrieden.

Unterdessen wird ein kleines Glöcklein geläutet; darüber erblichen alle königlichen Personen so sehr, daß wir schier gar wollten verzagen. Alsbald legten sie ihre weißen Kleider wieder ab, zogen ganz schwarze herfür, und es wurde auch der ganze Saal mit schwarzem Sammet umhängt, der Boden mit schwarzem Sammet bedecket, und auch oben an der Bühni[105] vorgezogen. – Das war alles zuvor zugerichtet gewesen. –

Nachdem auch die Tische weggeräumt waren und sich Männiglich auf die Bank ringsum gesetzt und wir auch schon schwarze Kutten angezogen hatten, kommet unser Præsidentin, die zuvor hinaus gegangen war, wieder herein und trug mit sich sechs Binden von schwarzem Taffet, mit welchen sie den sechs königlichen

Personen die Augen verband. Als sie nun nichts mehr sahen, wurden flugs von den Dienern sechs verdeckte Särge in den Saal getragen, und niedergesetzt; auch ein niederer schwarzer Sessel in die Mitte gestellt.

Endlich trat in den Saal hinein ein Kohlschwarzer langer Mann, der trug in der Hand ein scharf Beil. Nach dem nun erstlich der alte König auf den Sessel geführet worden, wurde ihm das Haupt flugs abgeschlagen und in ein schwarz Tuch eingewickelt, das Blut aber in einen güldenen großen Pokal aufgefangen und zu ihm in den bereitgestellten Sarg gelegt, und also zugedeckt beiseite gestellt.

Und so gings mit den Andern auch, daß ich endlich gedacht, es wird an mich auch kommen. Aber es geschah nit; denn sobald die sechs Personen enthauptet waren, ging der schwarze Mann wieder hinaus, dem folgte ein Anderer nach, der ihn gleich vor der Tür auch enthauptet, und sein Haupt samt dem Beil mit sich nahm, welche in eine kleine Truhe geleget wurden. Dies däuchte mich wahrlich eine blutige Hochzeit, doch weil ich nit wissen kund, was noch geschehen möchte, mußte ich dazumal meinen Verstand gefangen nehmen bis auf weiteren Bescheid, denn auch unsere Jungfrau hieß uns getrost zu sein, weil unser Einige kleinmütig werden wollten und weineten. Dann sprach sie zu uns: «Dieser Leben stehet nunmehr in eueren Händen; und so ihr mir folgtet, sollte solcher Tod noch Viele lebendig machen!» – Hiemit zeigte sie uns an, wir sollten nun schlafen gehen und uns unserethalben weiters nit bekümmern, denn Jenen sollte ihr Recht schon geschehen. Sie gab uns also mit einander eine gute Nacht mit der Bemerkung, sie müsste heute die toten Leichname bewachen. Das ließen wir geschehen und wurden von unsern Pagen ein jeglicher in sein Losament geführt. Mein Page redet mit mir Vieles und Mancherlei, dessen ich noch sehr wohl gedenke; auch hatte ich mich an seinem Verstand genug zu verwundern. Seine Absicht aber war, mich zum Schlafen zu bewegen, welches ich zuletzt wohl merkte, weswegen ich mich auch stellte, als ob ich tief schliefe. Aber kein Schlaf war in meinen Augen, und ich konnte der Enthaupteten nit vergessen.

Nun war mein Losament gegen den großen See gerichtet, sodaß ich also gut darauf sehen konnte. Auch waren die Fenster nahe bei dem Bett. Um Mitternacht, gleich als es zwölf Uhr schlug, da erblickte ich plötzlich auf dem See ein großes Feuer, weswegen ich aus Furcht schnell das Fenster aufmachte, um zu sehen, was daraus werden wollte. – So sah ich nun von Ferne *sieben Schiffe* daher

kommen, die alle mit Lichtern voll besteckt waren. Über jedem schwebte zu oberst eine Flamme, die fuhr hin und her, ließ sich auch zuweilen ganz hernieder, sodaß ich leichtlich erachten konnte, es müßten der Enthaupteten Geister sein. – Diese Schiffe kamen nun gemächlich ans Land, und hatte jedes nit mehr als einen Schiffsmann. Sobald die nun ans Land gestoßen waren, sah ich alsbald unsere Jungfrau mit einer Fackel den Schiffen entgegen gehen; der trug man die sechs bedeckten Särge samt dem Kästlein nach, und wurde jedes in ein Schiff verborgen gelegt.

Ich weckte deswegen meinen Pagen auch, der dankte mir höchlich, denn weil er den Tag über viel gelaufen, hätte er dies sicher verschlafen, obgleich er's doch gar wohl gewußt. – Sobald nun die Särge in die Schiffe geleget waren, wurden alle Lichter ausgelöscht. Dann fuhren die *Sechs Flammen* mit einander über den See hinein, sodaß also mehr nit, denn in jedem Schiff ein Lichtlein zur Wacht war. – So hatten sich auch etliche Hundert Hüter am Gestade gelagert, und hatten die Jungfrau wieder in das Schloß geschicket, die alles wieder fleißig verriegelte, sodaß ich also wohl konnte erachten, es werde weiters heut nichts mehr geschehen, sondern ich müsse des Tags erwarten. Wir begaben uns also wieder zur Ruh. – Und so war ich der Einzige unter allen meinen Gesellen, der ich mein Gemach gegen den See gehabt und solches gesehen. Doch war ich jetzt allerdings auch matt und entschlief also in meinem vielfältigen Speculieren.

Fünfter Tag

ie Nacht war vorüber, und der liebe erwünschte Tag angebrochen; da machte ich mich flugs aus dem Bett, mehr begierig, zu erfahren was noch geschehen möchte, denn daß ich genug geschlafen hätte. Nachdem ich mich nun angezogen, und meiner Gewohnheit nach die Stiegen hinab begeben, war es noch zu früh, und ich fand niemand Anderen in dem Saal. Ich bat deswegen meinen Pagen, mich ein wenig in dem Schloß herumzuführen und etwas Besonderes zu zeigen. Der war nun wie allweg willig und führte mich auch alsbald etliche Stiegen unter die Erde, zu einer großen eisernen Türe. Darauf waren nachfolgende Worte in kupfernen großen Buchstaben angeheftet. Dies hab ich also abgemalt, und in mein Schreibtäfelein aufgezeichnet.[106]

> bÿp sᴣqq ∂pqsx∂pö
> VENVS.
> ∂ÿp b∍hǫö Jsxɯ,bööxöᴐhpö
> Hopȫıö
> vö∂ qꙅ̈ꙅ̈ᴐkphs. bpqpö,vö∂ ɯösꟊxsq
> qpᴐsxᴐhq hxqq·

Nach dem nun diese Tür geöffnet war, führte mich der Page bei der Hand durch einen ganz finstern Gang, bis wir wieder zu einem kleinen Türlein kamen, das war nur angelehnt; denn wie mir der Knab berichtete, hatte man dieses erst gestern geöffnet und die Särge daraus genommen; es sei also noch nit beschlossen worden. Wie wir nun hinein getreten waren, sah ich das allerköstlichste Ding, das jemals die Natur erschaffen hat. Denn dies Gewölb hatte sonst kein ander Licht, denn von etlichen übergroßen Carbunkeln, und dies war (wie ich berichtet wurde) des Königs Schatz. Das Herrlichste und Wichtigste aber, was ich hierinen gesehen, das war ein Grab, das in der Mitte stund, von solcher Köstlichkeit, daß mich wunderte, daß dieses nit besser verborgen würde. Darauf antwortete mir der Knappe: Ich hätte mich billig bei meinem Planeten zu bedanken, durch dessen Einfluß mir nunmehr mehrere Dinge sichtbar geworden, die keines Menschen Auge sonst jemals gesehen, außer des Königs Gesinde.[107]

Dies Grab war dreieckig und hatte in der Mitte einen polierten kupfernen Kessel[108], das Übrige war von lauter Gold und Edelgestein. – In dem Kessel stund ein Engel, der hielt in den Armen einen unbekannten Baum, von dem tropfte es stetig in den Kessel. Und so oft die Frucht abfiel in den Kessel, wurde sie auch zu Wasser, und floß von da in drei güldene Nebenkessel. Dieses Altärlein trugen diese drei Tiere: ein Adler, ein Ochse und ein Löwe; die stunden auf einem überaus köstlichen Postament.[109] Ich fragete meinen Pagen, was das denn bedeuten möchte: «Hier liegt begraben (sagte er) Venus, die schöne Frau, die manchen hohen Mann um Glück, Ehre, Segen und Wohlfart gebracht hat.»

Hierauf zeigte er mir eine kupferne Türe auf dem Boden: «Hier können wir (sprach er), so es Euch beliebet, weiter hinab gehen». – «Ich gehe immer mit», antwortete ich. – Damit kam ich die Stiege hinab; da war es ganz finster. Der Knab aber eröffnete flugs ein klein Kästlein. Darinnen stund auch ein immer währendes Lichtlein, von dem zündete er eine daliegende Fackel an, wovon viele da waren. Ich erschrak heftig und fraget ernstlich, ob er dies tun dürfe? Er gab mir zur Antwort: «Weil die königlichen Personen jetzt ruhen, habe ich mich nicht vorzusehen». – Da erblickte ich ein zubereitet köstlich Bett, mit schönen Umhängen umzogen, deren Einen er öffnete. Da sahe ich Frau Venerem ganz bloß (denn die Decke hatte er auch aufgehoben) in solcher Zierlichkeit und Schönheit daliegen, daß ich schier erstarrte, auch noch heute nicht weiß, ob es nur also geschnitten war, oder ob ein Mensch tot hier liege; denn sie war ganz unbeweglich. Auch durfte ich sie nit anrühren.

Damit wurde sie wieder bedeckt, und der Vorhang davor gezogen. Mir aber war sie noch immer in den Augen. Doch erblickte ich bald hinter dem Bett eine Tafel, darauf stund geschrieben[110]:

Ich befragte meinen Pagen über die Schrift; er aber lachte und versprach mir, ich würde es schon noch erfahren. – Also löschte er die Fackel aus, und stiegen wir wieder herauf: Da besah ich alle Türlein besser, und bemerkte erst, daß auf jeder Ecke ein piretes Liechtlin brannte[111]; die hatte ich zuvor nit wahrgenommen, denn das Feuer war so hell, daß es einem Stein viel mehr glich, denn einem Licht. Von dieser Hitze mußte der Baum immerdar schmelzen, doch brachte er immer neue Früchte hervor. –

«Nun seht (sprach der Knab), was ich von Atlas hab hören dem König eröffnen: Wenn der Baum (sagt er) wird vollends verschmelzen, dann wird Frau Venus wieder erwachen, und sein eine Mutter eines Königs». –

Da er noch dies redete und mir vielleicht mehr sagen wollte, flog der kleine Cupido daher; der war zuerst durch unsere Gegenwart etwas bewegt, doch als er sah, daß wir beide dem Tod ähnlicher sahen , denn den Lebendigen, mußt er endlich selbst lachen. Auch fragte er mich, welcher Geist mich daher gebracht habe? Ihm antwortete ich mit Zittern, ich wäre in dem Schloß verirret, und von ungefähr hieher gekommen; nun habe mich der Knab allenthalben gesucht und endlich da angetroffen. Ich hoffte [sagte ich], er sollte mir es nit arg deuten. – «Nun steht es noch gut (sprach Cupido) mein alter vorwitziger Vater! Aber leicht hättet Ihr mir einen groben Possen reißen können[112], wenn Ihr diese Tür hier wahrgenommen hättet. Nun muß ich es besser verwahren». – Damit legte er ein starkes Schloß an die kupferne Türe, durch die wir zuvor hinabgestiegen waren. Ich dankte Gott, daß er uns nit eher angetroffen; und mein Knab war noch froher, daß ich ihm so hindurch geholfen hatte.

«Ich kann aber (sprach Cupido) das nit ungestraft[113] lassen: daß ihr meine liebe Mutter schier überrumpelt hättet!» Damit hob er eine Spitze seiner Pfeile in eins der Lichtlein, bis die einwenig heiß war: Damit stupfte er mich auf die Hand, dessen ich doch dazumal wenig achtete; sondern ich war froh, daß es uns so wohl gelungen, und wir doch ohne weitere Gefahr so davon kämen.

Inzwischen hatten sich meine Gesellen auch aus den Betten gemacht und in dem Saal eingestellt; zu denen fügte ich mich auch und stellte mich, als wäre ich erst aufgestanden. – Nachdem Cupido alles fest verriegelt hatte, kam er auch zu uns, und ich mußte ihm

die Hand zeigen. Da fand sich dann doch ein Tröpflein Blut; worüber er sehr lachte; er zeigte es auch den Andern an, sie sollten auf mich Acht geben, ich würde in Kurzem das Zeitliche segnen[114]. – Uns wunderte alle, wie Cupido könnte so lustig sein und der gestrigen traurigen Geschichte, so gar nicht achtete. Aber da war kein Trauern.

Nun hatte sich unterdes auch unsere Präsidentin zur Wegfahrt bereit gemacht. Die trat auf in ganz schwarzem Sammet und trug doch ihren Lorbeerzweig. Ebenso hatten auch ihre Jungfrauen alle Lorbeerzweige.

Wie nun alles fertig war, hieß uns die Jungfrau erstlich einen Trunk zu uns nehmen, darnach uns bald zur Prozession fertig machen, weswegen wir nit lang säumten, sondern folgeten ihr nach vor den Saal hinaus bis in den Hof. Im Hof stunden sechs Särge, und es meinten meine Gesellen nichts anderes, denn es lägen die sechs königlichen Personen darinnen. Ich aber merkete die Posse wohl. – Doch wußte ich nit, was man mit den Anderen tun würde.

Bei jedem Sarg waren acht vermummte Männer. Sobald nun die Musik anging (das war ein so traurig gravitätisch Musizieren, daß ich mich entsetzte), huben die Männer die Särge auf, und mußten wir, wie wir geordnet wurden, hinterher gehen, bis in obgedachten Garten. In dessen Mitte war ein hölzern Haus aufgerichtet, welches an dem Dach ringsum eine herrliche Krone hatte und auf sieben Säulen stand. Darinnen waren sechs gemachte Gräber, und bei jedem ein Stein, doch hatte es in der Mitte einen runden hohlen erhabenen Stein. In diese Gräber wurden die Särge still und mit vielen Ceremonien gelegt, die Steine darüber geschoben und fest verschlossen. Im Mittleren aber sollte die kleine Truhe liegen. Mit all diesem wurden meine Gesellen betrogen, denn sie meineten nit anderst, denn es wären die toten Leichname darinnen. Zuoberst war eine großer Fahne, und stand Phœnix darinnen gemalet, vielleicht um uns hiermit noch mehr zu äffen. – Hie hatte ich GOTT sehr dafür zu danken, daß ich mehr als Andere gesehen. –

Nun, nach dem das Begräbnis geschehen war, hielt die Jungfrau, die sich auf den mittleren Stein gestellt hatte, eine kurze Rede: Wir sollten an unserm Versprechen festhalten und uns künftige Mühe nit gereuen lassen, sondern gegenwärtigen begrabenen königlichen Personen wieder zum Leben helfen, und deswegen mit ihr unverzüglich aufsitzen, um zum Turm des Olymp zu fahren, um daselbst die hierzu taugliche und notwendige Arznei abzuholen.

Damit waren wir schnell einverstanden und folgeten ihr durch ein ander Türlein nach bis an das Gestade. Da stunden obgemeldete sieben Schiffe alle leer da, dahin steckten alle Jungfrauen ihre Lorbeerzweige, und nach dem sie uns in die sechs Schiffe eingeteilt hatten, ließen sie uns also im Namen Gottes fahren und sahen uns zu, so lang sie uns in Sicht haben konnten: darnach zogen sie mit allen Hütern wieder ins Schloß hinein.

Unsere Schiffe hatten jedes eine große Fahne und ein besonderes Zeichen. Fünf davon hatten die fünf *Corpora Regularia* {regelmäßigen Körper[115]}, jeglichs ein anderes. Das meinige, worinnen auch die Jungfrau saß, führte eine *Kugel*. – Wir fuhren also in bestimmter Ordnung daher, und jedes hatte nur zwei Schiffsmänner. Erstens zog voraus das Schifflein **a**, worin meines Bedünkens der Mohr lag: In diesem hielten sich zwölf Musikanten auf, die machten gute Arbeit; sein Zeichen war eine Pyramide. Darauf drei neben einander: **b**, **c** und **d**, in welche wir verteilt wurden. Ich saß im **c**. – In der Mitte fuhren die zwei schönsten und stattlichsten Schiffe **e** und **f**. worinnen kein Mensch fuhr, mit vielen Lorbeerzweigen besteckt; ihre Fahnen waren Sonne und Mond. Zuletzt aber fuhr ein Schiff **g**. In diesem waren 40 Jungfrauen.

Wie wir nun also den See überfahren hatten, kamen wir durch einen engen Arm erst auf das rechte Meer, da hatten unser alle Sirenen, Nymphen und Meergöttinnen gewartet und fertigten deswegen bald ein Meerfräulein zu uns ab, um ihr Geschenk und der Hochzeit Verehrung zu überbringen. Das war eine köstliche große eingefaßte Perle, dergleichen weder in unserer noch in der Neuen Welt jemals gesehen worden ist: rund und glänzend. Als nun dies die Jungfrau freundlich angenommen hatte, bat die Nympha weiter, man möchte ihren Gespielen Audienz geben und ein wenig stillhalten: dessen war die Jungfrau auch zufrieden. Sie hieß beide großen Schiffe in der Mitte halten, und mit den andern ein Pentagonum darum machen:

$$
\begin{array}{ccc}
 & \mathbf{c} & \\
 & = & \\
\mathbf{b}// & & \backslash\backslash\,\mathbf{d} \\
\mathbf{e}\| & \|\,\mathbf{f} & \\
 & & \\
\mathbf{g}\backslash\backslash & //\mathbf{a} &
\end{array}
$$

Daraufhin verteilten sich die Nymphen rings herum und fingen mit lieblicher Stimme an, also zu singen:

I. Nichts Besseres ist auf Erden,
als schöne edle Lieb',
Damit wir Gott gleich werden,
Daß Keins das Andre betrüb'.
Drum laßt uns dem Könige singen,
Das ganze Meer soll erklingen,
Wir fragen: Antwortet ihr!

II. Was brachte uns das Leben?
Die Liebe.
Was hat uns Gnade gegeben?
Die Liebe.
Woher sind wir geboren?
Aus Liebe.
Wie wären wir verloren?
Ohne Liebe.

III. Wer hat uns denn gezeuget?
Die Liebe.
Warum hat man uns gesäuget?
Aus Liebe.
Was sind wir den Eltern schuldig?
Die Liebe.
Warum sind sie so geduldig?
Aus Liebe.

IV. Wie Bindungen überwinden?
Durch Liebe.
Kan man auch Liebe finden?
Durch Liebe.
Wo kann gut's Werk erscheinen?
In der Liebe.
Wer kann noch Zwei vereinen?
Die Liebe.

✳

V. So singt nun Alle,
Mit großem Schalle,
Der Liebe zu Ehren,
Sie wolle sich mehren,
Bei unserm Herrn König und Königin,
Ihre Leiber sind hier,
die Seele ist hin.

VI. Wenn wir noch leben,
So wird Gott geben,
Daß, wie Liebe und hohe Freundschaft,
sie geteilt hat mit großer Kraft,
So wir auch werden durch Liebesflammen,
Mit Glück sie wieder bringen zusammen.

VII. Da soll dies Leid
In große Freud,
Verkehret werden in Ewigkeit.
Auch wenn's noch viel tausend Jahre geit.

Als sie dieses Lied mit herrlichem Inhalt und Melodie zu Ende gebracht hatten, fragte ich mich nicht mehr, warum Odysseus seinen
Gesellen die Ohren verstopfte, denn ich däuchte mich der unglück-
haftigste Mensch zu sein, weil mich die Natur nit auch als eine so
holdselige Creatur erschaffen hätte. – Die Jungfrau aber machte
ihren Abschied bald und hieß von dannen fahren. Deswegen trenn-
ten sich auch die Nymphen, nachdem ihnen ein lang rot Band zum
Lohn verehret worden war, und verteilten sich im Meer.

Damals empfand ich, daß Cupido auch bei mir anfing zu wirken,
was mir doch zu schlechten Ehren gereicht. Weil auch sonst dem
Leser mein Schwindel nichts nützt, will ichs also bei diesem bewenden lassen. – Es war aber eben die Wunde, die ich im ersten
Buch am Kopf im Traum empfangen hatte. Wollte sich aber Einer
von mir warnen lassen, der gehe Veneris Bett müssig, denn Cupido
kann solches nit leiden.[116]

Nach etlichen Stunden, als wir in freundlichem Gespräch einen
ziemlichen Weg gefahren waren, wurden wir des Turms vom Olymp
ansichtig, weswegen die Jungfrau befahl, mit etlichen Kanonen-
schüssen ein Zeichen unserer Ankunft zugeben, was auch geschah.
Alsbald sahen wir, wie eine große weisse Fahne aufgezogen wurde,

und daß man mit einem kleinen vergoldeten Schifflein uns entgegen fuhr. Als nun dieses zu uns gekommen war, war es ein alter Mann, des Turms Wächter mit etlichen Trabanten, in weiß bekleidet; von dem wurden wir freundlich empfangen und so dem Turm zugeführt. – Dieser Turm stund auf einer ganz viereckigen Insel, die war mit einem so festen und dicken Wall umgeben, daß ich selbst 260 Schritt hindurch zählte. Nach dem Wall war eine feine Wiese mit etlichen Gärtlein, worin seltsame und mir unbekannte Früchte wuchsen; und danach eine Mauer um den Turm herum. Der Turm an sich war gerade so, als hätte man sieben runde Türme an einander gebaut; doch war der Mittlere etwas höher. Auch gingen inwendig alle in einander über, und er hatte sieben Stockwerke auf einander.

Als wir nun so bis zur Türe des Turms gekommen waren, führte man uns auf den Mauern einwenig abseits, damit, wie ich wohl merkete, man die Särge konnte ohne unser Wissen in den Turm bringen; – doch hiervon wußten die Anderen nichts. Sobald nun dies geschehen war, führte man uns zu unterst in den Turm, der war jedoch schön bemalet. Aber wir hatten hier wenig Kurzweil, denn dies war nichts Anderes denn ein Laboratorium. Da mußten wir Kräuter, Edelsteine und allerlei [mehr] stoßen, wäschen, den Saft und Essentiam heraus bringen, dieselbige in Gläslein tun und zum Aufbehalten geben. Und zwar war unsere Jungfrau so geschäftig und geschickt, daß sie Jedem Arbeit genug zu geben wußte: da mußten wir uns recht auf dieser Insel beeilen, bis wir alles zuwege brachten, was zur Wiederbringung der enthaupteten Leiber vonnöten war.[117] Unterdessen (wie ich nachmals vernommen) waren die drei Jungfrauen im ersten Zimmer, und wuschen die Leichname aufs fleißigste.

Endlich, als wir nun mit diesen Zubereitungen fast fertig waren, brachte man uns nicht mehr als ein Suppe mit einem Trünklein Weines, wobei ich wohl merkete, daß wir nicht um des Vergnügens willen hier wären, denn auch als wir unser Tagwerk verrichtet hatten, wurde jedem nur eine Decke[118] auf die Erden gelegt, damit sollten wir vorlieb nehmen. Mich allerdings focht der Schlaf nicht sehr an; ich spazierte deswegen hinaus in die Gärten, kam auch endlich bis an den Wall, und weil der Himmel damals sehr hell war, konnte ich mir die Zeit mit Betrachtung der Sterne schön vertreiben. Von Ungefähr kam ich zu großen steinernen Stufen, die führten auf den Wall. Und weil der Mond gar hell schien, war ich desto kecker, ging hinauf und sah mich auch ein wenig auf dem Meere um: das war nun ganz still. Und weil ich eine so gute Gelegenheit hatte, über die Astronomie besser nach zudenken, fand ich, daß in gegenwärtiger Nacht eine solche Conjunction der Planeten geschehe, dergleichen sonst nit bald eine zu beobachten sei.

Wie ich nun so eine gute Weile über das Meer hin sah und es gerade um Mitternacht war, sah ich, sobald es zwölf Uhr schlug, von ferne die sieben Flammen über das Meer daher fahren, und sich zuoberst auf die Spitze des Turms begeben: Das brachte mir etwas Furcht, denn sobald sich die Flammen gesetzt hatten, fingen die Winde an, das Meer gar ungestüm zu machen. So wurde auch der Mond von Wolken bedecket, und meine Freude mit solcher Furcht beendet, daß ich kaum Zeit genug hatte, die Stufen wieder zu finden und mich in den Turm zurück zu begeben.

Ob nun die Flammen länger geblieben oder wieder weg gefahren seien, kann ich nit sagen, da ich mich in solcher Finsternis nimmer hinaus zu gehen getraute. Ich legte mich also auf meinen Kolter, und weil ohnedies der Brunnen in unserm Laboratorium lieblich und still plätscherte, entschlief ich desto eher; und so wurde also dieser fünfte Tag auch mit Wundern beendet.

Sechster Tag

m Morgen, nachdem Einer den Andern geweckt hatte, saßen wir eine Weile zusammen, und besprachen uns, was wohl daraus werden möchte. Denn Etliche hielten dafür, sie würden alle miteinander wieder lebendig; Etliche widersprachen dem: Denn es mußte der Alten Untergang den Jungen nit allein das Leben, sondern auch die Vermehrung wiedergeben. Etliche meineten, sie wären nit ertötet, sondern andere an ihrer Statt enthauptet worden.[119]

Wie wir nun uns ziemlich lang mit einander besprochen hatten, kommt der alte Mann daher, grüßt uns und siehet nach, ob alle Sachen fertig und den Prozessen Genüge getan sei. Da verhielt es sich denn so, daß er mit unserm Fleiß hat müssen zufrieden sein; er rüstete deswegen alle Gläser zusammen und stellete sie in ein Futteral.[120]

Bald kommen etliche Junge, die bringen mit sich etliche Leitern, Seile und große Flügel, die legten sie vor uns nieder, und gingen davon. Der Alte fing nun an: «Ihr lieben Söhne, dieser drei Dinge eines muß jeder diesen Tag stetig bei sich tragen. Da steht es euch nun frei: Wollt ihr eins davon wählen, oder soll man darum losen?» – Wir sprachen, wir wollten wählen. «Nein, antwortete der Alte, es muß durchs Los sein». – Hiemit machte er drei Brieflein, auf das eine schrieb er LEITER, auf das andere SEIL, auf das dritte FLÜGEL. Die legte er in einen Hut, und es mußte Jeder ziehen, und was ihm wurde, daß blieb ihm. Die, welche Seile bekamen, meineten sie seien am besten daran; – mir aber wurde eine Leiter, welches mich heftig betrübte, denn sie war zwölf Schuh lang und ziemlich schwer; die mußte ich auf mich nehmen.[121] Die Andern konnten ihre Seile geschmeidig um sich wickeln; und es machte der Alte den Dritten die Flügel so artig an den Rücken, als ob sie ihnen da angewachsen wären. Hiemit schob er einen Hahn vor, da lief der Brunnen nicht mehr, und wir mußten ihn aus der Mitte hinweg räumen.

Nachdem auch alles hinausgetragen worden, nahm er das Kästlein mit den Gläsern mit sich, nahm Urlaub und beschloß die Tür hinter sich fest zu, sodaß wir also nicht anders meineten, denn wir wären in diesem Turm gefangen. Aber es dauerte keine Viertelstunde, da wurde zuoberst ein rundes Loch aufgedeckt, da erblickten wir unsere Jungfrau, die rief uns zu und wünschte uns einen guten Tag, mit der Aufforderung, wir möchten hinauf kommen.

Die mit den Flügeln waren geschwind durch das Loch hinauf; und wir Anderen sahen auch, wozu unsere Leitern gut seien. –

Allein die mit ihren Seilen waren übel dran. Denn sobald unser Einer oben angelangt war, wurde ihm befohlen, die Leiter an sich zu ziehen. Endlich wurde jedem sein Seil an einen eisernen Haken gehenket; da mußte jeder am Seil selbst heraufklettern so gut er konnte, was wahrlich ohne Blasen nit zuging. – Wie wir nun also alle heroben waren, wurde das Loch wieder zugedeckt, und wir von der Jungfrau freundlich empfangen.

Dieser Saal war so groß wie der Turm und hatte sechs schöne Zellen, ein wenig höher als der Saal, dahin mußte man über drei Stufen hinauf steigen. In diese Zellen wurden wir aufgeteilt, um daselbst für das Leben von König und Königin zu bitten. Dieweil ging die Jungfrau in dem Türlein **a** aus und ein, bis wir fertig wurden. Denn sobald wir unsere Prozesse absolviert hatten, wurde durch das kleine Türlein von zwölf Personen (die zuvor unsere Musikanten waren) ein wunderlich länglich Ding in die Mitte gestellt, welches meine Gesellen nur für einen Brunnen hielten. Ich aber merkete wohl, daß die Leichname darinnen lagen. Denn es hatte der untere Kasten eine Quartal-Form[122], groß genug, daß sechs Personen auf einander gut liegen konnten. Hierauf gingen sie wieder hinaus, holten ihre Instrumente und begleiteten unsere Jungfrau samt ihren Dienerinnen mit lieblicher Musik herein. Die Jungfrau trug ein klein Kästlein, die Anderen aber lauter Zweige und kleine Ampeln, Etliche auch angezündete Fackeln. Alsbald wurden uns die Fackeln in die Hände gegeben und mußten wir dergestalt um den Brunnen herum stehen:

Als Erste stand die Jungfrau A mit ihren Dirnen im Kreis herum mit ihren Ampeln und Zweigen **c**. Darnach stunden wir mit den Fackeln **b**. Darnach die Musikanten **a**, in der Länge hinab; endlich die andere Jungfrauen **d**, auch in der Länge.

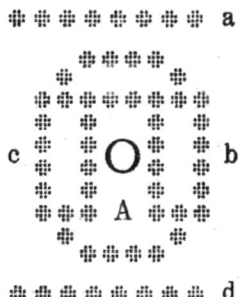

Wo nun diese Jungfrauen herkamen, oder ob sie im Turm gewohnet, oder ob sie bei Nacht dahin geführet worden, weiß ich nit,
denn ihre Angesichter waren alle mit weißem zartem Tuch bedeckt,
sodaß ich keine erkannte. –

Hiermit öffnete die Jungfrau das Kästchen, da war ein rund Ding
darin, in ein grün Doppeltaffet eingewickelt: Dieses legte sie in
das obere Kesselchen und deckte es wieder mit einem Deckel zu,
der voller Löchlein war, und doch einen erhöhten Rand hatte. Darauf goß sie etliche der Wasser hinein, die wir gestern präpariert
hatten; – wovon der Brunnen alsbald anfing zu laufen, und durch
vier Röhrlein wieder in das Kesselchen [zurück] liefen.[123] Unter
dem unteren Kessel aber hatte es viele Spitzen, dahin steckten die
Jungfrauen ihre Ampeln, sodaß also die Hitze an den Kessel kam
und das Wasser siedend machte.

Da nun das Wasser aufwallte, hatte es bei **a** viele Löchlein, wodurch es hinein auf die Leichname fiel; und es war so hitzig, daß es
allen Leichnam löste und zum Liquor machte. Was aber das obere
runde eingewickelte Ding sei gewesen, wißten meine Gesellen noch
[stets] nit. Ich aber verstund, daß es des Mohren Kopf {caput mortu-
um} sei, von dem die Wasser solche große Hitze empfingen.

Bei **b** um den großen Kessel herum hatte es abermals viele Löcher,
darein steckten sie ihre Zweige. Ob nun solches vonnöten, oder nur
als Zeremonie geschehen sei, weiß ich nit; – indes sind diese Zweige
immer von dem Brunnen bespritzt worden, von wo es hernach etwas
gelblicher in den Kessel getropfet: Dies währte nun fast zwei Stunden, daß der Brunnen von sich selber noch immerdar lief; jedoch
wurde er je länger je schwächer. – Inzwischen traten die Musikanten ab, und spazierten wir in dem Saal hin und her. Und zwar war
der Saal dermaßen beschaffen, daß wir Gelegenheit genug hatten,
uns die Zeit zu vertreiben: Da war an Bildern, Gemälden, Uhrwer-
ken, Orgeln, Springbrünnlein und dergleichen nichts vergessen.

Nun war es auch an dem, daß der Brunnen sein Ende nahm und
nicht mehr laufen wollte. Deswegen hieß die Jungfrau eine runde
güldene Kugel bringen. Zu unterst am Brunnen aber war ein Zapf[124]:
durch den ließ sie alle Materie, die sich durch solch hitzig Tropfen
gelöst hatte, in die Kugel ab, wovon dann etliche Maß waren, und
sehr rot. Das andere Wasser, das zuoberst noch in dem Kessel blieb,
schüttete man aus. Dann wurde dieser Brunnen (der nun um Vieles
leichter geworden) wieder hinausgetragen. – Ob nun dieser draußen eröffnet worden, oder ob etwas Weiteres Nützliches von den

Leichnamen geblieben, darf ich nit wirklich sagen; – dies weiß ich aber, daß das Wasser, das in die Kugel empfangen worden, viel schwerer gewesen, als daß sie unser Sechs oder noch mehr hätten tragen können, wiewohl sie der Größe nach einem Mann nit hätte sollen zu schwer sein.

Wie nun auch diese Kugel mit Mühe zur Türe hinaus war, saßen wir abermal alleine. Weil ich aber nun merkete, daß man oberhalb von uns ginge, sah ich mich nach meiner Leiter um. Nun hätte einer wunderliche Meinungen meiner Gesellen zu diesem Brunnen gesehen. Denn weil sie nit anders meineten, denn die Leichname lägen im Schloßgarten, konnten sie solch Laborieren nit verstehen. Ich aber dankete Gott, daß ich zu so gelegener Zeit gewachet und gesehen, was mir in allem Tun der Jungfrau besser weiterhalf.

Nach einer Viertelstunde ward jedoch der Deckel oben abgehoben und uns befohlen, hinauf zukommen. Das geschah wie zuvor mit Flügeln, Leitern und Seilen. Und es verdroß mich nit wenig, daß da wo die Jungfrauen einen andern Weg konnten hinauf kommen, wir uns so bemühen mußten. Doch konnte ich wohl erachten, es wäre hiemit etwas Besonders; – und wir mußten dem alten Mann auch etwas zu tun übrig lassen. Denn auch Jenen nutzten ihre Flügel nichts , außer wenn sie sollten durchs Loch hinauf kommen. [125]

Wie wir nun auch das überstanden hatten und das Loch verschlossen worden war, sah ich die Kugel mitten in dem Saal an einer starken Kette hangen. In diesem Saal war nichts denn lauter Fenster, und allweg zwischen zweien Fenstern eine Tür. Diese bedeckte nichts Anderes denn einen großen polierten Spiegel. Und es waren diese Fenster und Spiegel optisch so gegen einander gerichtet, daß, obwohl die Sonne (die dazumal über die Maßen hell schien) nur ein Türe traf, dennoch (nachdem die Fenster gegen die Sonne geöffnet und die Türen vor den Spiegeln aufgezogen worden waren) in dem ganzen Saal an allen Orten nichts als Sonnen waren: die trafen durch künstliche Refraction alle die güldene Kugel, die in der Mitte hing. Und weil dieselbe ohnedies hell poliert war, gab sie eine solchen Glanz, daß unser Keiner die Augen konnte auftun. Wir mußten deswegen zum Fenstern hinaus schauen, bis die Kugel gut erhitzt sein und zum begehrtem Effect gebracht würde.

✳

151

Hier darf ich wohl sagen, ich habe an diesen Spiegeln das wunderbarlichste Aussehen gesehen, das jemals die Natur ans Licht gebracht, denn es waren an allen Orten Sonnen; und so schien die Kugel in der Mitte noch heller, sodaß wir sie ebenso wie die Sonne selber keinen Augenblick aushalten konnten. – Endlich hieß die Jungfrau die Spiegel wieder zu schließen, die Fenster dicht zu machen[126], und also die Kugel wieder einwenig abkühlen zu lassen; und dies geschah um sieben Uhr. Es däuchte uns deswegen gut, weil wir derzeit frei haben konnten, uns mit dem Frühstuck ein wenig zu erlaben. Diese Verköstigung war abermals recht philosophisch, und so hatten wir uns keiner Nötigung zur Unmäßigkeit zu versehen; doch hatten wir auch keinen Mangel. Auch machte uns die Hoffnung künftiger Freude (deren uns die Jungfrau stetig vertröstete) so lustig, daß wir keiner Arbeit oder Ungelegenheit achteten. So kann ich auch meinen Gesellen sehr hohen Stands dies in Wahrheit nachsagen, daß sie sich niemals nach ihrer Küche oder Tafel sehnten; sondern ihr Wohlgefallen war allein, dieser abenteuerlichen Physik beizuwohnen und hier außen des Schöpfers Weisheit und Allmacht zu bedenken.

Nach eingenommenem Imbiß rüsteten wir uns wieder zur Arbeit, denn die Kugel war genugsam abgekühlt. Die mußten wir mit Mühe und Arbeit von der Kette auf den Boden heben. – Nun war die Disputation, wie wir die Kugel möchten aus einander bringen, denn uns war befohlen, selbige in der Mitte auseinander zu schneiden. Endlich mußte ein spitziger Diamant das Nötige tun. – Wie wir nun die Kugel also eröffnet hatten, war nichts Rotes mehr vorhanden, sondern ein schön großes schneeweises Ei: Das freute uns höchlichst, daß es so wohl geraten. Denn die Jungfrau besorgte immer, die Schale würde vielleicht noch zu weich sein. Wir standen um dieses Ei herum mit Freuden, als ob wirs selbst gelegt hätten. Aber die Jungfrau ließ es gleich hinaus tragen, ging auch selbst wieder von uns und schloß die Tür, wie immer, zu. Was sie aber draußen mit dem Ei gemacht, oder ob etwas Heimlichs mit ihm vorgenommen wurde, weiß ich nit, glaub es auch nit. Doch mußten wir abermals eine Viertelstunde mit einander pausieren, bis das dritte Loch eröffnet wurde, und wir auf den vierten Stock oder Boden durch unsere Hilfsmittel kamen.

In diesem Saal funden wir einen großen kupfernen Kessel, mit gelbem Sand gefüllet, der wurde mit einem schlichten Feuerlein erwärmet, danach das Ei darein verscharrt, damit es darinnen vollends reifen solle: Dieser Kessel war viereckig. Auf der einen Seite stunden diese beiden Verse mit großen Buchstaben geschrieben:

O. BLI. TO. BIT. MI. LI.
KANT. I. VOLT. BIT. TO. GOLT.

Auf der zweiten Seite waren diese drei Wörter:

SANITAS. NIX. HASTA.

Die Dritte hatte mehr nit als dies einzige Wort:

F. I. A. T.

Aber zu hinterst stund eine ganze Inscription, also lautend:

Q U O D.
Ignis : Aër : Aqua : Terra :
SANCTIS REGUM ET REGINA-
RUM NOSTR :
Cineribus.
Eripere non potuerunt.
Fidelis Chymicorum Turba.
IN HANC URNAM
Contulit.
Aö.

127

Ob nun hierdurch der Sand oder das Ei gemeint sei, gebe ich gelehrten Leuten zu disputieren. Ich tue aber das Meinige und lasse nichts unangezeigt.[128] –

Nun, unser Ei war fertig und wurde herausgenommen. Es bedurfte aber keines Aufpickens, denn der Vogel, der darinnen war, machte sich selbst bald frei und erzeigete sich ganz freudig; doch sah er sehr blutig und ungestalt aus: Wir setzten ihn zuerst auf den warmen Sand, da befahl die Jungfrau, daß ehe ihm zu Essen gegeben würde, wir ihn zuvor gut anbinden sollten, denn sonst würde er uns allen genug zu schaffen geben. Dies geschah nun auch. Alsbald brachte man ihm zu essen, das war gewiß nichts Anderes, denn der Enthaupteten Blut, mit hergestelltem Wasser wieder verdünnt.[129]

Darvon wuchs der Vogel uns unter den Augen so sehr, daß wir wohl sahen, warum uns die Jungfrau vor ihm gewarnet hatte. Er biß und kratzte so feindlich um sich, daß, wenn er hätte können mit

Einem nach seinem Belieben tun, würde er bald mit ihm fertig gewesen sein. Nun war er ganz schwarz und wild; deswegen wurde ihm andere Speise gebracht: vielleicht einer anderen Königlichen Person Blut: davon fielen ihm alle seine schwarzen Federn wieder aus und wuchsen anstatt dieser andere schneeweisse Federn. – Nun war er auch etwas zahmer und ließ besser mit sich umgehen, doch traueten wir ihm noch nit. Von d[ies]er dritten Speise fingen ihm an seine Federn bunt zu werden so schön, daß ich mein Lebtag von Farben dergleichen nichts so Schönes gesehen. Nun war er auch über die Maßen zahm, und benahm sich so freundlich zu uns, daß wir auf Bewilligung der Jungfrau ihn aus seiner Gefangenschaft entließen.

«Nun ist's billig», fing die Jungfrau an, «daß, weil durch Euern Fleiß und unseres Alten Bewilligung dem Vogel sein Leben und höchste Perfection gegeben wurde, er von uns auch in Freuden eingeweiht werde!» – Hiermit befahl sie, daß Mittagsmahl aufzutragen und uns wieder zu erholen, weil nunmehr das heikelste Werk vorüber sei, und es sich auch gebühre, unserer gehabten Arbeit anfangen zu geniessen. Wir fingen an, uns unter einander selbst lustig zu machen: Hatten wir doch noch alle unsere Trauerkleider an, was uns zur Freude etwas lächerlich bedäuchte.

Nun fragte die Jungfrau immer und immer, vielleicht um zu erforschen, Welchem unter uns ihr zukünftig Vorhaben möchte dienstlich sein: Am meisten aber wars ihr ums Schmelzen zu tun, und es gefiel ihr wohl, wenn Einer in feinen Handgriffen versiert war, welche einem Künstler sonderlich wohl anstehen.[130]

Dieses Mittagessen, das wir doch mehrerteils mit unserm Vogel zubrachten (dem mußten wir ständig von seiner Speise zu essen geben), währte nicht länger als drei Viertelstunden. Er blieb aber jetzt stets bei seiner Grösse.

Nach dem Essen ließ man uns die Speise nit lang concoquieren {einkochen – hier wohl verdauen gemeint}, sondern, nach dem die Jungfrau samt dem Vogel von uns geschieden, wurde uns der fünfte Saal eröffnet, wohin wir in der oft besagten Weise auch kamen und unsere Dienste anboten. – In diesem Saal war unserem Vogel ein Bad zubereitet, das wurde mit einem weissen Pülverlein so gefärbet, daß es ein Aussehen hatte, als wäre es lauter Milch. – Nun ward es zuerst kühl, da man den Vogel hinein setzte. Dessen war er wohl zufrieden, trank daraus und spielte kurzweilig. Nachdem es aber von Ampeln, die darunter gesetzt wurden, anfing zu erwarmen, hatten wir zu schaffen, ihn im Bad zu halten. Wir deckten deswegen einen Deckel über den Kessel und ließen ihm den Kopf durch ein Loch heraus ragen, bis er derart in diesem Bad alle seine Federn verlor und so glatt wurde wie ein Mensch, Doch schadete ihm die Hitze weiter nicht, was mich sehr wunderte, denn es wurden auch in diesem Bad die Federn ganz verzehret, und von ihnen das Bad blau gefärbet.

Endlich ließen wir dem Vogel Luft; – der sprang selbst aus dem Kessel und war so glänzend glatt, daß es eine Lust zu sehen war. Weil er aber etwas wild war, mußten wir ihm ein Band samt einer Kette um den Hals legen, und ihn so in dem Saal auf und ab führen.

Inzwischen wurde ein stark Feuer unter den Kessel gemacht, und daß Bad eingesotten, bis es ganz zu einem blauen Stein wurde: Den nahmen wir heraus, zerstießen ihn erst, dann mußten wir ihn auf einem Stein anreiben, und endlich mit dieser Farbe dem Vogel seine ganze Haut übermalen. Da war er noch wunderlicher anzusehen, denn er war ganz blau, bis auf den Kopf, der blieb weiß. [131]

Damit war auch unsere Arbeit auf diesem Stockwerk verrichtet, und wurden wir (nach dem die Jungfrau mit ihrem blauen Vogel von uns geschieden) auf den sechsten Stock durchs Loch gefordert, welches auch geschah. Da wurden wir höchlich bekümmert: Denn in die Mitte wurde ein Altärlein gestellet, in Allem gleich wie ich es oben in des Königs Saal beschrieben habe. Darauf stunden die sechs dort erwähnten Dinge, und er selbst, der Vogel, war das Siebente. – Erstlich wurde das kleine Brünnlein vor ihn gestellt; daraus trank er einen guten Trunk. Darnach pickte er in die weiße Schlange, bis sie heftig blutete. Dieses Blut mußten wir in einer güldenen Schale auffangen und dem Vogel, der sich heftig weigerte, den Hals hinab schütten. Darauf steckten wir der Schlange den Kopf in das Brünnlein, davon wurde sie wieder lebendig und kroch in ihren Totenkopf hinein, sodaß ich sie lange nicht mehr sah. –

Unterdessen bewegte sich die [Himmels-]Kugel immer fort, bis sie die begehrte Conjunction machte. Alsbald schlug das Ührlein Eins. – Hierauf geschah eine zweite Coniunction, da schlug das Glöcklein Zwei. – Endlich, als die dritte Conjunction von uns beobachtet und vom Glöcklein gemeldet worden war, legte der arme Vogel seinen Kragen selbst demütig auf das Buch hin und ließ sich den Kopf von Einem der Unsern, der hierzu durchs Los erwählet worden, gutwillig abschlagen. Doch gab er keinen Tropfen Blut von sich, bis er an der Brust geöffnet wurde: da sprang das Blut so frisch und hell daher, als ob es ein rubinen Brünnlein wäre.

Sein Tod ging uns zu Herzen, doch konnten wir uns ja gut denken, es würde uns mit einem bloßen Vogel nit geholfen sein. Wir ließen's deswegen geschehen, räumten das Altärlein ab und halfen der Jungfrau den Leib auf dem Altärlein mit Feuer (das wurde von dem Lichtlein genommen) samt dem daneben hängenden Täfelchen zu Asche verbrennen, dieselbige anschließend zu etlichen Malen reinigen und in einem hölzernen Lädlein aus Zypressenholz sorgfältig verwahren.[132]

Hier kann ich nit verschweigen, was mir samt noch Dreien für eine Posse widerfuhr: Nachdem wir so die Asche fleißig aufgehoben hatten, fängt die Jungfrau also an zu reden: «Liebe Herren, wir sind hier in dem sechsten Saal und haben nit mehr als noch einen vor uns, womit sich unsre Mühe endet und wir wieder nach unserm Schloß zum Erwecken unserer aller Gnädigsten Herren und Frauen heimfahren werden. Nun möchte ich gleichwohl wünschen, daß ihr alle zumal, wie ihr hier bei einander seid, euch hättet dermaßen verhalten, daß ich euch könnte bei höchstgedachten unseren König und Königin Ruhm nachsagen und gebührende Vergeltung erlangen. Weil aber ich unter euch diese Vier (hiemit deutete sie auf mich und noch Drei) als faule und träge Laboranten wider meinen Willen erfunden, und sie doch nach meiner Liebe gegen Alle und Jeden nit begehre zu wohlverdienter Strafe anzugeben: wollte ich doch, damit solcher Unfleiß nit ganz ungestraft bleibe, dies gegen sie vornehmen, daß sie allein von künftiger siebenter und allerherrlichster Action ausgeschlossen würden, und es doch nachmalen bei Königlicher Majest[ät]. weiter nicht zu entgelten hätten.

Wie mir nun auf solche Rede hin zumute gewesen, gebe ich Andern zu bedenken, denn die Jungfrau konnte sich so ernstlich stellen, daß uns bald das Wasser über die Körb lief, und wir uns als die unseligsten unter allen Menschen betrachteten. – Hierauf ließ die Jungfrau durch der Dirnen eine (deren dann immerdar viel zugegen waren) die Musikanten holen, die mußten uns mit solchem Spott und Hohn mit Zinken vor die Tür hinaus blasen, daß sie selber vor Lachen kaum blasen konnten. Sonderlich aber verdroß uns sehr, daß die Jungfrau so sehr unsers Weinens, Zorns und Ungeduld lachete; – und mögen auch wol unter unsern Gesellen welche gewesen sein,

85die uns solches Unglück gönnten. – Aber es ging anders aus. Denn sobald wir vor die Tür hinaus kamen, hießen uns die Musikanten fröhlich sein und ihnen die Wendeltreppe hinauf nachfolgen: Sie führten uns über den siebenten Boden unter das Dach, da fanden wir den alten Mann, den wir bisher nit gesehen, ob einem kleinen runden Oefelein stehen. Dieser empfing uns freundlich, gratulierte uns auch von Herzen, daß wir hierzu von der Jungfrau erwählt worden waren. Nachdem er aber von uns unserem gehabten Schrecken vernommen, da wollte ihm vor Lachen schier der Bauch zerknellen, das wir uns bei solchem Glück so übel gehabt hatten. «So lernet nun hieraus, sprach er, ihr lieben Söhne, *daß der Mensch nimmer weiß, wie gut es Gott mit ihm meinet!*»

Unter solchem Gespräch kam auch die Jungfrau mit ihrem Schächtelein daher, und nach dem sie unser genug gelachet, leerte sie ihre Asche in ein ander Geschirr aus. Sie füllte das ihrige mit anderer Materie wieder, mit der Bemerkung, sie müsse jetzt den andern Künstlern einen blauen Dunst vormachen;– wir sollten derweilen dem alten Herrn folgen, was der uns befehlen würde, und in unserm vorigen Fleiß nit nachlassen. Hiermit scheidet sie von uns in den siebenten Saal, wohin sie unsere Gesellen beordert hatte. Was sie nun da mit ihnen als Erstes gemacht, kann ich nit wissen, denn es war ihnen nit allein aufs Höchste zu sagen verboten, sondern konnten auch wir unserer Geschäfte halber ihnen nit durch die Decke zusehen.

Unsere Arbeit aber war diese: Die Asche mußten wir durch unser zuvor praepariert Wasser anfeuchten, daß sie ganz wie ein dünner Teig wurde. Darnach setzten wir die Materie über das Feuer, bis sie recht heiß wurde. Von da gossen wir sie so heiß in zwei kleine Förmchen und Model und ließen's also ein wenig abkühlen. (Hier hatten wir Zeit, unsern Gesellen eine Weile durch einige künstliche Spalten zuzusehen: Die waren nun auch an einem Ofen fleißig, und mußte Jeder mit einem Rohr selbst das Feuer anblasen. Die stunden also herum, blasend, als ob ihnen der Atem ausgehen sollte; und doch meinten sie Wunder, wie gut sie gegen uns dran wären. Und dieses Blasen währte so lang, bis uns unser Alter wieder zur Arbeit aufrief, sodaß ich also nit sagen kann, was hernach geschehen sei.)

Wir öffneten die Förmlein, da waren es zwei schöne, helle und schier durchsichtig kleine Bildnisse, dergleichen Menschenaugen niemals gesehen: ein Knäblein und Meidlein, Jedes nur vier Zoll lang. Und was mich am höchsten wunderte: Sie waren nit hart, sondern weich und fleischen, wie ein anderer Mensch, doch hatten sie kein Leben, sodaß ich also fast glaube, der Frau Venus Bild werde auch auf solche Art gemacht worden sein.[133] – Diese engelschönen Kindlein legten wir zuerst auf zwei atlassene Kißchen und besahen sie eine gute Weile, sodaß wir schier über solch zierlichem Schauspiel zu Lappen wurden. Der Alte Herr wehrte uns ab und befahl, immer ein Tröpflein nach dem andern, von des Vogels Blut, das in das güldene Schälelein aufgefangen worden war, in der Bildlein Mund fallen zu lassen. Davon nahmen sie offensichtlich zu; und während sie zuvor schon hübsch gewesen, waren sie jetzt der Proportion nach noch schöner, sodaß billig alle Maler hätten sollen da sein und sich ihrer Kunst gegenüber diesem Geschöpf der Natur geschämt haben.

Nun fingen sie an, so groß zu werden, daß wir sie von dem Kißchen heben, und auf einen langen Tisch, der mit weißem Sammet bedecket worden, legen mußten. Nun befahl uns auch der Alte, einen weißen, zarten Doppel-Taffet bis an die Brust über sie zu decken, was uns um der unaussprechlichen Schönheit willen sehr zuwider war. Damit ich's aber kürze: Ehe wir so das Blut ganz verbraucht hatten, waren sie schon in rechter erwachsener Größe, hatten goldgelbe krause Haare, und war das zuvor genannte Venus-Bild nichts gegen sie. – Aber da war noch keine natürliche Wärme oder Empfindsamkeit, sondern tote Bilder, wenn auch lebendiger und natürlicher Farbe. Und weil zu besorgen war, sie würden zu groß, wollte ihnen der Alte nichts mehr geben lassen, sondern bedeckte ihnen mit dem Tuch vollends das Gesicht und ließ den Tisch rings umher mit Fackeln bestecken. (Hie muß ich den Leser warnen, daß er diese Liechter nit für notwendig achte; denn es ging des Alten Absicht allein dahin, daß wir nit merken sollten, wann die Seele in sie führe, wie wir's denn auch nit gemerkt hätten, wenn ich die Flammen nit zuvor zweimal gesehen hätte; doch ließ ich die anderen Drei auf dem Glauben bleiben. So wußte auch der Alte nit, daß ich etwas Mehres gesehen.) – Hiemit hieß er uns auf eine Bank dem Tisch gegenüber niedersitzen.

Bald kommet auch die Jungfrau mit Musik und allem Gefolge. Sie trug zwei schöne weiße Kleider, dergleichen ich im Schloß niemals sah und auch nit beschreiben kann, denn ich meinete nit anders, denn es wäre lauter Christall. Aber es war weich und nit durchscheinend, sodaß ich also darvon nit reden kann. – Die legte sie auf einen Tisch; und nach dem sie ihre Jungfrauen auf den Bänken herum geordnet, fangen sie und der Alte um den Tisch herum viele Gaukeleien an, was nur uns zur Blendung geschah. Dies geschahe, wie gesagt, unter dem Dach: das war gar wunderlich geformt. Denn es gab inwendig sieben halbe gewölbte Kuglen; deren Mittlere war etwas höher, und hatte zu oberst ein klein rund Loch, das jedoch verschlossen gewesen, und von der Anderen Keinem bemerkt worden ist.

Nach vielen Ceremonien treten sechs Jungfrauen herein; deren Jede trug eine große Posaune, die war mit grüner hellbrennender Materie wie mit einer Guirlande umwickelt. Deren Eine empfing der Alte; und nach dem er zu oberst [am Tisch] etliche Lichter weggeräumt und ihnen auch die Gesichter aufgedeckt hatte, setzte er eine der Posaunen dem einen Leichnam an den Mund, also, daß der obere und weite Teil gerade auf das erstgenannte Loch sah. Hier sahen meine Gesellen immer auf die Bilder. Ich aber hatte andere Gedanken. Denn sobald das Laubwerk oder Bekränzung am Rohr angezündet wurde, sah ich zuoberst das Loch sich öffnen, und einen hellen Feuerstriemen durch das Rohr hinab schießen und in den Leichnam fahren. Darauf wurde das Loch wieder verdeckt und die Posaune weggeräumt (durch solchen Possen wurden meine Gesellen betrogen, daß sie meinten, das Leben sei dem Bilde vom Feuer des Laubwerks her gekommen). Denn sobald er die Seel empfangen, tat er die Augen auf und zu, doch bewegte er sich nit sehr. – Zum andern Mal stellt er ein ander Rohr auf *ihren* Mund, zündet es wieder an, und so wurde die Seele durchs Rohr herab gelassen. – Dies geschah bei jedem dreimal; danach wurden alle Lichter ausgelöscht und hinweggenommen, die sammetene Decke des Tischs über ihnen zusammengeschlagen, auch alsbald ein Reisebettlein aufgeschlossen und zugerüstet, [die Figuren] so eingewickelt getragen, und nachdem sie aus der Decke genommen worden, fein neben einander gelegt, wo sie mit vorgezogenen Vorhängen eine gute Weile schliefen.

Nun war es auch Zeit, daß die Jungfrau sehe, wie sich unsere andere Künstler hielten: Die waren wohlgemut, denn wie mir die Jungfrau später berichtete, mußten sie in Gold laborieren, was wohl auch ein Stück dieser Kunst, aber nit das Vornehmste, Nötigste und Beste ist.[134] – Zwar hatten sie auch einen Teil dieser Asche, sodaß sie anders nit meinten, denn der ganze Vogel sei um des Goldes willen wichtig, und es müsse also den Entleibten das Leben hierdurch wiedergebracht werden. – Diesbezüglich saßen wir also in Stille da, um zu erwarten, wann unsere Eheleute erwachen würden.

Dies zog sich etwa eine halbe Stund hin. Denn jetzt stellte sich der mutwillige Cupido wieder ein, und nachdem er uns nach einander gegrüßt hatte, flog er zu ihnen unter den Umhang und neckte sie so lange, bis sie erwachen. Dies geschah bei ihnen mit großer Verwunderung. Sie meinten auch nichts Anderes, als daß sie von der Stunde an, da sie enthauptet worden, bis zu diesem Augenblick geschlafen hätten. Cupido, nach dem er sie erwecket, und sie beide einander wieder zu erkennen gegeben hatte, ging einwenig beiseite und ließ sie beide sich noch ein wenig besser erholen; trieb inzwischen sein Narrenwerk mit uns, und so mußte man ihm endlich die Musik holen und etwas fröhlicher sein.

Nit lang hernach kommt die Jungfrau selber. Und nachdem sie den jungen König und Königin (die sich etwas matt befanden) untertänig gegrüßt und die Hand geküßt, brachte sie die erwähnten zwei schönen Kleider herbei, welche Jene anzogen und also [hinter dem Vorhang] hervor kamen. – Nun waren schon allbereits zwei schöne Sessel zubereitet: Darein setzten sie sich und wurden also von uns mit untertänigster Reverenz gegrüßt, dessen sich der König in eigener Person auf das aller Gnädigst bedankte, und hinwiederum uns alle Gnade anerbot.

Inzwischen war es bereits um fünf Uhr herum. Wir konnten deswegen nicht länger säumen, sondern sobald nur die wichtigsten Sachen aufgeladen werden hatten können, mußten wir die jungen königlichen Personen die Wendeltreppe hinab, durch alle Tore und die Wachen hinaus bis zum Schiff geleiten. Darein setzten sie sich samt etlichen Jungfrauen und mit Cupido und fuhren so schnell davon, daß wir sie bald aus dem Gesicht verloren; doch war man ihnen, wie ich berichtet worden, mit etlichen stattlichen Schiffen entgegen gezogen, sodaß sie also in vier Stunden, gar viele Meilen Meers überfuhren.

Nach Fünf Uhr wurde den Musikanten befohlen, alle Sachen wieder hinab auf die Schiffe zu tragen und sich zur Wegfahrt fertig zu machen. Weil aber dies langsamer zuging, ließ der Alte Herr erst seiner verborgenen Soldaten einen Teil heraus: die waren bisher im Wall versteckt gewesen, sodaß wir Keines wahrgenommen, wobei ich bemerkt hatte, daß dieser Turm zum Widerstand wohl versehen wäre. – Nun, diese Soldaten waren mit unserm Plunder bald fertig, sodaß also weiter nichts mehr zu tun war, als zu Nacht zu essen. Wie nun die Tische überall zubereitet waren, bringet uns die Jungfrau wieder zu unseren Gesellen, da mußten wir uns wahrlich kläglich stellen und das Lachen verkneifen. Sie aber schmollten immer zusammen {altd. f. *lächelten schadenfreudig*}, wiewohl auch etliche mit uns Mitleid hatten. Während diesem Nachtessen war der alte Herr auch bei uns: der war uns ein scharfer Inspector; denn Einer konnte etwas so weise vorbringen als er wollte, er wußte es ihm entweder umzustossen oder zu verbessern, oder wenigstens eine gute Lehre darüber abzugeben. – Bei diesem Herren hab ich am meisten gelernet, und es wäre wohl gut, daß sich Jedermann an ihn halten und seine Sachen wahrnehmen würde, so würde es manchmal nit so ungünstig ausschlagen.

Nach eingenommenem Nacht-Imbiß führte uns der Alte Herr erst in seine Kunstkammern, die hier und da auf den Basteien herum waren: Da sahen wir so wunderbarliche Geschöpfe der Natur und auch andere Sachen, die menschliche Vernunft der Natur nachgeahmt hatte, sodaß wir wohl noch ein Jahr hätten genug zu sehen gehabt. Dies trieben wir denn noch bei Licht, lange in die Nacht hinein. Endlich, weil wir auch endlich mehr zu schlafen, denn viel Fremdes zu sehen geneigt waren, wurden wir in Kammern einlogiert und hatten da in dem Wall nit allein köstliche gute Betten, sondern noch darzu über die Maßen zierliche Kammern, weshalb uns desto mehr wunderte, warum wir gestern so hatten leiden müssen. In solch einer Kammer hatte ich gute Ruhe. Und weil ich der meisten Sorgen ledig war und auch von stetigen Arbeiten mich müde befand, half mir des Meeres stilles Rauschen zu einem tiefen und sanften Schlaf, den ich in einem Zug von Elf Uhr an bis morgens um Acht Uhr fortsetzte.

Siebenter Tag

ach acht Uhr, als ich erwacht war und mich schnell angezogen hatte, wollte ich mich wieder hinein in den Turm begeben. Aber es waren der finstern Gänge in dem Wall so viele und mancherlei, daß ich eine gute Weile in die Irre ging, ehe ich einen Ausgang fand. Dies geschah Anderen auch, bis wir endlich in dem untersten Gewölbe wieder zusammen kamen; – da wurden uns ganz gelbe Kutten samt unseren Goldenen Vliesen gegeben. Dann verkündete uns die Jungfrau, wir seien Ritter zum Güldenen Stein, was wir zuvor nit wußten. Nachdem wir uns nun also fertig gemacht und das Frühstück eingenommen hatten, verehrete der alte Mann jedem ein Goldstück: Auf der einen Seite stunden diese Worte:

AR. NAT. MI.

Auf der andern Seite diese:

TEM. NA. F.

Er ermahnete uns überdies, wir sollten über diesen Denkpfennig hinaus und wider ihn nit handeln.[135]

Hiermit fuhren wir auf das Meer hinaus; da waren unsere Schiffe so kostbar ausgestattet, daß es kaum möglich gewesen; es müssen solche schöne Sachen erst daher gebracht worden sein.[136] – Der Schiffe waren zwölfe: Sechs der Unserigen, und sechs des Alten Herrn. Der ließ seine Schiffe mit lauter schön herausgeputzten Soldaten besetzen. Er aber begab sich zu uns in unser Schiff, wo wir alle beieinander waren. Ins erste setzeten sich die Musikanten, deren der Alte Herr auch eine große Anzahl hat: die fuhren vor uns her, uns die Zeit zu verkürzen.[137] – Unsere Fahnen waren die zwölf himmlischen Zeichen; und so saßen wir in der Waage. Unter Anderem hatte unser Schiff auch ein herrliche schöne Uhr, die zeigte uns alle Minuten. Auch war das Meer so still, daß es eine besondere Lust darauf zu fahren war. Über Allem aber war des Alten Gespräch: Der konnte uns mit wunderlichen Historien die Zeit dermassen vertreiben, daß ich mein Lebenlang hätte mögen mit ihm fahren.

Unterdessen gingen die Schiffe mächtig schnell voran, denn ehe wir zwo Stunden gefahren waren, sagte uns der Schiffsmann, er sehe bereits fast den ganzen See mit Schiffen bedeckt, woraus wir ableiten konnten, man ziehe uns entgegen, was auch wahr war. Denn sobald wir aus dem Meer durch obenerwähnten Fluß zu dem See kamen, hielten allda an die fünfhundert Schiffe, unter welchen ei-

nes von lauter Gold und Edelgestein schimmerte: Darinnen saßen
der König und die Königin samt anderen hochgeborenen Herren,
Frauen und Jungfrauen. Sobald man nun unser recht ansichtig
geworden, ließ man auf beiden Seiten alle Kanonen losgehen, und
war von Posaunen, Trompeten und Heertrommeln ein solch Geprassel, daß alle Schiffe auf dem See erzitterten. Endlich, sobald wir
hinzu gekommen, umringten sie unsere Schiffe miteinander und
hielten so still. Alsbald trat der Alte Atlas in des Königs Auftrag
vor und hielt eine kurze, doch hübsche Ansprache, womit er uns
willkommen hieß, mit der Frage, ob die königliche Gabe bereit-
gemacht sei. Meine anderen Gesellen nahm höchlich wunder, wovon dieser König auferstanden sei, denn sie meineten nit anders,
als daß sie ihn wiedererwecken müßten. Wir ließen sie auf ihrer
Verwunderung bleiben, und stellten uns auch, als ob's uns fremd
däuchte. –
Auf des Atlas Rede hin trat unser Alter vor, antwortete etwas Län-
geres, worin er dem König und der Königin alles Glück und Vermehrung wünschte, und übergab hierauf ein kleines zierliches
Kästchen. Was aber darinnen war, weiß ich nit; – jedoch wurde es
dem Cupido, der zwischen ihnen beiden herumhaspelte, zu bewahren befohlen. – Nach vollendeter Ansprache ließ man abermal
Freudenschüsse abgehen, und wir fuhren derart eine gute Weile
miteinander dahin, bis wir endlich zu einem anderen Gestad kamen. Dies war nahe bei der ersten Pforte, wo ich zu Beginn hinein
gekommen. Auf diesem Platz warteten abermals eine große Menge
des königlichen Hofgesinds samt etlichen Hundert Pferden. Sobald
wir nun ans Land gestoßen und ausgestiegen waren, gaben uns der
König und die Königin Allen miteinander die Hand mit besonderer
Freundlichkeit, und wir mußten also zu Pferd sitzen.

Hier will ich den Leser freundlich gebeten haben, er wolle mir folgende Erzählung nicht als Eigenlob oder Stolz deuten, sondern mir
das zutrauen, daß, wenn es nit eine sonderliche Notwendigkeit wäre,
wollte ich solcher mir erzeigter Ehre wohl gar geschweigen:

Wir wurden alle nach einander unter die Herren verteilt. Unser
Alter Herr aber und ich Unwürdiger mußten neben dem König rei-
ten, und trug unser jeder eine schneeweiße Fahne mit einem roten
Kreuz. Ich nun wurde um meines Alters willen gebraucht, denn wir
beide hatten lange graue Bärte und Haare. Auch hatte ich meine
Zeichen auf den Hutrand geheftet, welche der junge König bald

wahrnahm und mich fragte, ob ich der sei, der die Zeichen unter dem Tor hätte lösen können? Ich antwortete untertäniglich: Ja. – Er aber lachte mich aus, mit der Bemerkung, es bedürfe fürderhin keiner Großartigkeit: *Ich sei sein Vater.*[138] Darauf fragte er mich, womit ich sie denn gelöset hätte? Ich antwortete: «Mit Wasser und Salz». – Da wunderte er sich [und fragte]: wer mich so gewitziget habe? Hierauf wurde ich etwas kecker und erzählte ihm, wie es mir mit meinem Brot, der Taube und dem Raben ergangen. Er ließ sich's gefallen und sagte auch ausdrücklich, es müsse mir Gott sonderlich viel Glück hierzu verliehen haben.

Hiemit kamen wir zur ersten Pforte, wo der Hüter mit dem blauen Kleid stand, der trug in der Hand eine Bittschrift. Sobald er mich nun neben dem König erblickte, übergab er mir die Bittschrift, mit dem untertänigen Ersuchen, ich wolle seiner Treue gegen mich bei dem König gedenken. Nun fragte ich zuerst den König, wie es denn um diesen Hüter beschaffen wäre? Der antwortete mir freundlich: Es wäre ein berühmter, trefflicher Astrologus, der allzeit bei seinem Herren Vater in hohem Ansehen gestanden. Nun habe er sich vor einiger Zeit gegen Frau Venus vergangen und sie in ihrem Ruhebett besichtigt, weswegen ihm diese Strafe auferlegt worden, daß er so lang der ersten Pforten hüten solle, bis ihn jemand würde hievon erlösen. Ich antwortete, ob er denn auch zu erlösen wäre? – Der König sprach: Ja, so jemand gefunden würde, der sich so hoch versündigte als er, der müsse an seine Stelle treten, und er wäre frei.

Dies Wort ging mir zu Herzen, denn mein Gewissen uberzeugete mich, daß ich dieser Täter wäre, doch schwieg ich still, und übergab hiemit die Bittschrift. Sobald er die gelesen, erschrickt er heftig, sodaß es auch die Königin, die gleich hinter uns mit unseren Jungfrauen und noch einer Königin, deren ich oben beim Aufhängen der Gewichte gedacht habe, ritt, merkete und ihn deswegen fragte, was dieser Brief zu bedeuten habe. Er aber wollte sich nichts anmerken lassen, sondern nahm den Brief zu sich und fing an, von anderen Sachen zu reden, bis wir so um Drei Uhr vollends in das Schloß hinein kamen.

Da wir abgestiegen waren und den König in obenerwähnten seinen Saal begleitet hatten, berief der König sofort den alten Atlas zu sich in ein klein Stüblein und zeiget ihm den Brief. Der säumte nit lang und ritt wieder zum Hüter hinaus, um die Sache besser zu erkunden. Hierauf setzte sich der junge König mit seiner Gemahlin nebst andern Herren, Frauen und Jungfrauen nieder. Da fing unsere Jungfrau an, unsern gehabten Fleiß, Mühe und Arbeit hoch zu rühmen, mit der Bitte, uns königlich zu beschenken, sie aber ihrer Aufgabe fürderhin genießen zu lassen. Nun stund auch der alte Herr auf und bezeugete es, daß alle Worte der Jungfrau wahr, und es deswegen billig sei, daß wir zu beiden Teilen befriediget würden. Damit mußten wir ein wenig wegtreten, und es wurde beschlossen, Jedem einen möglichen Wunsch zu erlauben, der solle ihm gewährt sein; denn es wäre nicht zu zweifeln, daß der Verständige auch den besten Wunsch tun werde; und hierauf sollten wir uns besinnen bis nach dem Nachtessen.

Derweilen fingen der König und die Königin der Kurzweil wegen an, mit einander zu spielen. Das sah einem Schach nit ungleich, allein hatte es andere Regeln: Es standen nämlich Tugend und Laster gegen einander, da konnte man artig sehen, mit was für Praktiken die Laster der Tugend nachstellten, und wie ihnen wieder zu begegnen sei. Dies ging so hübsch und kunstvoll zu, daß zu wünschen wäre, wir hätten dergleichen Spiel auch.

Während dem Spiel kommt Atlas wieder daher, macht seinen Bericht heimlich, doch stieg mir die Röte an allen Orten auf, denn mein Gewissen ließ mir keine Ruh. – Hierauf gebot mir der König, die Bittschrift selbsten zu lesen. Deren Inhalt war ungefähr dieser:

Erstens wünschte er dem König Glück und Vermehrung, und daß sein Same weit ausgebreitet werden möge.[139] Darnach zeigete er an, daß nunmehr der Tag erfüllet sei, an dem er der königlichen Zusage nach sollte erlöset werden. Denn Venus sei bereits von einem seiner Gäste aufgedeckt worden; denn seine Beobachtungen könnten ihn nit betrügen. Sollte nun Königliche Majestät scharf und fleißig nachforschen, so werde er befinden, daß seine Mitteilung wahr sei; denn wenn Solches nicht würde also befunden werden, wolle er sein Lebenlang vor der Pforte verbleiben. Er bitte demnach auf das Aller-untertänigste, man wolle ihn auf seines Leibs und Lebens Gefahr beim heutigen Nachtessen [mit dabei] sein lassen, so wolle er hoffentlich den Täter selbst erspähen und zur erwünschten Erlösung kommen.

Dies war nun ausführlich und höflich geschrieben. Dabei konnte ich sein Ingenium wohl spüren; aber mir war es zu scharf, und es wäre mir lieb gewesen, ich hätte es nie gesehen.[140] Nun dachte ich nach, ob ihm vielleicht durch meinen Wunsch könnte geholfen werden. Ich fragte daher den König: Ob er sonst auf keinem andern Weg könnte erlöst werden? – «Nein (antwortete der König), denn die Sachen haben eine besondere Bewandtnis; doch können wir ihm sein Begehren in dieser Nacht wohl gewähren». Er schicket also Einen hinaus, ihn herein zu holen.

Unterdessen wurden Tafeln in einem Saal zugerüstet, in dem wir zuvor nie gewesen, der war das *Complete*[141], und dermaßen beschaffen, daß mir nit möglich ist, ihn nur anzufangen zu erzählen: In diesen wurden wir mit ausgesuchtem Pomp und Zeremonien geführt. – Cupido war diesmal nicht zugegen, denn wie mir berichtet worden, hat ihn der Schimpf, der seiner Mutter begegnet, etwas erzürnet. In Summa, meine Tat und die übergebene Bittschrift waren eine Ursache für viel Traurigkeit. Denn der König hatte Bedenken, seine Gäste zu verhören – vorallem darum, weil es dann auch Die, denen es noch unbekannt war, würden erfahren. Er ließ also den Hüter selbst, der schon allbereits angekommen war, sein scharfes Aufsehen haben, und stellete sich selbst so fröhlich er konnte. Da fing man zuletzt an, wieder lustig zu werden, und in allerlei kurzweiligen nützlichen Gesprächen sich mit einander zu unterhalten.

Wie nun die Verköstigung und andere Zeremonien damals gewesen, ist unnötig zu sagen, weil solches dem Leser nit von Nöten und zu meinem Vorhaben undienlich. Alles aber war über die Maßen – mehr aus Kunst und menschlicher Geschicklichkeit, denn daß wir mit Trinken wären beschweret worden; – und dies war das letzte und herrlichste Mahl, bei welchem ich gewesen.

Nach dem Bankett wurden die Tische schnell aufgehoben und etliche schöne Sessel im Kreis herum aufgestellt, in die wir uns samt dem König und der Königin, den beiden Alten, den Frauen und Jungfrauen setzen mußten. Hierauf öffnete ein schöner Knab das obgenannte herrliche Büchlein. Bald stellte sich Atlas in die Mitte und fing folgendermaßen mit uns an zu reden: Königliche Majestät hätten noch nit vergessen, was wir an Ihm getan, und wie fleißig wir unseres Amts gewaltet hätten. Sie hätten uns demnach zur Vergeltung samt und sonders zu Rittern des *Güldenen Steins* erwählet. So sei nun vonnöten, daß wir uns nochmals nit allein gegenüber Königlicher Majestät verpflichteten, sondern auch auf die folgenden Artikel angelobten; so würden alsdann König[liche] Maj[estät] abermals wissen, wie sie sich gegen ihre Bundesgenossen sollen verhalten. – Hierauf ließ er den Pagen die Artikel verlesen. – Das waren diese :

I. Ihr Herren Ritter sollt schwören, daß ihr euern Orden keinem Teufel oder Geist, sondern allein Gott, Euerm Schöpfer und dessen Dienerin der Natur jederzeit wollet zuschreiben.

II. Daß ihr aller Untreue, Unzucht und Unreinigkeit wollet von Euch weisen[142], und mit solchen Lastern Euern Orden nit beschmutzen.

III. Daß ihr durch Eure Gaben Männiglich der dessen würdig und bedürftig ist, wollet zu Hilfe kommen.

IV. Daß ihr diese Ehre nit begehret zu weltlicher Pracht und hohem Ansehen anzuwenden.

V. Daß ihr nit wöllet länger leben, als es Gott haben will.

Über diesen letzten Artikel mußten wir genug lachen; – er mag auch wohl nur als Scherz hinzu gesetzt worden sein.[143]

Wie nun dem Allem auch sei: Wir mußten bei des Königs Szepter geloben. Hierauf wurden wir mit der üblichen Feierlichkeit als Ritter installiert und unter andern Privilegien *über Unverstand, Armut und Krankheit* gesetzet mit denselben unsers Gefallens zu handlen.[144] Und dies wurde hernach in einer kleinen Kapelle (wohin wir in feierlicher Prozession geführet worden) bestätigt, und Gott dafür gedankt: Da habe ich denn auch Gott zu Ehren mein Gülden Vlies und Hut aufgehenkt und zu ewigem Gedenken allda gelassen.

Und weil jeder da sein Namen schreiben mußte, schrieb Ich dies:

Summa scientia nihil scire.

Br. CHRISTIANUS ROSENCREUTZ
Eques aurei Lapidis:
Anno 1459.

Andere schrieben Anderes, und zwar Jeder, was ihn gut däuchte.

Hierauf wurden wir wieder in den Saal gebracht und niedergesetzt, auch ermahnet, wir sollten uns schnell besinnen, was Jeder wünschen wolle: Der König aber mit den Seinen hatte sich in das kleine Stüblein gesetzt, um daselbst unsere Wünsche anzuhören.

Nun wurde Jeder einzeln hinein gebeten, sodaß ich also von keines Einzigen Wunsch etwas sagen kann. – Ich gedachte, es wäre nichts löblicher, als daß ich meinem Orden zu Ehren eine löbliche Tugend sehen ließe, fand auch, daß keine derzeit rühmlicher sei und mich saurer ankam, als die *Dankbarkeit*. – Deswegen, und unangesehen

daß ich mir wohl etwas mir Lieberes hätte wünschen können, über-
wand ich mich selbst, und beschloß, auf meine eigene Gefahr den
Hüter, meinen Guttäter zu erlösen.

Als ich nun hinein gerufen wurde, zeigte man mir als Erstes an,
weil ich die Bittschrift gelesen, ob ich nichts vom Täter gemerkt oder
geargwöhnt hätte? – Hierauf fing ich an, unerschrocken zu berichten,
wie alle Sachen gegangen, und wie ich aus Unverstand dahin geraten. Ich erbot mich also, alles auszustehen, was ich deswegen an
Strafe verdient hätte: Der König und andere Herren verwunderten
sich hoch ob diesem unverhofften Bekenntnis. Sie hießen mich
also ein wenig hinausgehen. Sobald Ich nun wieder gerufen wurde,
zeiget mir Atlas an Es wäre zwar Königlicher Majestät schmerzlich,
daß ich, den sie vor Anderen geliebet, in solchen Unfall geraten.
Weil ihr aber nit möglich sei, über ihr altes Herkommen hinweg-
zugehen, wüßte sie mir keinen anderen Bescheid zu geben, denn
daß Jener los, ich aber mich an seine Stelle stellen solle. Auch wolle
sie hoffen, es werde sich bald ein Anderer vergreifen, damit ich so
wieder heimkommen könnte. Indessen wäre keine endgültige Erledi-
gung vor ihres zukünftigen Sohns hochzeitlichem Fest zu erwarten.

Dieses Urteil hätte mich beinah ums Leben gebracht, und ich war
mir und meinem verschwatzten Maul erst feind, daß ichs nit hatte
verschweigen können. Ich fasste jedoch endlich ein Herz, und weil
ich dachte, es müßte nun einmal sein, berichtete ich, wie mich dieser Hüter mit einem Zeichen beschenkt und bei den andern empfohlen hatte; – durch welcher Hilfe ich auf der Waage bestanden, und
also aller erhaltenen Ehre und Freude teilhaftig geworden. So habe
sich nun wollen gebühren, daß er sich gegen seinen Wohltäter dankbar erzeige. Weil es nun anders nit sein könne, bedanke ich mich
des Urteils, wolle gern deswegen etwas Ungelegenes tun, der ich
ihm zu solchem Stand behilflich gewesen. Falls aber mit meinem
Wunsch etwas auszurichten wäre, so wünschete ich mich wieder
heim, so wäre also Dieser durch mich, ich aber durch meinen
Wunsch erlöst.

Mir wurde zur Antwort: Das Wünschen erstrecke sich so weit
nit, sonst hätte ich wohl Ihn frei-wünschen können. Doch ließ es
sich I[hre] K[önigliche] M[ajestät] wohlgefallen, daß ich mich so
fein darein schicke. Sie besorgten aber, ich möchte noch nit wissen,
in was für einen elenden Zustand ich mich durch solchen Fürwitz
gebracht hätte. – Hiermit wurde der gute Mann ledig gesprochen,
und mußte ich mit traurigem Herzen abtreten.

Nach mir wurden die Übrigen auch aufgerufen. Die kamen alle fröhlich heraus, welches mir noch schmerzlicher war, denn ich meinte nit anders, als, ich müsse mein Leben unter dem Tor beschließen. Ich spintisierte auch hin und her, was ich doch anfangen, und womit ich die Zeit hinbringen wolle. Endlich dachte ich, ich wäre nunmehr alt und hätte natürlicherweise wenige Jahre mehr zu leben. So würde mich dieser Kummer und melancholisch Leben leicht hinrichten, und so wäre dann mein Hüten aus. Auch könnte ich mich selbst durch seliges Entschlafen bald ins Grab bringen. [145]

Solche Gedanken hatte ich mancherlei. Zuweilen verdroß mich, daß ich solch schöne Sachen gesehen und deren nun mußte beraubt sein. Zuweilen freute mich, daß ich immerhin vor meinem Ende zu allen Freuden zugelassen worden, und nit so schändlich hatte abziehen müssen; so war also dies der letzte und böseste Schlag, den ich erlitten.

Unter solchem meinem Phantasieren wurden die Anderen fertig, und wurden deswegen, nachdem sie ein gute Nacht von dem König und Herrn genommen, ein Jeder in sein Losament geführt. Ich armer Mann aber hatte Keinen, der mir den Weg zeigte und mußte mich noch dazu foppen lassen. Und damit ich doch meiner künftigen Funktion gewiß wäre, mußte ich den Ring, den jener zuvor getragen, anstecken. – Endlich ermahnte mich der König, weil ich ihn nun einmal jetzt zum letzten Mal in solcher Gestalt sähe: ich solle mich doch meinem Beruf gemäß und nit wider den Orden halten. Er nahm mich auch hierauf in den Arm und küsste mich, welches ich alles dahin verstund, als müßte ich morgen bei meinem Tor sitzen. Nachdem sie nun alle noch eine Weile mit mir freundlich geredet und zuletzt die Hand geboten und mich göttlichem Schutz befohlen hatten, werde ich durch die beiden Alten – den Herren des Turms und Atlas – in ein herrliches Logis geführt, worinnen drei Betten standen; und Jeder lag in eines davon. Da brachten wir noch fast zwei … …

Hier manglen ungefähr zwei Quart-Blättchen, und ist er (der Autor des Gegenwärtigen), während er noch meinte, er müsse des Morgens Torhüter sein, [erlöst worden und] heim gekommen.

ENDE.

MÖGLICHE ERGÄNZUNG ALS ENDE ZUM TEXT DER
CHYMISCHEN HOCHZEIT CHRISTIANI ROSENCREUTZ
ANNO 1459.

… Da brachten wir noch fast zwei …

…Stunden in Gesprächen zu, denn die Erlebnisse des vergangenen Tages ließen uns den Schlaf nicht finden, auch wollten die
beiden Alten mich über mein traurig Geschick freundlich trösten.
Schließlich, als es schon gegen den Morgen ging, weil ich nit
aufhören konnte, mich im Gedenken an mein künftig Geschick als
Torhüten zu quälen, befahl ich meinen Geist, Seele und Leib Gott
und schlief darauf so fest, daß die Sonne schon hoch am Himmel
stand, als ich wieder erwachte.

Wie ich erschrak, läßt sich leichtlich denken, umso mehr, da meine Schlafgesellen längst davon waren. – Kleidete mich also eilends
an, machte mich auf, die übrige Gesellschaft zu suchen; fand selbige auch Alle in dem Saal versammlet, wo das Morgenmahl
schon abgetragen war. Die empfingen mich mit lautem Spott und
Neckerei, weil der neue Torhüter sich so brav verschlafen hatte; aber
die obgenannte Königin – die vom Aufhängen der Gewichte – trat
für mich ein und gebot, mich in Ruhe zu lassen.

Kurz darauf trat die Jungfrau mit ihrem Gefolge nochmals auf,
alle in himmelfarbigen Kleidern und goldenen Ketten angetan,
und eine Schar Musikanten unter lautem Blasen und Pauken mit
ihnen. Die zogen in Prozession noch einmal um den Saal herum,
bevor sie auf mich zu kamen und mich in einem Kreis umgaben;
und dachte ich nit anders, als daß ich zu meinem neuen Amt abge-
holt werden solle. Da entrollte die Jungfrau ein Pergament, dessen
Schrift sie laut vorlas. Danach war ich meiner Strafe als ein Torhüter
ledig gesprochen; mir auch für den Rest meines Lebens ein Platz
neben dem König zugeteilt, worüber die Meisten sich freuten, doch
Einige auch saure Gesichter machten; und hob viel Lachens und
Neckens mit Glückwünschen an.

Die Erklärung wurde uns denn auch alsbald von Atlas gegeben:
Das Tor bedurfte nämlich von jetzt an weiters keines Wächters
mehr; – weiß nit, ob es auf immer geschlossen, oder auf lange Zeiten keine neuen Gäste mehr erwartet wurden. – Auch erfuhr ich

nachmals von Atlas, daß ich selber der Letzte gewesen, und das Tor nur meinetwegen so lange gehütet worden war. Auch, daß Frau Venus in Zukunft allen Bewohnern im Schloß, besonders den Herren Rittern vom Goldenen Stein, sich frei und unverschleiert zeigen durfte, sodaß auch derhalben die mir ausgesprochene Strafe ganz erlassen werden konnte.

Nun ließen Majestät voll Freude einen letzten königlichen Trunk Allen reichen, indes die Musik mit Posaunen und Heertrommeln, und die Jungfrau Präsidentin mit ihren Pagen in solcher Pracht aufgezogen, wie nicht zu sagen ist. Als die Tafel fast aufgehoben war, bliesen die Musikanten nochmals laut und gar schön in ihre Posaunen, Trompeten und Zinken, worauf die Gesellschaft sich, Jeder zu seiner Aufgabe, verteilte. Ich selber nahm also meinen Platz neben dem König ein, war damit endlich allen Kummers, Mühe und Sorgen ledig geworden und also glücklich heimgekommen.

TEIL IV

SENDSCHREIBEN
AN DIE UND
ANTWORTEN
AUS DER
HOCHLÖBLICHEN
RC-BRUDERSCHAFT

(ERSTDRUCKE 1612-1618)

EDITION ORIFLAMME
2016

Antwort
An die lobwürdige Brü-
derschafft der Theosophē von RosenCreutz
N. N vom Adam Haselmayr Archiducalem Alum-
num, Notarium seu Iudicem ordinarium Cæ-
sareum, der zeyten zum heyligen Creutz
Dörflein bey Hall in Tyroll
wohnende.

Ad Famam Fraternitatis Einfeltt-
gist geantwortet. Anno 1 6 1 2.

Getruckt im Jar/Anno1 6 1 8.

Titelblatt zum Separatdruck der *Antwort* von A. Haselmeyer, *ohne Druckort*. Die letzte Ziffer im eigentlichen Druckdatum erscheint willentlich ‹unsauber eingeflickt› – vielleicht 1618 zu lesen. Die Tatsache, daß die Jahzahl 1612 ausdrücklich schon im Titel steht, stützt diese Vermutung. – In der Ausgabe *Danzig 1615* mit *Fama, Confessio* und diversen ‹Antworten› und ‹Sendschreiben› steht *derselbe Titel mit gleichen Typen und Umbruch* auf der ersten Textseite. – Kurios ist jedenfalls, daß Haselmeyer (siehe Text) bereits 1612 in Hall eine ‹Antwort an die Bruderschaft› auf die erst 1614 zum ersten Mal abgedruckte *Fama Fraternitatis* verfassen konnte.
Bildquelle des Obigen: C. Gilly, *Adam Haselmeyer, der erste Verkünder der Manifeste der Rosenkreuzer*. – Amsterdam, In de Pelikaan, 1994. Der Text im vorliegenden Buch folgt fast nur der Ausgabe Danzig 1615 (s. o.).

178

ir Geringen von der Theophrastischen verwor-
fenen Schule und dem tirolischen Mineralgebirge
wünschen [Euch] von dem allein weisen und allein
gnädigen barmherzigen Gott, Schöpfer aller Magnalien, neben unserem ärmlichen Gebet, christbrü-
derlichen Gruß und Liebe allezeit von Grund unseres Herzens
zuvor, *et cetera.*

nsere einfache Antwort an Euch, besonders erleuchtete
apostolische Männer Gottes auf euer so mildes und huldrei-
ches Anerbieten an die Häupter, Stände, Gelehrten und
auch Gemeinen und Ungelehrten *Eropæ* sind wir alsbald zu geben
entschlossen gewesen: und zwar als uns Anno 1610 hier in diesem
Land Tirol Euer Schreiben *Fama Fraternitatis R.C.* schriftlich erreichte, weil wir dessen gedruckt bis damals noch nicht ansichtig
werden konnten. Daraus sollen wir auch zu diesen letzten Zeiten
die große Treue, Liebe, Milde und Barmherzigkeit Gottes, die sich
reichlich durch Eure *Theophrastiam*[146] und Gottes Geschenk aus-
gießt, erkennen, und müssen auch ganz gründlich verstehen, wie
Gott die Seinen auf so wunderbare Weise durch alle Zeiten aufbe-
wahrt, und [wieder] hervor gibt, wenn es Ihm gelegen ist.

Weil nun der allmächtige getreue Gott uns als sein Bildnis mit
seiner ewigen Weisheit seit Anbeginn geschmückt sehen will, auf
daß wir nicht *sicut equi et muli, in quibus non es intellectus* {wie
Pferde und Maultiere, die keinen Verstand haben} werden oder
sein sollen, und [da Er] will, daß wir alle erleuchtet, wie seine
Propheten, *Vates,* Apostel, Sibyllen, *Magi sancti* {heilige Seher
und Magier} sollen sterben als Feinde des Teufels, und erstrahlen
als erleuchtete Kinder Gottes; von Anfang bis ans Ende in Seines
Sohns Licht und Glanz, derart, daß sich die Erkenntnis Beider –
seines Sohnes und der Natur – mehr und mehr, so wie Ihr es
begehrt und anzeigt, erweitern möge, und auch die Heiden das
Licht anzünden mögen von uns Christ-Gläubigen, damit man
erkenne, was gläubig und ungläubig, was Christ oder Heide sei:

So folgern wir aus Euren in unsern Herzen hüpfenden, freuden-
reichen Schriften, daß wir uns billig einer glücklichen Zeit auch
rühmen dürfen: an *Theophrasto Germano*[147] und Eurem *Ven[era-
bile] Patre in Christo* vom RosenCreutz {C.R.C.}, [ein] Deutscher
edlen Geblüts, jetzt wo ihr anbietet, uns aus der Schule Gottes und
der ewigen Philosophie zu belehren, und auch geoffenbaret kommt,

uns *sana mente* {im gesunden Geist} zu erfreuen – so wie zu des Ninus Zeiten[148] die Verständigen sich des Propheten Daniel erfreuten (welche 1500 Jahre lang den großen teuflischen Abgott Beel in Babylon als den wahren Gott Israels angebetet haben; welchen Abgott Daniel bloßgestellt hat). – Ebenso kommt auch Ihr im Namen Jesu Christi, um sein Licht und seine Klarheit von der Finsternis zu scheiden. Diese Finsternis erwähnen ausdrücklich die Schreiber *Jesu Nazareni Regis Iudæorum* – Matth. Cap. 25., Marc. 8 und 9, Luc. 17., wie [sie] über Sodom und Gomorra so mächtig[149] kommen werde unter alle Menschenkinder in der Christenheit, sodaß, falls Gott auf Erden käme zu dieser Zeit, kein in den Werken Christi beständiger Glaube gefunden würde, weil, falls es möglich wäre, die prophezeiten falschen Lehrer das Volk bereden würden, daß die Werke Christi phantastische Zauberei seien – und seine Weisheit nichts als Kaufen, Verkaufen, Schätze-sammeln, Fressen, Saufen, Bankettieren, Hochzeit-halten, Bauen, Pflanzen, Aristotelisieren und Dergleichen: Dessen bezichtigen und beschimpfen uns Christen die Evangelischen nicht zu Unrecht, *ut supra.*[150]

Daher haben wir nun auch keine sichere Minute mehr, [nicht wissend] wann Gott kommen werde mit Strafen wie über Sodom, unversehens, so wie derzeit dieselben Sünden auch aufs Höchste im Schwange sind unter allen Völkern [siehe] Jesaia im 13:24. So verberget Euch nicht länger, oh ihr warnenden Brüder und unbetrüglichen Jesuiter[151], indem Euch das Licht Gottes wie den *Magis* der Stern voran leuchtet, um zu Gott zu kommen – und auch vorausleuchtend erschienen ist {vgl. Anm. 156}, um die verwirrte Welt zu lehren den wahren Weg der ewige Philosophie als der Erkenntnis *Messiæ* und der Natur Licht bei der Zeit *Imperii Spiritūs Sancti* {des Reiches des Heiligen Geistes} oder *libertatis Evangelii* {der Freiheit des Evangeliums – vgl. Text der *Fama*}, wovon ihr schreibet, und worin nicht nur der halbe Teil der unbekannten und verborgenen Welt, sondern viele wunderliche und zuvor nie gesehene Werke und Geschöpfe der Natur, von Kräutern, Tieren und Steinen oder Metallen gezeigt und gefunden werden. Dazu {d.h. um dies zu lehren} müssen dann hoch erleuchtete *Ingenia* sich erheben, um nach der Himmelfahrt Christi den Juden und Heiden das ewige Licht zu zeigen durch Christi Lehre und Weisheits-Arbeit, so wie Paulus und die Cabalisten oder *Aniadi* und die Lichter der Heiden, und den verwirreten Christen die höchste Weisheit – nämlich YPOTHS *audon*[152] auch nach der cabalistischen *Theologie*, der magischen Astronomie und der stagirischen *Physica, Medicina* und *Mathematica*; – und dies aus freiem Fundament und ohne der Heiden Philosophie, von welcher wir nicht sollen verführt werden (Col. 2.). – [Auch um] besonders zu schreiben, und durch die eingerissene Finsternis und dicken Nebel, die uns das Licht verdecken, hindurch zu arbeiten; wie da bisher der hoch-selige *Eremit & sophorum monarcha, Theophrastus Paracelsus Magnus* es getan hat.

[Dieser ist] aber bisher wenig erkannt und angenommen worden, [so wie] leider bis zur Stunde Wenige da sind, die sich – außerhalb des heillosen Goldmachens – in *Theologica Facultate*, woraus alle anderen Fakultäten ihre Grundlage schöpfen sollen, für ihn interessieren oder ihn annehmen. So fühlen und schließen wir, daß ihr diejenigen jetzt von Gott Erkorenen seid, welche die ewige *Theophrastiam* {vgl. Anm. 146} und göttliche Wahrheit erweitern sollen, die wunderbarlicher Weise bis heute zurückgehalten wurden, vielleicht um auf die Ankunft des prophezeiten *Elias Artista* zu achten, weil *Theophrastus* in seiner *Prophetia* von seinen dritten verborgenen *Thesauris* (die mehr als 24 Königreiche wert sind) schreibt, daß Gott zur rechten Zeit mit den Seinen kommen werde, um den Gerechten beizustehen und die gottlosen Stolzen hinzurichten, unter denen doch ein Fünklein der Gerechten übrigbleiben werden. Dieses kleine Fünklein oder kleine Häuflein wird danach so sein, daß man es mit großer Ehrfurcht annehmen wird; denn es wird das Tote lebendig machen.

Nach diesem wird der Feind Christi (das ist der hoffärtige falsche Christus samt seiner Babylonischen Reiterei und Hofhaltung) sich mächtig erheben und großes Verderben bringen und wird so tun, als ob er gewonnen habe und als ob mit uns das Leben aus sei. Da wird ihn aber Gott in seinem großen Glück durch das kleine Häuflein (welchem der Löwe von Mitternacht entgegen gehen wird, den grausamen Feind zu stürzen) sterblich vertilgen und ausrotten; – doch sollen Viele an seinen Namen glauben. – *Hæc ille.*

Daraus ist nun leichtlich zu schließen, daß kein anderes kleines Häuflein (das ist der vierte Samen, der auf das gute Land gefallen ist) je sein wird, als was allein das Himmlische suchet, und das schnöde, vergängliche Gut als einen Dreck achtet. Von diesen gibt es allerdings derzeit gar Wenige. Daher hat auch der erwähnte *Theophrastus* seine *Thesauros* dem geldsüchtigen und Blutgierigen Volk verborgen, bis auf die Zeit, wo kommen werden Diejenigen, die das Geld nicht achten – Jesaia 13.

Allein, was die ägyptischen weisen Männer Gottes (Jesaia 45.) werden den Armen geben und mit sich bringen, welche Ihr seid, oh ihr werten deutschen Brüder vom Rosen Creutz, dieweil euch nichts mangelt an Weisheit, Künsten und Mysterien, noch an Gold-, Silber- und Edelgestein-Tincturen (Hiob 28.), womit Ihr euch anbietet, der Christenheit *justæ et piæ causæ* {gerechter und gottgefälliger Absicht} so sie es – wie es Christen gebührt – treuherzig mit euch meinen wird) Hilfe zu leisten; indem euer Gottes-Kasten mehr vermag als sogar beide Indien zusammen vermögen, wo ihr doch das Goldmachen nur als ein Parergon anseht und tausendmal höhere Magnalia habt, womit ihr durch Gott und das Licht der Natur (wie Theophrastus) alle Krankheiten umsonst kuriert; – und dieweil Ihr begehrt, uns diese auch genießen zu lassen, so Euch nur auf Eure Ausschreibung an *Europam* in fünf Sprachen gebührlich geantwortet würde, wollt Ihr Euch alsbald den Antwortenden gegenwärtig und Euch mit Tauf- und Zunamen sichtbar machen – persönlich oder schriftlich.

Oh wie selig sind unsere Zeiten, die wir dieses Glück von Gott erlebt haben; – oh wie verzweifelt und unglücklich ist aber die Stunde, in der uns dieses Glück vorenthalten wird, und wo uns durch der Heiden Bücher geboten wird, die Weisheit zwischen Stuhl und Bank niederzusetzen und die Finsternis zu lieben! – So komm doch, du kleines Häuflein Christi, säume nicht länger: es will ganz Nacht werden! Der helle Tag hat sich geneigt; die Verführer des Volks der Finsternisse sind dück[153]. [Aber] so Gott mit seinen Magnalia mit und durch Euch wie mit seinem Mose, Josua, Samson, Daniel, Hiob, David und den Aposteln wirket – wer will da gegen Euch sein?! – Denn es ist nun auch Eure vorbestimmte Zeit gekommen, wo Ihr Lebendige den glimmenden Docht und das zerknirschte Rohr, das schier ganz wollte zerbrechen und auslöschen, aus Gottes des H. Geistes Gnade und Gaben sollt *restauriren*. Und die oben erwähnte *Prophetia Theophrasti* sagt auch, wie seine drei Schätze bald nach Abgang des letzten Kaisers Rudolphi sollen gefunden werden, die Bedürftigen dadurch zu erhalten. Bei diesen *Thesauris* liegen auch die wahren freien und unerhörten Bücher der Kunst, an die die Menschenkinder noch nie gedacht haben, auf daß man sehe, wie sich Christus – weil kein Ziel noch Ende ist seiner Weisheit – auch im armen Geist einen *monarcham sapientiæ æternæ* zum Wohle der Christenheit erwählt habe[154] – wie [er] dem Judentum den *Salomonem*, einen *Monarcham*, und den

Ægyptern den *Hermes*, den Arabern aber *Alphonsum*[155] hatte sein lassen. –

So zweifeln wir nun mitnichten, Eure *Rota Mundi*[156]werde unter anderen Eurer H. Wissenschaften und Künste solche *Thesauros* nun wohl herausgefunden und erforscht haben – abgesehen von Euren reichen christlichen freien gewaltigen *Donis* {Begabungen}, um sie nun beizeiten ans Tageslicht zu bringen, auf daß die Christenheit sehe, daß man der vorgeblichen Welt-Weisheit der Heiden und ihrer Meister, die nicht nach Christo gehet (Coloss. 2.), ganz und durchaus nicht bedurft hätte, sofern man die Gnade gehabt hätte, den gesandten *Stellam Signatam Christi* {den Signat-Stern Christus – vgl. Anm. 156} anzunehmen; (wiewohl es dem Licht der Welt selber widerfahren, daß ihn die Seinen nicht angenommen haben), und in den Werken nachzufolgen, anstatt nur im kalten und lustlosen Maul. Daher sind alle Plagen über sie gekommen, und heben [heute] erst recht an die *initia dolorum* {der Beginn der Wehen} Zerstörung der Reiche, *pressuræ gentium* {die Knechtung der Völker}, Unterdrückung der Armen, Pomp und Pracht der Fürsten, Anhäufung der Güter, Sammlung von der Armen Schweiß. Wäre aber dieses Reichs Ordnung und Gesetz aus den Evangelisten genommen, so hätte es nimmermehr zerstört werden können in so mancher Sekte und Schwärmerei; denn das Wort der Ewigkeit kann nicht zerteilet werden: es bleibt den Einigen ganz einig, und haben die Einigen, wo immer sie sind, alle Zeit guten Frieden, Segen und fruchtbares Wetter verheißen: «*Et in terra pax hominibus bonæ voluntatis*» {und Friede auf Erden den Menschen guten Willens} wird wohl täglich laut gesungen – aber um Lohn: daher muß es nutzlos[157] werden, wie das uralte Büchlein *Theologia Germanica* Cap. 37[158] sagt von vielerlei Menschen, die alle gerecht sein wollen – und ist doch nichts Gerechts daran, als was umsonst dem ewigen höchsten Gut Christo Jesu dienet und gläubig nachfolget. Darzu gebt Ihr ja gute Lehren, oh ihr *Virgines* {jungfräulichen Menschen} vom Rosen Creutz, indem Ihr auch zweifelsfrei mit eurem *Pater Christ*. Rosen Creutz öffentlich bekennt und sagt: *Iesus nobis omnia*. – Ebenso mit *Seneca: Vis habere omnia / contemne omnia / facile omnia contemnit qui ad contemptum sui venit* {Willst Du Alles haben, so verachte Alles; – leicht verachtet Alles, wer zur Verachtung seiner selbst gelangt}: Denn Eure Gemüter geben es uns zu verstehen, dieweil ihr mit Paulus die schnöden Güter (die entgegen der Nächstenliebe durch

Wucher erobert wurden) nur für einen *Stercus* {Mist} achtet, wonach alle Welt mit höchstem Fleiß, Mühe und Arbeit Tag und Nacht strebt – und jetzt müssen sie von hinnen gehen, und ein Anderer besitzt es.

JVDICVM 1612 UND JVDICIVM 1613 zeigen uns dermaßen, daß wir Keinen haben, der uns beistehen wird, und auf den wir uns verlassen könnten.[159] Darum kommt, Ihr, oh Ihr nüchternen und reinen Priester, von der ewigen Weisheit gesalbet und mit Wundern blühend: Kommt, kommt, kommt im Namen der dreieinigen Gottheit, Amen. –

Lasset uns der heiligen Güter der Herrlichkeit des Allerhöchsten Gottes und seiner evangelischen Libertät {Freiheit}, die durch *Theophrastum* und Euch der Welt dieser letzten Zeit verordnet worden ist, nicht länger beraubet sein, noch so ganz verborgen bleiben. Denn das muß nun den *emporis nationum* {auf den Marktplätzen der Nationen} eröffnet werden, auf daß man sehe, in wen die Welt gestochen hat, und an wen sie geglaubt haben, indem in diesem 1612. Jahr der Untergang der Richter anhebt: Zum Anfang der Schmerzen kommt mit dem *pacifico verbo sophorum Cœlestium simplicitate & majestate* {mit [obigem] friedebringenden Wort in der Einfachheit und Majestät der Himmlischen}. –

Kommt mit der theologischen *Nectometia* und der *Beatorum Necromantia* {mit der theurgischen Magie der Taufe und der Propheten-Magie der Glückseligen[160]}; kommt mit der philosophi-[schen und pro]phetischen *Betlehemitica Sancta Magia* und *Astronomia gratiæ, Angelo Boni Consilii,* und *Evestro sanctæ stellæ signatæ!* {mit der ... bethlehemitischen heiligen Magie und Astronomie der Gnade, dem Engel der guten Botschaft und dem Evestrum[161] des heiligen Signat-Sterns[162]. Kommt mit Necrolischem Medikament[163], Archidoxischen *Mysteriis* und verordneten cabalistischen christfreien Künsten und *Magnalien Sophiæ æternæ incontemeratæ & intactæ Theophrastiæ et puræ Dei viæ.* {mit angeordneten, einem Christen erlaubten cabalistischen Künsten und mit den Wundern ewiger unbefleckter Weisheit, unverletzter Theophrastie (vgl. Anm. 146) und des reinen Gottes-Weges}. – [Kommt,] dem *Leo* von Mitternacht, der voll der christlichen Lehre ist, vorzuleuchten im Licht Christi und des Heiligtums der Natur, auf daß das *impurum, imperfectum, diabolicum* {Unreine, Mangelhafte, Teuflische} der heidnischen Meister ganz *revelieret und confundiret* {offenbart und zunichte gemacht} werde (1. Cor. 1) und [wir auch] die regeneratio verbi[164] (1. Petr. 1., Jac. 1) und den Spruch *ex Cœlo novo et terra nova* {aus einem neuen Himmel und einer neuen Erde} verstehen, daß wir alle allein *ex novæ creaturæ Creatore [& Regeneratore Jesu Christi Dei Filio, a Patre superno*[165]*] misso in hunc mundum, & per Spiritum sanctum edocti fideles* {aus dem Schöpfer der neuen Schöpfung [und durch den Erneuerer Jesu Christi, des Sohnes Gottes, der vom allerhöchsten Vater] in diese Welt gesandt wurde, und als durch den H. Geist als Getreue Unterrichtete}, unsere Schulen und Schüler belehrt haben sollen – und deren abgöttische Heiden-Schriften von ihrem vergeblichen summo bono {höchsten Guten} und [ihrer] falschen *Philosophia*, falschen *Medicina*, falschen *Sacrificien*, dem *Vulturno* {Ostwind} zurecht gerückt [haben sollen], nach diesem heiligen Spruch: *et non erunt in memoria priora, quoniam odibilia opera Domino faciebant per medicamina & Sacrificia iniusta, Electi mei non laborabunt frustra* {Und [alles] Frühere wird nicht im Gedächtnis bleiben, denn sie taten die dem Herrn verhaßten Werke, mit verwerflichen Zaubertränken und Opfern. Meine Auserwählten arbeiten nicht umsonst} *Jesaia 65.*[166]

Du hast mich machen dienen Deinen Sünden, und hast mir die Arbeit der Bosheit zugerechnet, sagt auch der Text *Jesaiæ 45. –* Das ist von euch törichten welt-weisen Christen der Hohen Schulen geredet, die da der Meinung sind, es könne keine bessere *Philosophiam* geben, als [jene des] Aristoteles – ebenso auch keine bessere Medizin als die von] *Galen* oder *Avicenna* (vgl. Anm. 152). – Die Lehre der Abgötter habt ihr *fulcirt* {unterstützt}, und die Lehre *sapientiæ æternæ* {ewiger Weisheit}, woraus die rechte Arbeit kommt samt den Schätzen der Ägypter und [den] Arcana Theophrasti, dieses *veri sublimis monarchæ fidelium sophorum [et] convivii Domini* {dieses wahren sublimen Monarchen der getreuen Weisen und Tischgenossen des Herrn} (4. Esra 2), der in enochianischem langem Leben Paradisi (Ecclesiast. 44) gesetzt ist, nach seinen *sapientiæ thesauris* {Schätzen der Weisheit}, wovon in Jesaia 45 berichtet wird, habt ihr verketzert und verdammt. Daraufhin kommt nun der allmächtige Gott (mit seinen Priestern vom Rosen Creutz), auf daß die Welt sehe, daß alle Weisheit bis dahin vor Gott nichts gewesen sei als eine Torheit; und [daß] *Theophrasti doctrina* gerecht und ohne Makel blühen muß in Ewigkeit mit den Weisen Gottes (Sap. 4 & 6) – und kein Mensch der ganzen spöttischen Welt, noch auch die Teufel der höllischen Pforten werden's mögen überwältigen: Das sei aller Welt zur Warnung gesagt – wer immer die Schriften dieser Brüder vom Rosen Creutz schmäht oder auch diese verurteilt: Denn es soll ihnen geschehen wie Datan[167] und Aron[168] und den falschen Richtern zu Susa[169], nach dem gerechten Urteil Gottes, das schon da ist vor der Tür, [als] der Reichen Ehernen(?) Rache der Welt. Obwohl ich kein Prophet, sondern nur ein Sünder bin, so ist mir doch der Geist gegeben, als ein einfältig Tierlein die Propheten zu befragen und anzureden, erwählt durch die prophetischen *Ingenia* zur mehreren ausführlicheren Antwort und endlicherer Würdigkeit der heiligen Gemüter erwählet, und hierin gelassen Allen zu dienen und niemanden zu beherrschen.

Gott sei die Ehre und die Herrschaft.

Sendtschreiben

An die Christliche Brüder vom RosenCreutz.

Glück vnd gedeyliches auffnemen / beneben Göttlicher Protection wünschet ewer Fraternitet von Hertzen
I. B. P.

icht weniger weisheitlich als christlich wurde von Euch geschrieben, liebe Brüder vom RosenCreutz, daß die zwei vornehmsten Stufen göttlicher Weisheit – Gottes nämlich und der Natur Erkenntnis – durch allgemeinen Gang und Ausübung fast aufs Höchste gebracht, nämlich viele Geheimnisse in allen Künsten und Wissenschaften offenbar gemacht worden sind, es aber doch noch an Vielem mangele, und die *axiomata rotæ mundi et Protei* noch unverletzt stehen, und der Kern sowohl in der göttlichen Weisheit als auch in der Erkenntnis der Natur vor lauter Schalen nicht habe können erkannt werden.[170]

Zwar: die Erkenntnis Gottes umfaßt alles das, was zum Wissen über die göttliche Majestät und zur Erforschung der Gnade, die uns durch Christum, den Sohn Gottes, unseren Einen Erlöser und Seligmacher widerfahren ist; gehöret; denn sie zeiget uns an, wie der allmächtige unendliche Gott beider endlicher Creaturen – des *Macrocosmi* nämlich und des *Microcosmi* – durch das Wort, welches Fleisch ward, ein Versöhner und Seligmacher gewesen. Er hat aber den *Macrocosmos* um des *Microcosmi* willen – und diesen, auf daß Er von ihm gepriesen würde, geschaffen.[170-A]

187

Nun wird Gott durch den *Microcosmos* auf zweierlei Weisen erkannt, nämlich äußerlich und innerlich. Die äußerliche Erkenntnis wird zuwege gebracht durch äußerliche Organe und Mittel, als da vorallem sind die Schriften des göttlichen Worts, das – aus Eingebung des Heiligen Geistes – durch die Patriarchen, Propheten und Apostel beschrieben und der ganzen Welt vorgestellet wurde. Zu den äußerlichen Mitteln gehören die geistigen oder engelhaften, und die leiblichen oder elementischen Crearturen Gottes, wovon diese Letzen bestehen in der Natur (Gottes Tochter genannt[171]), in welcher die weisen Erforscher der Geheimnisse Gottes Gott und seine Wunder erforschen und erkennen, sodaß sie denn auf dieser natürlichen Leiter, nach dem Beispiel Mosis, von dem untersten bis zum höchsten Anblick des göttlichen Antlitzes hinauf steigen und alles was hinter und vor Gott ist, erkennen lernen.

Gleich wie aber nicht nur äußerlich, sondern auch innerlich im Herzen und Gemüt des *Microcosmi* als dem *Centro* des ewigen *Horizontis* – und dieses zwar durch den Glauben an Christum – Gott der Herr in seiner unendlichen Ewigkeit obwohl nicht begriffen, doch einigermaßen erfasset wird, was dann eine *scientia infusa* oder vielmehr ein engelhaftes und prophetisches Wissen genannt wird (und [dieses] bestehet im Glauben, wodurch die Seele des Microcosmi mit Christo als dem wahren Gott vereiniget wird), also wird er auch hier wieder von Gott mit dem Licht seiner ewigen Gnade und Weisheit begabet und gezieret. Denn der Geist Gottes erhält die Fünklein der Erkenntnis im *Microcosmo* [aufrecht], die oft ein großes Feuer der göttlichen Weisheit und Liebe anrichten: Und das ist kein Wunder, weil der *Microcosmus* ein Tempel Gottes und der heiligen Dreifaltigkeit, und daher auch eine Wohnung des Heiligen Geistes ist, welcher allein die Stelle eines Lehrmeisters – wie die Seele des Menschen jene eines Schülers – versieht. So hat denn auch die *Schola Mentalis* {Geistesschule} ihren Ort, wo die Patriarchen, Propheten und Apostel gelehret und unterwiesen worden sind, welche denn auch, wie aus dem Beispiel des Apostels Paulus zu ersehen ist, bis in den Dritten Himmel verzückt worden sind.

Auf diese *Scholam Mentalem*, worin der Heilige Geist selber der Lehrmeister ist, ist dann gefolgt die *Schola Rationalis & Discursiva* {Vernunfts- und Argumentationsschule}. Mit dieser ist es so beschaffen, daß, wenn der Glanz der anderen göttlichen Schule dieselbe bescheinet und erleuchtet, die trüben Wolken *rationalis*

& *animalis scientiæ* {von Vernunfts- und Herz-wissen} können vertrieben werden, während auch bis in die *Sensualem Scholam* {sinnliche Schule}, welche die letzte Schule ist, der Glanz dieses Lichts hindurch dringt, und also Alles erleuchtet.

Aus diesen dreierlei Schulen göttlicher Erleuchtung saget Ihr recht und gut, daß Euer Vater und glückseliger erster Stifter Eurer Bruderschaft, *Br. C.R.*, zu der Hochzeit göttlicher Weisheit nach vieler Mühe, Arbeit und Gefahr gekommen sei, wie man denn auch aus Eurem Schreiben mit großer Freude zu entnehmen hat, daß eben aus diesem Fundament Eure Bruderschaft ihren Anfang genommen hat und zu einem glücklichen Aufstieg gekommen ist. Denn es geschiehet ganz allgemein, daß, wenn sich ihrer Viele zusammentun, leichter die Schätze der Weisheit eröffnet und der Weg zur Wahrheit gefunden werden kann – so wie auch der Heiland der ganzen Welt, obgleich er alles allein verkündet hat, dennoch nicht zulassen wollte, daß die Wahrheit des Evangeliums durch ihn allein verbreitet würde; sondern er hat sich hierzu auch des getreuen Dienstes seiner lieben Apostel bedienen wollen. Nach diesem Exempel ist denn auch Eure Bruderschaft recht und gut eingerichtet worden.

Wenn wir nun auch Alle Gliedmaßen sind unseres Aller Haupts Jesu Christi, welcher allein unser Aller Band ist, ebenso wie auch aller engelhaften Geister und Seelen *Centrum*, Heil und Wohlfahrt: Wie möchte dann bei solcher *Universalität* unseres Haupts Jesu Christi und der *Particularität* unserer Seelen und aller engelhaften Geister, die in Christo vereiniget, befestiget und verbunden sind, diese von Euch gemachte und von Anderen höchlichst gewünschte christliche Bruderschaft verachtet werden; denn sie ist *ein* Leib *eines* Haupts – Jesu Christi.

Überdies besteht die mikrokosmische und makrokosmische Erkenntnis – und sowohl die elementische als die himmlische Weisheit – in Erforschung und Erkenntnis des *Centri* und in dessen vollkommener Azotischer, nach rechter Länge und Breite [durchgeführter] Führung aus der Wissenschaft zur Ausübung, nebst der Absonderung, Reinigung und Zusammenführung aller universalen und particulären Elemente.[171-A] – Wenn aber all dies viel besser ans Licht gebracht werden kann durchs Zusammentragen und Kommunizieren von allerlei Diskursen und Arbeits-Erfahrung, so wird gewiß und ohne allen Zweifel Eure Gesellschaft hoch zu ehren und mit täglichem Zugang zu vermehren sein, indem solches Gott dem Herrn (welcher in seinen Magnalibus und herrlichen Werken gepriesen sein will) sehr angenehm und Eurer Bruderschaft nicht wenig zuträglich, heilsam und erwünscht erscheint.

Ich schweige darüber, daß vor langer Zeit verkündigt wurde, wie diesem unserem Helianischen *Sæculo* die zum Teil ganz verlorene, zum Teil mit vielen irrigen Meinungen verderbte Wahrheit wiedergegeben werden solle; und obwohl Viele das aus Unverstand verlachen, so halte ich doch gewiß dafür, daß nicht allein diese, des Herrn Christi und Anderer Weissagung wahr sei, sondern daß auch die göttliche Weisheit und Erkenntnis aller natürlichen Dinge, die derzeit Euch von Gott geoffenbart ist, die Wahrheit von jeder Lüge und Sophisterei nicht anders absondern und erläutern werde, als wie, wenn die liebe Sonne aufgehet, alle Finsternis vom Erdboden vertrieben wird, wie dies Gott der Allmächtige selbst bezeuget, welcher mit dem Geist seines Mundes alle Dunkelmänner, nämlich obgenannte Feinde göttlicher Wahrheit und ewigen Lichts vertreiben und umbringen wird. Diese Kraft des Helianischen Geistes (vgl. Anm. 12) in der Wiederbringung der Wahrheit bestätigt Eure Bruderschaft, welche eben derselbe Helianische Geist – ein Lehrmeister aller göttlichen und menschlichen Weisheit – regieret und führet.

Obwohl aber Etliche der Meinung gewesen sind, daß die *Fama* Eurer Bruderschaft ein bildlich und *ænigmaticum scriptum* – und auch Alles was sowohl vom Grab Eures Vaters als auch von Beginn und Zunahme der Weisheit Eurer Bruderschaft geschrieben wurde, eine auf die Philosophie gerichtete dunkle Rede sei – wie denn daher von Vielen gezweifelt wurde, ob die obgedachte Bruderschaft tatsächlich oder bildlich zu verstehen sei – so hat doch Euer Antwortschreiben, geschrieben an einen guten Freund in Prag, diesen Zweifel ganz behoben. Dieser ist bald hernach, als er es empfangen hatte, an der Seuche erblichen, und aus dem Leben abgefordert worden. Darum habe denn auch ich, nachdem ich Dieses Anfang Juni des 1613. Jahrs an Euch geschrieben und bis im Dezember und Jänner des jetzigen Jahrs im Zweifel behalten, endlich durch Euer obgedachtes Schreiben (wiewohl ich dieses noch nicht gesehen habe) außer allem Zweifel gesetzt und bin bewegt worden, daß ich mir vorgenommen habe, Euch in christlicher Ergebenheit und guter Zuversicht zu ersuchen und anzusprechen.

Vorallem aber danke ich Gott dem Allmächtigen von ganzem Herzen, daß er diese auf Christum und die Wahrheit gegründete Bruderschaft vortrefflicher und weiser Leute in dieser letzten

Grundsuppe der finsteren und betrüglichen Welt, und während das antichristliche *Sæculum* in vollem Lauf ist, erwecket und aufkommen lassen hat.

Darnach muß ich auch, allerweiseste Brüder vom RosenCreutz, Eure brüderliche Freundlichkeit aufs Höchste rühmen: Daß Ihr nämlich, durch Liebe zu Gott und dem Nächsten angetrieben, nicht unterlassen habt, in Eurem schon vor etlichen Jahren von Euch ausgefertigten, mir aber erst im erschienenen 1613. Jahr zum ersten Mal bekannt gewordenen Schreiben zur Gemeinschaft dieser löblichen und heiligen Bruderschaft auch Andere, und unter diesen auch mich, I.B.P. einzuladen und aufzufordern. Diese Eure besondere Liebe und christliche Treuherzigkeit wolle der unendliche Gott Euch mit unendlicher Guttat vergelten, wie denn auch ich Euch dafür, wie ziemlich ist, großen Dank sage und alle [meine] Dienste christlicher Liebe von Herzen anbiete.

Zweifelt nur nicht: Ihr werdet mich (der ich genau derselben Meinung mit Euch bin), nichts lieber gehabt und – ungeachtet alles dessen, was zu Reichtum und Überfluß dient – in meinem ganzen Leben nichts mehr gewünscht habe, als in der Finsternis die beiden Lichter: das göttliche zwar zu gebrauchen, das natürliche aber zu erforschen, in der Unwissenheit nach Weisheit zu streben, und inmitten so vieler trügerischer Irrwege [mich] nach der Wahrheit zu st[r]ecken) von dieser Eurer christlichen und prädestinierten Bruderschaft keineswegs abweisen oder ausschließen. Denn ich weiß, daß Gott der Herr ein Stifter, Liebhaber und Beschützer dieser Bruderschaft sei, welche diese Bewegung so wie in Euch, also auch in mir, und dieses Verlangen in meinem Herzen schon vor vielen Jahren erwecket hat, sodaß ich nach keinem anderen Ding mit größerer Begierde [mich] gestrecket [habe], als nach der Gesellschaft, Trost und Erfreuung solcher christlicher weiser Leute.

Gott der Allmächtige, der sowohl Eurem als auch meinem Gemüt diese Begierde der wahren reinen Vereinigung eingegeben hat, wollte Euren und meinen Ihm in Allem unterworfenen Willen mit dem uauflöslichen Band wahrer christlicher Liebe verbinden, und verleihen, daß Christus Jesus, unser Aller Haupt und die Grundfeste sowohl göttlicher als auch natürlicher Weisheit, in seinen Gliedmaßen und Heiligen und auch Euch während dieser weltweiten babylonischen Konfusion geehret, gelobet und gepriesen werde.

Was nun aber endlich mich anbelangt, nachdem ich Euer Schreiben vom 28. Juni des 1613. Jahrs gesehen und gelesen habe, habe ich, Ihr allerweisesten Brüder vom RosenCreutz diese meine Neigung für Euch öffentlich zu bezeugen wegen meines Gewissens und um vieler anderer Ursachen willen nicht unterlassen können. Wollet dies also nicht mir, sondern der Liebe zu Euch und Eurer Bruderschaft zuschreiben, nach Überwindung Eurer Feinde unter dem Schatten der Flügel Gottes verharren und in Eure Bruderschaft auch mich, als einen Liebhaber der Weisheit, um der ewigen Weisheit und Wahrheit Ehre willen, großmütig aufnehmen. Ich halte mich derzeit mitten im Königreich Böhmen auf und bin gesinnt, wenn es Euch und Gott so gefallen möchte, daselbst eine Antwort und Anzeige Eures geneigten Willens und guter Zuneigung mit großem Verlangen zu erwarten.

Gehabt Euch wohl – den 12. Januar An[no] 1614.
Euer Euch zugetaner
I.B.P. Medicus.*

---

* Bei I.B.P. könnte es sich gut um Giambattista de la Porta (Joh.Bapt. a Porta 1535-1615) handeln: Neapolitanischer Arzt, Gründer einer Pythagoräischen Akademie, Autor eines Werks *De Physiognomonia* (1585), eines über optische Instrumente und Techniken sowie eins *De Magia Naturalis*. Gestorben vielleicht in Prag.

Ein ander Sendschreiben/

An die Brüderschafft / deß Hochlöblichen Ordens deß RosenCreutzes.

In nomine Dominis qui est fidelis in omnibus verbis et sanctus in omnibus operibus suis.

Wir Namenlosen entbieten der hochlöblichen Bruderschaft des RosenCreutzes unsern Gruß, willigsten Dienst und treue Freundschaft.

s kommt, hochlöbliche Bruderschaft, Allen, die in Trübsal und Bedrängnis stehen, sehr tröstlich und überaus lieblich vor, wenn sie irgendwie, durch ihren guten Freund, oder dies oder jenes von Gott geschickte Mittel *aliquod levamen* {irgend eine Erleichterung} ihrer Trübsal empfangen, sodaß sie, obwohl dem Übel nicht ganz gesteuert wurde, durch Hilfe dieses guten *Succurs* {Unterstützung} und Trosts einigermaßen der Betrübnis und dem Unglück entkommen können.

Weil *humana natura depraviert* {verkommt}, erstreckt sich dieses Übel weit; denn *post lapsum primorum parentium* {seit dem Fall der Ersten Eltern} kann kein Mensch gefunden werden, welchen Standes er auch sei, dem dies nicht in seiner *location* {Stellung} sehr beschwerlich und hinderlich werde. Darum soll sich billig Männiglich zeitig um ein gutes, sicheres und *salubre remedium* {zuträgliches Heilmittel} umsehen und bemühen, um so diesem Unfall zu begegnen

Dieselbe Beschwernis erfahren die *Studiosi* und *Indagatores Sapientiæ* {Studierenden und Erforscher der Weisheit} auch; das

193

haben viele *præclara ingenia* {berühmte Geister} vor uns gespürt, gesehen, und erfahren es noch heute. Es haben auch viele, und zwar nicht geringe Leute diesen Übeln zu *remedieren* {Abhilfe zu schaffen} sich bemüht; und diese *labores* {Bemühungen}, obschon sie den ihnen gesetzten Zweck nicht ganz erreichten, sollen dennoch in ihrer Würde und Ehre gelassen werden, weil die *Intention*, damit vielen nützlich zu dienen, zum Guten geneigt war, und Jene ihr von Gott verliehenes *Talentum* zu Nutz und wohlmeinender Ersprießlichkeit des Nächsten anwenden wollten.

Diese Unannehmlichkeiten und Mühen, womit das menschliche Geschlecht beladen ist, hat – hochlöbliche Bruderschaft – Euer erster Gründer und Stifter *piæ memoriæ* {seligen Angedenkens} sehr wohl gesehen. Darum hat er, um *quantum in illo erat* {mit allen ihm zur Verfügung stehenden Mitteln} diesem Mißstand abzuhelfen, diesen hochlöblichen Orden, Eure Bruderschaft gestiftet und auch, wie in der [von Euch] veröffentlichten *Fama* zu lesen ist, selber solch starke und *solida Fundamenta* {beständige Grundlagen} gelegt, daß hoffentlich das Unglück Derer, die mit dem rechten Ernst und offenem, unverfälschten Gemüt die Hilfe und den Beistand dieser Bruderschaft suchen, bald *remediert* {kuriert} werden kann, wenn sie von Euch in Eure Bruderschaft aufgenommen werden, sodaß sie alsbald, wie in der obgenannten *Fama promittiert* {versprochen}, mit der Zahl des gewünschten und von P.C. {*Patre Christiano – dem Christlichen Vater (C.R.C.)*} vorgeschriebenen philosophischen Kanons einen glücklichen Anfang machen, oder doch Eure Schätze (die Euch nimmermehr ausgehen können) in Demut und Liebe zu genießen gewürdiget werden, sodaß ihnen die Mühseligkeit dieser Welt überzuckert wird und Ihr sie in den Wunderwerken Gottes nicht so blind umher tappen lassen wollet.[172]

Wenn es nun dieser Bruderschaft *finis* {Zweck} ist, die Irrenden in *Artibus* {den Künsten] sowohl als in anderen *divinis mysteriis* {göttlichen Mysterien} zu unterweisen, auf den rechten Weg zu bringen, und damit dem Menschengeschlecht zu dienen, so besteht kein Zweifel, daß Gott der Allmächtige *remedio istius fraternitatis* {mit dieser Bruderschaft als Heilmittel} vielen bedrängten, wohlmeinenden Herzen zu Hilfe zu kommen und sie in ihrem Leid zu erquicken begehret.

Weil nun wir zwei unten Verzeichneten desselben Mangels und Mißstands Leiden genugsam erfahren und viele Unkosten, Mühen und Arbeit mit großem Schaden und Verlust angewendet haben, darüber auch in Unglück und große Ungelegenheit geraten sind, so fliehen wir billig zu Euch, hochlöbliche Bruderschaft als *sacram anchoram* {heiligen Anker} – nämlich zu dem Mittel, das uns Gott und die Vernunft eingeben – und ganz voller Hoffnung, weil wir *candido et aperto animo* {in reiner Absicht und offenen Herzens} Eure Hilfe suchen, und auch unsere Intention und *Propositum* {Vorsatz} nicht auf Böses, sondern auf alles Gute gerichtet ist.

Derart erhoffen wir uns, worum wir hiermit allerhöchlichst und fleißigst gebeten haben wollen: Die hochlöbliche Bruderschaft wolle uns ihre ihnen von dem allein getreuen Gott verliehenen Gaben willig genießen lassen, uns wenigstens mit Rat, falls wir der Tat nicht würdig wären, aus christlicher Liebe zu helfen, uns auch Zeit und Ort, wo wir, um uns Trost bei ihnen zu holen und ihrer Weisheit und Güter fähig zu werden, wohlwollend zu nennen. Diese Antwort wollen wir mit Verlangen erwarten – entweder im Garten zu Wels in Österreich, oder an welchem Ort uns der liebe Gott zu bleiben vergönnen wird. Wir tun hiermit die hochlöbliche Bruderschaft nebst uns selbst dem allmächtigen Gott befehlen. – *Datum* in Linz, Österreich.

Magnus Dominus & laudabilis nimis;
& magnitudinis eius non est finis.

{Groß ist der Herr & hoch zu loben;
& seiner Größe ist kein Ende}

M. V. S.
A. Q. L. I. H.

Ein ander Sendschreiben an die Allerseligste Fraternitet
deß gewüntschten Rosen Creutzes

er aller-christlöblichsten Bruderschaft des ehrwürdigen RosenCreutzes sei mein bereitwilliger Dienst nebst dem Wunsch allen gedeihlichen Zunehmens zuvor.

Sonderlich hocherleuchtete Männer – Was für eine große Verwunderung und herzliche Freude ich, Ends-unterzeichneter, bei mir selbst empfand, nachdem mir zuerst Eure *Fama*, und nunmehr auch die *Confession* zu lesen gegeben worden war, kann ich mit Worten nicht genugsam aussprechen. Denn weil in denselben nicht allein der künftigen Reformation aller Künste und Sachen in der Welt des Öfteren gedacht, sondern auch – und vornehmlich in der *Confession* — ausdrücklich erwähnt wird, daß Gott der Herr beschlossen hat, dieser verderbten Welt und vor ihrem *interitu* und letzten Untergang eben solch eine Weisheit, Licht und Herrlichkeit widerfahren zu lassen, wie anfänglich der Erste Mensch im Paradies gehabt hat, so bin ich dadurch in diese erwünschten Gedanken geraten, es möchte alsbald dem jämmerlichen Zustand unseres Lebens, in den wir durch den Fall unserer Ersten Eltern geraten sind, ein Ende gemacht, Alles von Lüge und Finsternis befreit und wieder ans Licht und zurecht gebracht werden.

Ich habe vor Diesem gelegentlich zum Öftern mit Verwunderung gelesen, was der hocherleuchtete *Theophrastus Paracelsus* in seiner *Apocalypsi* von dem Geheimnis aller Geheimnisse schrieb, welches der allerweiseste Hermes das Wahre ohne Lüge und das Gewisseste alles Gewissen – Andere aber das Beste und Höchste, was unter dem Himmel mag gesuchet werden, genannt haben: Daß es nämlich eine Quelle aller Freude sei, welche Gesundheit, Glück, Freude, Friede und Liebe schenke, Haß, Feindschaft und Traurigkeit vertreibe, Freude herbei führe, alles Böse vertreibe, alle Krankheiten heile, die Armut zerstöre, allem Elend ein Ende mache, alles Gute herbei führe, mache, daß Einer das Böse weder reden noch denken kann und dem Menschen gebe, was er in seinem Herzen wünscht: den Frommen zeitliche Ehre und langes Leben, den Bösen aber, die es mißbrauchen, die ewige Strafe. Daher bedarf denn auch Derjenige, der dasselbe hat, keiner anderen Hilfe, weil er eben das hat, worin alle Glückseligkeit, leibliche Gesundheit und irdisches Wohlleben verborgen sind.

Obwohl nun dieser edle Schatz, dank dessen Kräften Adam und die anderen Patriarchen ihre leibliche Gesundheit und langes Leben gehabt haben, jederzeit und allerwegen in der Welt blieb und auch noch gleichsam als die Seele der Welt in allen elementischen Geschöpfen gefunden wird und alle Körper beweget (wie denn daher die alten Wesen geschrieben haben, daß er in einem jeden Dinge, an jedem Ort und zu jeder Zeit gefunden werde und auch aller Kreaturen Kräfte und Wirkungen in sich habe), so hat es doch dem allmächtigen Schöpfer so gefallen, daß er {der Schatz} einer unkennbaren Natur sei und für die Welt nicht greifbar, wie er denn allein durch Eingebung des Heiligen Geistes anfänglich unserem ersten Vater, Adam, von oben herab – später aber durch fleißigen Unterricht, quasi *ex manu in manum* {aus einer Hand in die andere} – den Weisen geoffenbaret und gegeben wurde, und ihn die *Philosophi* später mit fremden, dunkeln Worten und verblümten Reden so verborgen haben, daß er den Narren wohl verborgen bleiben muß und sehr Wenigen dieser Welt bekannt werden kann.

Wer wollte nun aber dieses so edlen, teuren Schatzes, der seit Anbeginn nur einigen Wenigen bekannt war, nicht von Herzen teilhaftig zu werden begehren? – Wer wollte nicht von Herzen wünschen, daß ihm die Gnade widerfahren würde, daß er sehen und haben sollte, was Jene seit Anbeginn der Welt zu sehen begehrten, weil es insbesondere ein so herrlich Ding ist, daß es alle Traurigen erfreuen, alle Heimlichkeiten offenbaren, allen Überfluß der Schätze mitteilen – in Summa: alle Gebrechen heilen und hinwegnehmen kann?!

Es ist fürwahr seine Erlangung besser als alles Gold und Silber; und alles, was der Mensch an Zeitlichem begehren mag, kann demselben nicht verglichen werden, sintemal nichts Geringes in ihm vorhanden ist, sondern aller Dinge Eigenschaften in ihm können gefunden werden, und seine Kraft über alles menschliche Denken sich erstreckt und mit Worten nicht auszusprechen ist. So hat daher obgedachter *Theophrastus* nicht unbillig ausgerufen: «Oh du, Geheimnis aller Geheimnisse, und aller geheimen Dinge Heimlichkeit, ja, aller Dinge Heiligung und Gesundmachung: Wie wunderbar und lobenswert ist deine Reinheit, worin aller wahre Reichtum und Fruchtbarkeit, samt der Kunst aller Künste, verborgen lieget! Billig begehret Dein die ganze Welt; indem du Allen die dich kennen, Freude gibst, alle Schwachheit zerstörest, die Schönheit aufs Lieblichste erhellest, und alles, was dem Menschen wohlgefällt, in Menge vergönnest!

Weil nun, hochweise Brüder des löblichen RosenCreutzes, in Eurer erwünschten *Fama* und *Confession* die Tröstung für Männiglich geschehen ist, daß diese und andere Schätze der Weisheit inskünftig ans Licht gebracht und Männiglich bekannt gemacht werden sollen, kann man sehr leicht annehmen, daß diese, wie allen Frommen so auch mir, nie weniger fröhlich als tröstlich erscheinen. Auch wollte ich in Wahrheit nichts lieber wünschen, als daß eine so herrliche Zeit bereits angebrochen sei, in der es Gott gefällig sein wird, die Schätze der Geheimnisse den Menschen widerfahren zu lassen! Unterdessen aber, weil es bei Weitem noch nicht so weit ist, will ich in der tröstlichen Hoffnung leben, daß – wie Ihr in der Fama verheißen habt – es keinem versagt bleiben soll, der es ehrlich meint, daß er nicht mit dem Einen oder Anderen unter Euch sollte bekannt werden. –

Ihr, oh allerseligste Männer, werdet auch mir diese Gunst widerfahren lassen, daß ich mit Euch bekannt werde und irgendwann eines kleinen Fünkleins Eurer Weisheit teilhaftig werden möge. Wenn mir ein Solches widerfahren könnte, wollte ich mich für glücklich halten und mir nichts Lieberes in dieser Welt wünschen oder begehren. – Dem entsprechend gelangt an Eure löbliche Bruderschaft dieses mein inständiges Bitten, dieselbe möge geruhen, mich ihrer Freundschaft zu würdigen und, wo nicht gar in dieselbe aufzunehmen, doch zum Wenigsten deren Herrlichkeit einigermaßen *sub ar[ti]tissimo silentij sigillo* {unter dem Siegel striktesten Stillschweigens} teilhaftig zu machen, indem ich mich hiermit Eurer Gunst, uns Alle aber der göttlichen Bewahrung getreulich empfehle und Eure willfährige Antwort in der kaiserlichen Wahlstadt[173] oder an welchem Ort es Gott und Eurer Bruderschaft belieben möchte, *magno cum desiderio & expectatione* {mit großem Verlangen und Ungeduld} erwarte, zu der Franken Anfurt am letzten November, Anno 1614.

Euer Euch von Herzen zugetaner

G. A. D.

Sendschreiben
Oder
Einfältige
Antwort an die Hocher
leuchte Brüderschafft deß hoch
löblichen Ordens deß RosenCreu-
tzes/Auff

Die von jhnen außgefertigte Fa
mam vnd Confessionem der Fraternitet:

Durch einen wahren Liebhabe
der vollkommenen Weißheit gestelle
vnd außgesandt.

Der hochlöblichen Frater-
nität deß RosenCreutzes entbietet
C. H. C. seinen Gruß vnd bereitwil-
ligste dienst.

a ich mit großem Vergnügen und Verwunderung, und auch mit herzlicher Freude Eure
publicierte Famam Fraternitatis nebst der Confession,
oh Ihr hocherleuchteten Brüder des hochlöblichen
Ordens des RosenCreutzes durchgelesen und dabei unter Anderem
auch beobachtet und wohl beachtet habe, daß die Ungelehrten von
der Glückseligkeit dieser seligen Bruderschaft von Gott dem Herrn
nicht ausgeschlossen seien: So habe ich durch dieses Schreiben
nicht allein meine bescheidene Meinung und Gutachten etlicher
Punkte halber, die in gedachter Eurer Fama und Confession enthalten sind, an den Tag geben, sondern auch und vornehmlich bei Euch
hochweisen Männern mich zugleich anmelden, und soviel an mir
liegt, willig und ohne Verzug einstellen wollen.
Was nun fürs Erste Eure beabsichtigte Reformation der Fakultäten
und Künste betrifft, kann ich wahrheitsgemäß kundtun, daß ich eine
solche Reformation seit Langem von Grund meines Herzens gewünscht habe, dieweil ich in der Erforschung der Wahrheit vielfach
gespürt und befunden habe, wie krank und mangelhaft manche seien.
Und um für diesmal nur die Kunst der Arznei als Beispiel zu nehmen, nehme ich an, es werde niemand so unerfahren und unverstän-
dig sein, daß er nicht wisse und verstehe, wie schwach und baufällig
es mit dieser herrlichen und vortrefflichen Kunst in jetziger Zeit beschaffen sei, und daß dieselbige weitgehend in ihren letzten und
äußersten Zügen liege. Denn die meisten Ärzte und Doktoren leisten
nicht nur in den schwersten und wichtigsten Krankheiten wenig
oder schier nichts, sondern können auch in den geringen und einfachen Anliegen der Menschen – manchmal aus Mangel gründli-
chen Wissens in ihrer Kunst – nicht viel Lobenswertes ausrichten.

Zum Zweiten: Was das Goldmachen oder *Lapidis Philosophici* {des Steins der Weisen} betrifft, bin ich seit vielen Jahren der Meinung gewesen, daß dieselben zwar bezüglich der weltlichen Nahrung und Notwendigkeit, die dadurch reichlich zuwege gebracht werden, und weil dadurch der menschliche Körper von Krankheiten erlöst und in guter Gesundheit gehalten werden kann, billig für eine herrliche Gabe Gottes zu halten – dennoch aber bei Weitem nicht mit der Weisheit und den Künsten, die aus dem größeren Licht der Natur hervor fließen, und noch viel weniger mit den Gaben, die von dem obersten Schulmeister, dem Heiligen Geist eingegossen werden, zu vergleichen sei. Der Grund dafür ist genügend klar; denn es ist unmöglich, daß die Kräfte der Elemente den siderischen, magischen und himmlischen in Glorie, Herrlichkeit und Tugend sollten gleich sein, wie vielfältig sie auch von ihren Unsauberkeiten gereiniget und durch die spagyrische Kunst abgesondert würden.

Fürs Dritte, so habe ich mit großer Verwunderung gehört, daß Euer hocherleuchteter Vater, weiland Fr. C.R.C. christseligsten Angedenkens den *minutum mundum* {*winzige Welt*, d.h. hier: den *Stein der Weisen*} *perfecte absolviert hinterlassen* hat, worüber ich als ein [darin] Unerfahrener nichts Anderes zu schreiben oder zu urteilen weiß, als daß ich aus dem Licht der Natur verstanden habe, daß es ein solches Geheimnis und Mysterium geben müsse. [174]

Die Ursache dafür zeigt das *Axioma nequaquam vacuum* {das Axiom: *«es gibt keinen leeren Raum»*}, wie auch der Spruch des uralten ägyptischen Magiers *Hermes Trismegistos* genügend an: Daß nämlich das Obere gleich sei dem Unteren, und *è contra* {umgekehrt}: daß was unten [ist] gleich sei dem was oben ist. Allein, was in dem Einen *in actu* {als Wirkung gegenwärtig} ist, das findet sich im Anderen *in potentia* {in Kraft und Möglichkeit}. Was könnte jedoch meines Erachtens in der ganzen weiten Welt Wunderbareres und Kunstvolleres gefunden und den Menschen vor Augen gestellet werden, als eben ein solcher *minutus mundus*!

Jedoch, wie zahlreich sind Jene, die es ganz unglaublich finden, daß ein Mensch solle durch Weisheit zuwege bringen, daß er Himmel und Erde in seiner Faust tragen sollte, dieweil sie nicht wissen, wie ein Ding im anderen verborgen, und daß der Himmel in der Erde, und die Erde im Himmel *suo modo* {[jedes] auf seine Weise} zu finden sei. Auch, daß ein großes Unsichtbares in einem kleinen Sichtbaren – und hingegen ein Körperliches, Faßbares aus einem geistigen Unsichtbaren entstehen und ans Licht hervorge-

bracht – wie auch, daß ein großes und den äußerlichen Augen Un-
faßbares durch ein kleines Greifbares tatsächlich dargestellet und
als dessen lebendiges Ebenbild vor Augen gebracht werden könne.
– Aber wie ist mir Einfältigem und in der Weisheit ganz Unerfahre-
nem möglich, von solchen hohen Geheimnissen und Wunderwerken
Gottes würdiglich genug zu schreiben: Halte ich doch gänzlich dafür, daß mit diesem *minuto mundo* als einem *Compendio* und lebendigen *imagine totius universi* {Zusammenfassung und Abbild des
gesamten Universums; – ein Zitat aus der *Fama Fraternitatis*}, in
dem alle *rotœ mundi* enthalten sind, könne alles Dasjenige, was in
der gesamten Natur zu erfahren ist, wirklich ergründet und ausge-
forscht werden, wie denn der hocherleuchtete Wundermann
Theoph[rastus] Paracels[us] in seiner *Mathematica adepta* {be-
herrschten Mathematik; – heutiger Ausdruck: *Angewandte Höhere
Mathematik*} dies auch am Rande erwähnt. Ich darf deswegen wohl
sagen, daß die Bereitung dieses *minuti mundi* nicht menschlich, sondern den Engeln zuzuschreiben sei, ohne deren Belehrung und Hilfe
ein so vortrefflich Werk und Kunststück gewiß nicht herausgefunden würde und im Verborgenen bliebe.[175] –

Ist nun Euer *Proteus*[176] so nützlich, und Eure *Rotœ Mundi* so
kunstvoll: Wie hoch und teuer sind dann Eure *Axiomata* oder vielmehr *oracula Dei* füglich zu schätzen, oh Ihr hoch-weisen und besonders erleuchteten Brüder, aus welchen solche mehr als kunstvolle Werke und nutzbare Sachen her fließen: Fürwahr, sie sind
weit über alles Gold, Perlen und Edelgestein zu schätzen, sintemal
der ganzen Welt Reichtum und Glorie demjenigen, der sie verstehet
und anzuwenden weiß, dadurch zukommen und unterworfen werden. Oh wie selig sind deswegen die Ohren, die Eure Axiomata
hören! – Oh wie selig die Augen, denen vergönnt ist, Euren *minutum mundum* anzuschauen! – Oh wie selig die Hände, denen erlaubt
ist, Euren *Proteum* zu berühren! – Selig und nochmals selig ist der
Mensch, dem von Gott diese drei Dinge verliehen sind, und dem
vergönnt und zugelassen ist, sich derselbigen in Demut und nach
dem Willen Gottes zu bedienen! Wie hätte mir deshalb, oh hochweise und besonders erleuchtete Männer Gottes, etwas Lieblicheres
und Erwünschteres zu Gehör kommen können, als daß ich durch
Eure ausgesandte *Fama* und *Confession* vernommen habe, wie Ihr
auf Antrieb des Geistes Gottes alle frommen und weisheitsbegieri-
gen Herzen – ob gelehrt oder ungelehrt, Personen hohen oder niedrigen Stands – zu Eurer Bruderschaft treuherziglich berufet und ein-
ladet, und denselben alle Eure großen Geheimnisse und unendlichen

Schätze gutwillig und umsonst, aus lauterer christlicher Liebe anbietet, und auch sie derselben teilhaftig zu machen ganz tröstlich verheißen und zusagen tut. Dafür sind dann alle Liebhaber der Weisheit, welchen diese hohen Sachen allein[177] angetragen worden sind, von Rechts und Billigkeit wegen höchlich verpflichtet und schuldig, den allmächtigen, mildreichen Gott ohne Unterlaß zu loben und zu preisen, Euch aber, hoch-erleuchtete und besonders begabte Männer, großen und immerwährenden Dank zu sagen, wie auch in aller Demut bei Euch, ohne einwenig Zeit zu verlieren, soviel an ihnen liegt, sich gehorsamlich einzustellen.

Es ist gänzlich dafür zu halten, daß sowohl Eure *fama fraternitatis* als auch die *Confession* nicht ungefähr und aus eigenem Gutdünken, sondern durch des allwissenden Gottes ewigen Ratschluß besondere Vorsehung und Geheiß heraus gekommen und aller Welt kund gemacht worden sind. Und zwar dies für Diejenigen, die sich wollen unterrichten lassen zu Nutzen und Gutem, den Verächtern aber zu Vermehrung ihrer Bosheit und der dazu gehörigen Strafe. Für meine Person zweifle ich gar nicht, daß diese Eure Ausschreibung mir zu meinem großen Heil und Wohlfahren zugekommen sei, sintemal ich weiß, daß der getreue und allein weise Gott alles nach der Zahl, Maß und Gewicht erschaffen hat und dergestalt regieret, daß auch das geringste Härlein von des Menschen Haupt ohne Seinen Willen und Befehl auf die Erde nicht fallen kann, und deshalb meiner zur rechten Zeit gemäß seiner unendlichen Güte auch nicht vergessen werde, sondern Mittel und Wege gnädiglich verordnen wird, wodurch ich zur vollkommenen und seit Langem gewünschten Weisheit (die da bestehet in der Erkenntnis Gottes sowie aller natürlichen und übernatürlichen Geschöpfe) gelangen und gereichen möge.

Ich habe zwar durch Gottes Gnade aus der heiligen biblischen Schrift und des hoch-erleuchteten teuren Mannes *Theophr. Paracels.* und anderer Gottesgelehrter Bücher erkannt und erlernet, daß anfänglich der Mensch im Paradies zu Gottes Ebenbild erschaffen wurde und als solches Bildnis die Weisheit und Erkenntnis Gottes und aller sichtbaren und unsichtbaren Dinge vollkommenlich gehabt und besessen hat. – Auch, daß er durch den Fall und Ungehorsam diese Weisheit mehrenteils wieder verlor und dieselbe alsbald in ihm verdunkelt und einwärts gekehrt und gleichsam ganz ausgelöscht wurde, dieweil er durch die Übertretung des Gebots aus dem Geist und Bildnis Gottes in das äußerliche, leibliche, nämlich in das sündige Fleisch gefallen war. Auch, daß deswegen allen Menschen billig nichts Höheres und Ernstlicheres angelegen sein solle, als die Betrachtung, wie sie jenen seligen Stand, worin Adam vor dem Fall lebte, wiederum erlangen und zuwege bringen [möchten]. – Auch, daß Jesus Christus, der hochgelobte Sohn Gottes aus unermeßlicher Liebe und Barmherzigkeit die menschliche Natur zu diesem Zweck an sich genommen und den bitteren und schmählichen Tod des Kreuzes erlitten und ausgestanden habe, damit seine Auserwählten aus diesem sündlichen Stand möchten erlöset und durch den Heiligen Geist wiederum zum Ebenbild Gottes möchten neu geboren werden. – Und daß deswegen die Seinigen, die ihre Freude und Seligkeit in die vergänglichen Dinge dieser Welt (als da sind Reichtum, Pracht, Ehre, Fressen, Saufen, Unzucht und andere dergleichen Wollust) setzen und darinnen sich aufhalten und verstricken lassen, zu Recht für unvernünftige, viehische Leute gehalten werden; – hingegen aber die, welche durch Christum die verlorene Gestalt und vollkommene Weisheit wiederum zu erlangen trachten und zu diesem Zweck den barmherzigen, getreuen Gott in wahrem Glauben um Hilfe und Beistand des Heiligen Geistes emsiglich bitten und anrufen, daneben auch sich selbst zu verleugnen und ihr ganzes Leben nach dem Willen Gottes einzurichten sich befleißen, allein für rechte und vernünftige Menschen.

Aber ungeachtet dessen, daß ich dieses alles aus Gottes Gnade erkannt habe, kann ich mich gleichwohl – verglichen mit Euch hocherleuchteten Männern Gottes – für keinen andern als einen groben, einfältigen und in allen Künsten und Weisheit unerfahrenen Menschen ausgeben, welcher nur soviel erlernet hat, daß er weiß, woran es Jenen mangelt, und daß die vollkommene selige Weisheit, die in Adam verloren wurde, in dem einen Jesu, des lebendigen Gottes und der Jungfrau Mariæ Sohn, wiederum könne und müsse gefunden werden. Und daß hierzu das vornehmste und beste Mittel ein andächtiges und inniges Gebet sei, sowie auch, dem allmächtigen Gott in beständiger Geduld still zu halten und auf sein göttliches Licht von innen zu warten.

Nach all diesem ist es an Euch, hocherleuchtete teure Brüder des hochlöblichen Ordens des RosenCreutzes, mein inständiges, hochfleißiges und ganz flehentliches Bitten, mich, wofern es der allmächtige, allein weise Gott in seinem ewigen Ratschluß so vorgesehen hat, in Eure hochlöbliche Fraternität und erwünschten, seligen Orden (wiewohl ich mich [dessen als] ganz unwürdig erkenne) um der Ehre Gottes und christbrüderlicher Liebe willen großgünstiglich auf und anzunehmen. Im Falle daß es aber der Wille Gottes nicht sein sollte, daß mir die großen Geheimnisse und unerschöpflichen Schätze, welche Euch von Gott dem Herrn als seinen beliebten und vertrautesten Dienern[178] anvertraut wurden, noch zur Zeit offenbart und mitgeteilt werden, will ich deswegen weder wider seine göttliche Majestät noch gegen Euch, seine getreuen Diener murren, sondern dem heiligen Willen Gottes, der der allerbeste ist, mit demütigem Herzen mich unterwerfen und sagen: «Herr, Du bist heilig und gerecht in allen Deinen Wegen; Dein Name sei gelobet und gepreiset in alle Ewigkeit.

Endlich habe ich Euch, hochweise und besonders begabte Brüder, nicht ohne meine Anmerkung wollen lassen, daß ich etlicher erheblicher Ursachen halber Bedenken gehabt, meinen Namen öffentlich anders als unter dem Siegel der Verschwiegenheit zu nennen. Auch habe ich, da Ihr erwähnt, daß Eure Weisheit sich so weit erstrecke, daß die Ratschläge und Händel der entferntesten Völker der Welt – wie z.B. jene von Indien und Peru – vor derselben nicht können verborgen bleiben, dies zu tun für unnötig erachtet.

Zum Schluß will ich Euch, hocherleuchtete Männer Gottes, nachmals ganz inständig und mit bestem Fleiß ersucht und gebeten haben, dieses mein einfältiges Schreiben nicht zu schmähen, sondern Eurem Versprechen gemäß, von mir gutwillig zu empfangen und bei Eurer ersten Gelegenheit großgünstiglich zu beantworten. Wobei ich daran keinen Zweifel habe, sintemal mein Herz mir Zeugnis gibt, daß ich die Gemeinschaft Eurer hochlöblichen und vortrefflichen Bruderschaft nicht aus Vorwitz oder Heuchelei, sondern in guten Treuen, mit rechtem Ernst und aus wahrer Liebe zur vollkommenen Weisheit wünschen und begehren tue. –

Der allmächtige getreue Gott wolle Euch, hocherleuchtete selige Männer, in Eurem überaus christlichen und gottseligen Vorhaben, das auf Vermehrung und Erweiterung des Reichs Christi und [auf] Fortpflanzung der wahren, vollkommenen Weisheit und aller guten Künste ausgerichtet ist, mehr und mehr durch seinen heiligen Geist stärken, und vorallem Leib und Seele wider des Teufels und seines verfluchten Anhangs Gewalt und grimmigen Ansturm gnädiglich und väterlich bis ans Ende beschützen und handhaben, – Amen.

Datum den 12. Januar Anno 1615. – Euer von Herzen willigster

C. H. C.

{Eventuell Lutheraner C.H. Conring, Vater des Herrmann Conring (1606-1681)?}

Sendbrieff oder Bericht

An Alle welche

von der Newen Brüderschafft des Ordens vom Rosen Creutz genant/

etwas gelesen/oder von andern per modum
discursus der sachen beschaffenheit/
vernommen.

Es seind viel die im Schrancken lauffen / etliche aber gewinnen nur das Kleinot.

Darumb ermahne Ich.

JULIANUS DE CAMPIS
O. G. D. C. R. F. E.

Das die jenigen/Welche von einer glücklichen direction, vnd gewünschter impression
guberniret worden/ sich nicht durch jhrer selbst eigenen
diffidens, oder vppiger Leute vnartiges
judiciren, wendig machen
laffen.

Milita bonam militiam, feruans
fidem, & accipies coronam
Gloriæ.

Gedruckt Im Jhr 1615.

Titelblatt zum besonders berühmten Sendschreiben Juliani de Campis, alias
O.G.D.C.R.F.E. – Umschrift: *An Alle, die von der neuen Bruderschaft, des Ordens
vom Rosen Creutz genannt, etwas gelesen ... oder vernommen ... Darum ermahne
ich ... daß Diejenigen, welche von einer glücklichen Führung und gewünschtem
Eindruck geleitet werden, sich nicht durch ihr eigenes Mißtrauen oder weniger
Leute unartiges Urteil abwendig machen lassen. – Kämpfe den guten Kampf im
Dienste des Glaubens und du wirst den Siegeskranz des Ruhms erhalten.*

206

PER ILLUM
QUI EST
QUI ERAT
ET
QUI VENTURUS EST
GAUDIUM BENEDICTIONIS
SALUTEM PACIS
P. P. P.

s wird Vielen bewußt sein, welch unglücklichen Fall der im vergangenen Jahr 1614 ungefähr im Sommer in Cassel zum ersten Mal gedruckte *excurs* von der *Reformation* der ganzen Welt getan, und was für einen noch viel erbärmlicheren Stoß der angehängte Bericht von der *Fama Fraternitatis* des Rosen Creutzes bekommen hat. Wie denn die tägliche Erfahrung bezeugt, wie mancherlei wunderseltsame, abenteuerliche, spöttische und zum Teil auch schmähliche *judicia* {Beurteilungen} besagte *Fraternität* ausstehen muß: Bald wird sie von Diesem. bald von Jenem auf die Bahn geritten; der Eine pfeift dies Lied, der Andere ein anderes; – *in Summa*: es sind seltsame Reiter.

Man muß es aber dahingestellt sein lassen: der Vogel singet wie ihm der Schnabel gewachsen. Ich für meine Person und in Anbetracht meines *recesses* {Zurückgezogenheit} wünsche nur, daß gesunde und wohl *affectionirte* {wohlgesinnte} Leute von irrigen Gedanken möchten befreit werden. Deshalb habe ich es für gut befunden, ihnen einigermaßen, soviel mir gebührt und die Zeit erlaubt, durch dieses mein Schreiben Anleitung zu geben.

Während ich auf der Reise war und das Geschrei von der Bruderschaft des Rosen Creutzes allgemein wurde, sind mir meines Erinnerns nicht mehr als Drei begegnet, mit denen ich wirklich über den geheimen Orden *communication gehalten* {disputiert} habe, denn ich fand gute Gemüter. Ich habe aber bisher noch nicht mehr getan, als was ich verantworten kann vor Gott, meinem Gewissen und vor den Menschen. Dabei wurde mir deutlich, wie viele und mancherlei Leute sich in den Orden der Bruderschaft vom Rosen Creutz zu begeben große Begierde haben. Was ihre Absicht ist, kann ich mir zum Teil gut denken. Ich befürchte aber, daß viele davon in den Orden der Törichten Jungfrauen geraten werden, weil sie des rechten Öls in ihren Lampen ermangeln, oder weil, was etwa vorhanden, doch ein verdorbenes Öl ist, das sich nicht leicht entflammen läßt; doch ist dies nicht der Flamme Schuld, sondern des Öls. Es ist daher nötig, daß ein Jeder sich zuvor selber *justificir* {rechtfertige}. Was sollte auch daraus werden, wenn Männiglich in diese Fraternität auf und angenommen würde? Es dürfte eine allgemeine *confusion* daraus entstehen und aller *respect* zwischen Menschen aufhören. Man darf es nicht so weit kommen lassen, daß es das Ansehen einer Sonderschule bekommt: *delecti et electi pauci, multi licet sint vocati* {begabt und auserwählt sind Wenige, auch wenn Viele gerufen sind}. – Es wurde zwar geschrieben, es werde keinem fehlen, der mit den *Fratribus* zu *conversiren* Lust habe, daß er nit in seiner Begierde gesättigt würde; aber daraus folget nicht, daß er zugleich ein *Electus* sei. Von der *reception* {Aufnahmeritual} will ich nichts sagen, auch nicht von der *Familiarität* der *Cathedralium* {Freundeskreis der Kathedralen[179]}. Wer mit einem Wissenden hiervon gesprochen hat, wird verstehen, was ich schreibe. Soviel setze ich als Ergänzung: Ein Jeder sei besorgt, daß er einen guten *Dictatorem* und *Ductorem* {Lehrer und Führer[180]} habe: Das scheinet eine kuriose Sache in den Augen der Menschen zu sein, insonderheit der *ignoranten* {Unwissenden}. – Die Zeit wird kommen, daß Vieler Herzen und Gedanken offenbar werden[181]: Zehn Jahre mag das wohl so gehen, aber man hat alsbald den Kohl zeitig aufgeschüsselt[182]: *qui non hodie est aptus, cras multo minus erit; qui non nunc, vix tunc* {wer nicht heute dafür bereit ist, wird es morgen um soviel weniger sein; wer es nicht jetzt [ist], [wird es] kaum dann [sein]}. Bekannter mag wohl zu jener Zeit dieses Werk sein als heute; aber nimmermehr wird ein offener Jahrmarkt daraus werden.

Es erwähnet in ihrem Schreiben die *Fraternitet*, aber sehr dunkel, was ihre *axiomata* seien: Laß Dir die Zeit nicht lang werden;

sei weise, verschwiegen und beständig, so sollst du es wissen. Es ist Zeit genug; tue Du das Deine dabei. – Viele werden kommen, *non solum populus sed & reges et principes* {nicht nur viel Volks, sondern auch Könige und Fürsten} und wollen sehen, was Ihr sehet, und werden's nicht sehen – und hören, was Ihr höret, und werden's nicht hören; denn es muß wahr sein: die Kinder des Lichts, *hoc est* Junker *Narcissus* und Jungfer Naseweis {d.h. die Selbstgefälligen und Neunmal-Klugen} werden ausgestoßen werden; Die aber im Finsteren wandeln werden, denen wird das Licht leuchten.[183] –

Gott helfe Allen, die Ihm vertrauen, und verleihe, daß ein Jeder das ihm vertraute Pfund so anwende, daß, wenn der Herr des Hauses kommt, er die herrliche Sentenz hören möge: «*Euge serve bone, intra in gaudium Domini tui* {brav, du guter Diener – tritt ein in die Glückseligkeit Deines Herrn!}. – *Du bist über Weniges getreu gewesen; ich will Dich über Vieles setzen*».[184]

Darum: Hast Du ein Stück, so gebrauche es so, daß Du des Ganzen auch mögest teilhaftig werden – welches ich einem Jeden gerne gönne. – Bedenke Dich gar wohl bei diesem Orden, und nimm Dich in Acht, *quia est lapis offensionis* [185] – wer sich daran stößt, wird verletzt. – *Hæc tu non divina æneida tenta, sed vestigia pronus adora* {Dies [alles] sollst Du nicht versuchen wie erzene Götterstatuen, sondern anbeten als Fußspuren Gottes. Falle nicht ein ins [allgemeine] Gelächter, sodaß Du sprichst: «Hinter der Bruderschaft vom Rosen Creutz steckt ein großes Scheinstück». – Ei, das heißt gar zu stark *judicirt* {geurteilt}und ist manchem ehrlichen Manne allzu kühn geredet – ja sogar für Personen hohen Standes. Aber dieses werde rundweg verworfen[186]; denn es ist leichter *judiciren* als, was übel *judicirt* ist, *redintegrieren* {wieder ins gute Ganze einfügen}. Einem guten Kerl kann wohl *propter facilitatem linguæ* {der Leichtigkeit der Zunge wegen}ein Wort entwischen.

Niemand soll sich auch bekümmern, ob die Wissenschaft, die die Brüder bekennen und treiben, ein *superstitios* oder abergläubisch Werk sei, oder daß das Gewissen dadurch beschweret werde: Solches geschiehet keineswegs: Wie kann auch die höchste Wissenschaft von Gott, göttlichem Wesen und Willen, göttlichen Wunders, göttlicher Werke, himmlischer Prophezeihung, apostolischen wahrhaftigen Geistes, durch Vater, Sohn und den göttlichen Mittler: *per Spiritum agitantem cælestem* {durch den bewegenden himmlischen Geist} ein abergläubisch Ding sein? – Wie kann die geheime offenbarte Natur, wodurch Gott erkannt wird; – wie kann

die Mitteilung, Erfindung und Erhöhung aller Weisheit, wie sie
nur immer auf einen Menschen durch den Mittler, *per Spiritum
mundanum agitatum* {durch den Weltgeist in seiner Bewegtheit}
fallen mag, und wodurch der Schöpfer aller Dinge herrlich gemacht,
das Wort, das von Anfang an war, geoffenbaret und der Geist *super-
exaltiret* {in die höchsten Höhen erhoben} und gepreiset wird, das
Gewissen beschweren?

Lieber laßt uns doch in unseren Verstand greifen und in die innerlichen und äußerlichen fünf Sinne gehen; und wenn wir nur ein
Weniges vom gewöhnlichen Nachdenken *leccediren* {ausruhen}
und abtreten, so steigen wir bald höher. Muß es nicht ein wundersam Ding sein vor den Augen und Ohren Derjenigen, die anfänglich
die heidnische Philosophiam[187] gesehen, gehört und gelernt haben?
Es wird ein Jeglicher darüber höchlich bestürzt worden sein, da es
ein neu und gar seltsams Werk war, obzwar mehrenteils zerstückte
imaginationes {Einbildungen} oder Phantaseyen. – Mein Gott,
wie hat man zu der Zeit von des *Platonis Philosophia* gesungen
und geklungen; – welch herrliche Sache muß es gewesen sein; –
wie hoch wird noch heutigestags *Aristoteles* in den Schulen gehalten! – Was meinst Du muß er wohl zu seiner Zeit gegolten haben,
da er noch span-nagel-neu war mit seiner Weisheit, und als man
von der *Philosophia* noch wenig wußte?

Ich lasse sie in ihren Würden; aber das ist gewiß: wenn Plato und
Aristoteles *denarium hujus sæculi* {die heutige (philosophische)
‹Münze›} sehen würden – ich zweifle nicht, sie würden das Geprä-
ge *ihrer* Münze verleugnen und mit Verwunderung *priora sæcula*
{die früheren Jahrhunderte} tadeln. Denn sie würden schwerlich
ihre eigenen *Scripta* {Schriften} mehr verstehen; und es dürfte
wohl eine Posse sein, wenn sie von Neuem in die Schule gehen
müßten. Denn keiner hat ihre Schriften so hoch und tief *enodiret,
disputiret und vexiret* {ergründet, abgehandelt und zerpflückt}, wie
man es heute tut. Sie haben aber wohl daran getan, daß sie den Nach-
kommenden Ursache gelassen, sich selber zu plagen und zu martern;
und es wäre sehr gut, wenn man das vierte Buch von den *Meteoris*
{Himmels-Erscheinungen[188]}, welches Aristoteles geschrieben,
wohl studieren und verstehen würde.

Ich möchte fast sagen, daß Aristoteles selber das genannte Buch
nicht im vollen Umfang verstand; denn es sieht so aus, als ob er es
aus einer alten chymischen Bibliothek bekommen und abgeschrieben
hätte. Was muß das wohl für ein Hahn {Spitzenmann} gewesen sein,

der als Erster *Astronomiam, Astrologiam* und *Mathesin* auf die Bahn gebracht? – Gewiß wird er entweder für einen Gott oder Teufel gehalten worden sein; denn ein Jeder wird sich verwundert haben, wie doch der Kerl an den Himmel kommen und selber habe sehen können, wie groß die Sonne, der Mond und diese und jene Sterne sind; – wer ihm doch gesagt habe, daß es bald schneien, bald regnen, bald Frost, bald Kälte, bald trüb, bald hell, bald Voll-, bald Neumond sein, und dergleichen mehr sich zutragen solle!

Das muß ja ein visierlicher {netter} Gast gewesen sein, der sich zuerst unterstand, zu sagen, was Diesem oder Jenem widerfahren, und ob er Glück oder Unglück im Leben haben werde. Zweifellos wird diese Wissenschaft ein hohes Ansehen mit Verwunderung gehabt haben; da werden wohl mancherlei Urteile und *decisiones* {Entschlüsse} nicht alle gleich reif und vollkommen gefallen sein. Man sehe [nur] wie die Künste und Wissenschaften zunehmen; man betrachte nur die [akademischen] *scientias, artes, facultates* und *disciplinas*, eine jede besonders: Man wird den Unterschied bald finden, was alt und was neu sei – und dies nicht nur in denen, die man Freie nennt, sondern auch in allen anderen, wie in den Handwerken – in Summa, was ein Mensch nur wissen mag.

Wenn ich mich der alten Historien erinnere und betrachte, auf was für Arten und Weisen man vor Jahren Krieg führte, und wie man jetzt krieget, wundere ich mich, wie reichlich Gott diese letzte Welt mit Verstand erleuchtet, und wie sich die Menschen mit der Zeit verändert haben. – Sage mir: haben die Römer (von diesen nur will ich reden) sich es nicht blutsauer werden lassen in ihren Feldzügen? Wird nicht soviel Rühmens gemacht von ihren *castris* {Befestigungen}, von ihren Lagern, von ihrer ordinaar {Ordnung – hier wohl Schlachtordnung} und von ihren *victorien?* – Nun, man gönnet ihnen ihren Ruhm, wie es recht ist: *laudamus veteres, sed nostris utimur annis* {loben tun wir die alten – doch nutzen die heutigen Zeiten[188-A]}: Halte die jetzige Zeit gegen jene, so wirst Du den Unterschied finden, warum ich mich äußere, man dürfe sagen, mit der Römer Art zu kriegen könnte man jetzt keine kleine Stadt, geschweige ein gewaltiges Castell erobern. Halt unsere jetzigen *arma* {Waffen} oder Gewehre gegen die der Römer: – Meine Güte, was meinst Du: wie kämen wohl die alten Freien Kerle {Freischärler?} mit ihren Puffbolzen {primitiven Schießeisen} an!?

Was rede ich aber von den ganz Alten! Laß uns Neuere betrachten, welche so alt nicht sind, wie zum Beispiel den alten Hildebrand

[und] Tannhäuser (von welchen ich ehedem auch wohl ein Liedlein gesungen habe), und andere Schnautzhahnen {stramme Kerle}, die viele Jahre nach der Römer Kriege gekommen sind: Meinst Du, daß sie von der *Fortification* {Befestigungstechnik}, welche in Kriegsläuften eine herrliche und sehr nützliche Wissenschaft ist, etwas gewußt haben? – Gar nichts.[189]

Ich will noch näher kommen: Es sind alte Deutsche, man heißt heute diese guten Gesellen *Pumpsäcke*[190]: Die haben kleine kurze Büchsen geführet, die hieß man *Pufferte*; – das war ein köstlich Ding zu jener Zeit! Mit diesen ist es auch nunmehr aus: sieh Dich einwenig um, Du wirst es so finden. Hiervon will ich nicht mehr sagen, denn es sind bekannte Dinge. Ich erzähle es aber darum, daß man sehe, wie der Menschen Witz {Kunstfertigkeit} täglich von Gott gesegnet und gemehret wird. Von Nöten ist es, daß wir es betrachten und dankbar [dafür] gefunden werden.

Es deute mir diese *digression* {Abschweifung} Keiner übel aus; denn ich wollte alles ganz deutlich darstellen, wie ich es meine. Überdies sind ein Teil der Brüder auch Soldaten, weil ein Jeder im Notfall sich zu *manteniren* {am Leben zu erhalten} kein Bedenken tragen darf, und wenn man helfen kann zu raten, ist es Keinem verboten.[191]

Ist es nun also beschaffen, wie Ihr [Brüder R.C.] erzählet, und man wendet solchen gewissen Fleiß an, zu erfahren und zu verbessern die Wissenschaften, die Künste und allerhand andere übliche Werke der Menschen: Warum will man dann nicht einmal von der Erde aufsehen (weil die Finsternis vergangen ist, die höchste Wissenschaft aber herfür leuchtet) und die Augen gen Himmel aufheben, das Menschliche und Irdische mit dem Göttlichen zusammenfügen und näher zusammensetzen durch Anwendung unseres Geistes, Seele, Vernunft und Sinne? Es gibt ein Buch – ein heilig Buch: dasselbe ist der Brüder a-b-c-Buch (darfst aber nicht Alles , was in dem Buche geschrieben wird, wissen, denn unser Geist siehet auf ein Gewisses) – lerne Du in Demselbigen dasjenige, worin die höchsten und größesten Geheimnisse verborgen liegen, und laß das Deine *theoriam* sein.

Ich wollte wohl mehr [darüber] sagen, aber ich muß schweigen. Ich will nicht hoffen, daß die Geistlichen, welche man Theologen und Prediger nennet, sich einer sonderlichen Erklärung hier unterwinden werden, weil sie die Sache hier nichts angehet. Sie sind *Theologi* und mehresteils Prediger; – die Brüder sind *Theosophi*, und keine Prediger; die reinen Prediger sind ihnen aber herzlich lieb. Sie helfen ihnen willig, mögen gerne mit ihnen *conversiren* und lassen Jene bei ihrem *themate* in der Auslegung der Schrift, wie es die Gelegenheit und der Gebrauch der Kirche mit sich bringet. Daher werden auch die Prediger bei ihrem *themate* bleiben. Und weil es bei ihnen heißt: *ædificate meam vineam* {erbaut meinen Weinberg; – erneute Anspielung an Mt 20:1-15}, so werden sie nehmen, was zu ihrem Anbau vonnöten ist; den *Fratres* aber werden sie ihre *mysticam Theosophiam* auch gönnen. –

Meiner Treu, sage mir doch Einer: Was ist die Schule Danielis zu *Susa* gewesen? – Was wird wohl Daniel darinnen *profitiret* auch haben[192]? – Wahrlich, es wird kein schlecht Werk gewesen sein. Er wird auch seine Zuhörer und Schüler nicht alsogleich die Kraft zur *Prophezeihung* gelehrt haben; denn er hat solches nicht vermocht zu tun, weil solche Kraft wirklich von Gott kommt. – Wahrlich, er wird ihnen *radicem Prophetiarum* {die Wurzel des Prophetisierens} und gewisse *Canones* {Lehrsätze} angewiesen haben, durch welche die *auditores* {Hörer} näher zu Gott gekommen sind.

Ob auch noch wohl in der Welt Überreste derselben Schule, und von desselben *Danielis Dogmata* gefunden werden? – In der Schrift wird der Propheten-Kinder gedacht, die man sonst hat Seher genennet. Ich will nur von den Kindern sagen, ob dieselben von ihren Eltern wohl auch sollten auf gewisse Art unterwiesen worden sein, sodaß sie gegen Gott desto geschickter in höheren Sachen gefunden würden? Ich sage aber nicht (verstehe mich recht), daß die Brüder vom RosenCreutz Propheten seien, sondern ich rede *de Dogmate Prophetico* {von der Lehre der Prophetie} und von übrigen Brocken der prophetischen und apostolischen Schulen.

Was hält man von der Chaldäischen Sprache? Was muß wohl in Chaldæa für eine *Scientia* eigentlich *floriret haben*? Wer ein guter *Hebræus* {‹Hebräer› – Kenner der hebräischen Sprache} unter den Theologen sein und für gelehrt will gehalten werden: Ob derselbe auch wohl die Wissenschaft der Chaldäischen Sprache aus der Chaldäischen Schule zur Ausdeutung etlicher Geheimnisse der Propheten und Schriften von Nöten habe? – Ist das nicht die echte, URalte *Philosophia*?

Es befürchte auch Keiner, daß wenn er in die Bruderschaft aufgenommen würde, er von neuem müsse anfangen zu *philosophiren*: Dessen bedarf's garnicht: Bist Du ein Christ, so weißt Du

213

was Gott ist; bist Du ein Mensch, so weißt Du, was die Natur ist, und wie sich Gott und die Natur zusammen *componiren* {harmonisch in Eins fügen}. – Siehe da hast Du Deine *Principia*, die Dir *in eventum* {gegebenenfalls} vonnöten sein werden, und Du bedarfst nicht mehr, als daß Du dieselben zu gebrauchen weißt. Wer lesen kann und nicht schreiben, der kann schreiben lernen, auch wenn er schon 20 oder 30 Jahre alt ist, und braucht deshalb nicht das a-b-c neu zu lernen, denn er weiß es bereits; – nur daß er im Schreiben wisse, [es] zu gebrauchen.

Ich bin schier zu weit gegangen: Dazu hat mich gebracht das unreife *judiciren* {Verurteilen} der Leute. Ich habe mein Gewohntes überschritten, der ich ansonsten nicht leicht an den Tanz {zur öffentlichen Gesprächigkeit} zu bringen bin.

Es will sich über obige Irrtümer hinaus noch ein Ärgernis finden in dem gedruckten *Excurs* der *Fraternitet*; denn vorher hat man gesetz[et] wie bekannt ist, den kritischen Consens der 7 Weisen, die Reformation der ganzen Welt betreffend. Und weil dasselbe *Colloquium* fast ein lächerlich Werk und einem philosophischen Aufzug {Schwank} gleich zu sein scheinet, sind ihrer Viel in die ungerechten Gedanken geraten, als wenn das angehängte Schreiben der Bruderschaft vom Rosen Creutz an alle Gelehrten und Häupter in ganz *Europa* auch nur ein *Lucianisch* Märlein wäre[193]; und wenn man die Sache nicht recht erwägete, so dürfte man's glauben, weil es sich übel reimet, wenn die *Themata* [der beiden Schriften] beide gegen einander gehalten werden[194].

In der *Reformation* ist zwar etwas versteckt und angedeutet, was der Zehnte {Einer von Zehn} nicht finden oder merken kann; aber gegen die höchste Wissenschaft, welche der RosenCreutzer angehängtes Schreiben anzeiget, ist es für garnichts zu achten. Ich hätte selber in seltsame Gedanken geraten können, wenn ich's nicht besser gewußt hätte. Ungewöhnlich ist es, ein wichtiges geheimes Werk mit einem geringen und öffentlichen Gespräch zu *consocieren* {zu paaren}. Damit aber dieser Stein aus dem Wege geräumt werde, so verstehe, daß die *consociation* beider Schriften mit besonderem Fleiß und gutem Wohlbedacht geschehen sei. Denn durch diese Art wird der neue Bruder und ein jeder *judicirer* {Beurteilende} alsbald in des Ordens a-b-c-Buch gewiesen, ob er sich darein schicken könne und den *arborem cognitionis boni & mali* – den Baum der Erkenntnis des Bösen und Guten – wisse zu finden: Es ist gar schwer, das rechte Gute vom ganz Bösen zu *discriminieren* {unterscheiden}.

Die Rosen Creutzer schreiben, daß sie eines Jeden *judicium* {Urteilsvermögen, Bewußtsein} wahrnehmen wollen und es ihnen darum zu tun sei, daß sie erfahren mögen, was man von ihnen halte. *Atqui ita judica ne proprio tuo judicio judiceris* {dennoch sollst Du so urteilen, daß Du nicht mit Deinem persönlichen Urteilsvermögen urteilst}. Mit dem *judiciren* ist es [nämlich] so beschaffen: Man *conferirt* {trägt zusammen und vergleicht} bei sich selbst oder mit Andern von einem zweifelhaften Dinge, das allerseits nicht leicht mag erkannt werden. Wenn die *Circumstancien* {Umstände} sich finden, so wird geschlossen; das heißt dann geurteilet, es sei recht oder unrecht nach Art und Eigenschaft der Prämissen. Wenn die Bruderschaft klärlich alles schreiben und geradeaus hätte vorgehen wollen, so bräuchten sie keines *judicirens* gewärtig sein; denn wer schwarze Farbe siehet und weiß daß es schwarz ist, bedarf nicht vielen *dubitirens* {Zweifelns}, da er ja keine andere Farbe siehet. Wo aber viele Farben mit einander vermischet sind, so zweifelt man, welches die Hauptfarbe sein möge. Hernach *præsupponirt* man {setzt voraus} und schließt aufs Urteil. Ich hoffe, es werde auch diese *quæstion* {Frage} erörtert und mit dem Wenigen ausführlich gemacht worden sein. Dieses sei gleichsam der erste Theil meines Sendbriefs.

Im Ausschreiben der Brüder vom Rosen Creutz
wird gesetzet, das Magisterium Lapidis Philosophici sei
bei ihnen ein *Parergon* {Beiwerk}.

Hierüber ärgert sich Mancher, und es geben sich dreierlei
Richter an: Der erste denkt: «Harr, ist das ein *Parergon*, oder den
Rosen Creutzern ein gemeines Beiwerk, so muß ich Fleiß anwenden, damit ich in die Bruderschaft aufgenommen werde. Das wird
sehr gut für mich sein; denn alsbald bin ich ein *magnum virum* {ein
großer Hirsch[195]}. Wenn ich nur dieses *Parergon* erlange, so frage
ich nichts nach der anderen Wissenschaft». Aber dieser *judex* {Rich-
ter} gehet weit fehl! – Der Andere verfällt auf einen Unglauben
{Irrglauben} und sagt: «Ich habe allezeit die *confection* des *Magisterii Philosophici* für die höchste Wissenschaft gehalten, die jemals
in der Welt mag gefunden worden sein, und die Rosen Creutzer
achtens für ein Folgewerk, welches ihrer *scienz* {Wissenschaft}
wovon sie schreiben, nur von ferne nachfolget. Ich wollte daher
schier glauben, daß es Nichts sei mit der Bruderschaft, weil sie
das hohe Geheimnis der *Tinctur* so geringe achten!» – Dieser *judex*
ist auch auf Unwegen {Irrwegen}. – Der Dritte hebt an zu lästern
und spricht: «Ist das Werk des Philosophischen Steins bei den Brüdern vom Rosen Creutz ein schlichtweg geringes Nachwerk, so muß
ihre rechte *Scienz* und Wissenschaft, welche für das *Cardinal-
Werk* bei ihnen gehalten wird, eine lautere Teufelei, Zauberei,
Abgötterei und verfluchtes Wesen sein, indem ich gehört habe,
daß keine höhere Wissenschaft in der Welt gefunden werde, als
de metallorum transmutatione».[195-A] – Dieser schmähliche, abscheuliche Richter vermag in seinem Urteil nichts Anderes, als
lästerlich zu irren, weil er *patrem mendacii* {den Vater der Lüge}
im *judicio* zum *directorem* hat. Er sehe aber wohl zu, daß er nicht
zu weit gehe. Es dürfte ihm sonst der Paß verhauen {der Weg gar
bös versperrt} und das Urteils-Geld [das jedem Richter zusteht]
übel gesegnet werden.

Damit aber alle verkehrten Ausdeutungen zum rechten Verstand
mögen gelangen, so wolle man sich erinnern, was ich kurz zuvor
von der Principial-Wissenschaft der Rosen Creutzer gesagt habe,
und *repetire* {wiederhole} es mit Wenigem {in kurzen Worten}:

Es ist ein *abstract, secret und sublim* Werk, und keine Aristoteli-
sche Metaphysica; es sieht etwas schärfer durch die Wolken und die

Rinde der Natur; der Mensch wird *illustrirt* {bildlich dargestellt} derart, daß er sich von sich selber scheidet und sich zertrennet. Was er tut, das betrifft des höchsten Gottes Wunderwerke und alle verborgene Kraft; und wenn der Mensch derart *in spiritu descendirt ad praxin operis universi* {im Geiste niedersteigt zur Praxis des Werks des [großen] Universums}, so verfällt er aufs *Parergon* {des [winzigen] ‹*minutus mundus*› der operativen Alchemie} und macht sich wieder zum *abstracten* und *separaten* {abgetrennten} Menschen, der in der steten Bewegung der höchsten Weisheit wirklich versiret {umgeht}. – Er tut und denkt nichts, als daß er sich über Gott, göttliche Weisheit und göttliche Werke verwundert; und in dieser Arbeit siehet er gleichsam wie in einem Spiegel die zukünftige Herrlichkeit des anderen, ewigen Lebens, erwägt dagegen den Zustand dieses elenden Lebens, verfluchet seine Natur und böse Art, und bekommt fast einen neuen Geist, Seele und Leben, und [das] heißt dann, wie die alten Meister gesagt haben: *Mysterium operis aut pium hominem invenit aut facit* {das Mysterium des Werks wird [einen] gottgefälligen, heiligen Menschen entweder finden, oder [ihn] machen}.

Wenn der allerhöchste, allerweiseste gnädige Gott Dich und mich durch den Urteilsspruch seines geheimen und unwandelbaren Ratschlusses so weit seines Geistes teilhaftig gemacht hat, worum ich in Geduld täglich flehe, so kann man die Welt wohl entbehren und vergängliche Gunst und Herrlichkeit bleiben lassen; denn Gott hat seine *Glorification* {glorienreiche Erhöhung} über seinen Knecht gebracht – und zwar so kräftig, daß der auch vermag, Andere zu *glorificiren*.

Siehest Du nun, wie das *Parergon* zu verstehen sei, wovon die Brüder reden? Wie sagt die höchste Weisheit durch Gottes Geist, unsern Seligmacher, Jesus Christus? *Super quem desinit et quiescit ergon fratrum et per quem parergon perficitur, et ad quem omnia & singula determinantur* {über welchem bleibt und ruhet das *Ergon* der Brüder[196], und durch wen vollendet wird das *Parergon*, und worauf Alles und Jedes ausgerichtet ist}. – Wie sagt er? «Suchet als Erstes das Reich GOTTES, *id est sapientia de DEO* ... {d.i. die Kenntnis von Gott}» – das laß Dein *Ergon* sein. – «... so wird auch das Andere alles – *id est quæ a sapientia DEI dependent & in hominibus eorundemque operibus verificantur* {d.h. was von der Gott-Weisheit abhängt und in den Menschen und deren Werken bestätigt wird} – zufallen» etc. – Das ist Dein *Parergon*. – Ich sage Dir die Wahrheit; und merke [Du] auf diesen Unterschied.

Ich hätte hier wohl *occasion* {Gelegenhgeit}, zu *discurriren* vom *Lapide Philosophico*, welcher seit so vielen Jahren mit großer Arbeit und unaussprechlichen Unkosten von Personen hohen und niedrigen Stands gesucht – aber von gar Wenigen bisher gefunden wurde. Ich befürchte aber, es würde mir übel ausgelegt werden. Ich will [indes] dennoch etwas sagen etc.

Mit Verwunderung habe ich gehört, oft und vielmals, wie über die *Materia Lapidis* {die Materie zum Stein der Weisen} ist gestritten worden; und je heftiger der Streit war, desto weiter entfernten sich die *Quæstionanten* {Streitenden} von der rechten, wahren *Materia Operis Philosophici* {Materie zum Philosophischen Werk}. Ich will hier von den *reprobis* {jenen Verwerflichen} nicht reden, welche in allerhand abscheulichen Sachen arbeiten, sondern nur von denen, die etwas wissen und näher zum Schwarzen schießen.[197] Die alten *Philosophi* haben das Wesen gar sehr verdunkelt, und es scheinet oft, als ob sie einander widersprechen wollten. Dabei haben sie alle nur einen Hafen, in den sie hineinschiffen wollen. Die Ausfahrt und der Weg variieren aber zu Zeiten.

In sole & sale {in Sonne und Salz}, sagt der Philosoph, *consistunt omnia* {bestehet alles}; das ist recht. – *Ignis et aqua abluunt Latonem* {Wasser und Feuer waschen Latone weiß}; ist recht. – *Fac mercurium per Mercurium & habebis maximum Mysterium* {mach das Quecksilber mit Merkur, und du wirst das höchste Mysterium besitzen}; ist nicht unrecht. – *Solve aurum ut non sit amplius aurum* {Löse das Gold, sodaß es nicht länger Gold ist}; ist auch recht. –

Wie werden aber zu unserer Zeit die genannten *Canones* gar wunderlich *distrahiret* {verfälscht}, übel *torquiret* {verdreht} und boshaft *appliciret* {angewendet}! – Etliche neue Sophisten *proponiren* {äußern} Derartiges:

«Unsere Materia ist *Schweig zehn Mal*» und schreiben es so: *Sile X.* – «Unsere Materia ist der *graue Wolf*; – unsere Materia ist *Sal astrale* {das Sternensalz}; – unsere Materia ist *Mercurii aqua vulgaris* {das gemeine Wasser von Mercur[198]}; – unsere Materia ist *terra adamica rubra* {die rote adamische Erde}»; – und es nehmen die vermaledeiten Betrüger *Salpeter-Erde*, welche nur durch die Röte von der gemeinen [Erde] unterschieden ist: Es kann zwar ein Nutzen zur *Medizin* aus den genannten Stücken erarbeitet werden: Aber alle solchen Gesellen *confundiren* und verwirren das Werk unter einander, machen sich selbst zuschanden und bleiben in Lügen und Irrtum stecken. Die aber noch etwas wissen und keines Scheltens wert sind, die sagen: *vera materia est aurum vulgare per Antimonium purificatum* {die wahre Materie ist gewöhnliches Gold, gereinigt durchs Antimon}; das ist ein Weg. – *Vera materia est Mercurius auri* {die wahre Materie ist der Mercur des Goldes}; das ist auch ein Weg. – *Vera materia est Sol et Luna coniungente et ligante Mercurio* {die wahre Materie ist Sonne und Mond, vereinigt und gebunden durch Mercurius}; das sei auch ein Weg. Dieser und dergleichen Wege gibt es noch mehr. – Aber vernimm was ich sage: Die genannten Wege gehen alle zu einem kleinen Dorf, Flecken oder Städtlein. Wenn Du aber die rechte *Materiam* kenntest, und wüßtest dieselbe *ad gradūs naturæ per rotam artis* zu *tractiren* {zu den Graden nach Natur durchs Rad der Kunst, das sog. ‹Radfeuer›) zu behandeln}, so kämest Du zur Hauptstadt und zu dem allgemeinen *Emporio* {Marktplatz}. – Dem Gelehrten ist [damit] genug gepredigt etc.[199]

Was ist also unsere *materia* – die rechte, wahrhafte, uralte *Philosophische materia?* – Darf ich's sagen? – Doch, ich sage Dir es; vernimm es recht: *Nostra materia est Spiritus, non corpus; nostra materia non est minerale, sed sulphur & Mercurius mineralis; unctuositas & vapor: electrum immaturum minerale. – Nostra materia non est aurum sed semen auri vel aurum virgineum. Nostra materia non est metallum, sed omnium metallorum radix* {Unsere Materie ist ein Geist, kein Körper; – unsere Materie ist kein Mineral, sondern ein mineralischer Merkur und Schwefel; eine Oeligkeit und ein Dampf: ein unreifer mineralischer Bernstein (Electrum). – Unsere Materie ist nicht das Gold, aber der Same des Goldes, bzw. ein jungfräuliches Gold. Unsere Materie ist kein Metall, aber aller Metalle Wurzel}. – Sei für diesmal zufrieden; ein anderes Mal will ich Dir mehr sagen etc.[200]

Als Andenken an mich behalte dieses: Der häßliche Schelm *Saturnus* ist unserm König, dem *electro immaturo*, dem *astro Solis*, dem *Roten Löwen*, dem *Dunnech*, dem *æri Hermetis* {Erz des Hermes} am nächsten. –

Ich bin 33 {philosophische} Jahre alt und bin nun 13 Jahre fast immer gereiset, und es sind mir nicht mehr als 2 [Personen] vorgekommen, welche die rechte *materiam* gewußt haben. Es mögen aber wohl etliche mehr sein, die sie kennen, obwohl der Welt zwar Wenig davon bekannt ist. Auf meinen erwähnten Reisen habe ich's wunderseltsam gewaget: Von dem Meinen habe ich nichts zu nehmen gewußt; doch Gott der Allmächtige hat mich doch reichlich versorget. Zu Zeiten hat es mir an einer ansehnlichen Summe Geldes nicht gemangelt; habe so oft Tausend als Hundert im Vorrat gehabt und bekenne es, daß ich bisweilen übel damit umgegangen bin. Viele haben sich verwundert, wo ich's hernehmen mochte; und es sind verächtliche und schimpfliche, doch erlogene Nachreden hinter meinem Rücken genug gegangen und *spargiret* {ausgestreut} worden. – *Tuli* {ich ertrug's}. – Unschuld hat mich getröstet und erhalten. – Allezeit gut und nach meinem Wunsch ist es nicht gegangen; denn oft hat es die Gelegenheit nicht anders ergeben wollen, und obwohl ich zwar im Allgemeinen das Stichblatt in den Händen hatte, ist doch das Spiel von Gott, vom Glück und von der Zeit anders gekartet worden. Zu Zeiten fuhr ich daher nicht wie ein schlichter Officier, sondern gleich wie *Signor Magnifico* pflegt zu fahren; – bisweilen spielte ich *Monsieur le Cavalier*; – für eine Zeit (das kam mich sehr ungewöhnlich an) war ich ein braver Soldat und ritt wie die Apostel auf der Post zu Fuß 8 Meilen. Was half es – es konnte und mußte zu der Zeit nicht anders sein, denn das enthielt der Brief.[201] Wüßtest Du was ich weiß, Du würdest mich deswegen nit für schimpflich halten.

Ich will die Wahrheit sagen und nicht lügen: Löge ich, ich betröge mich selbst und wollte mich unterstehen, Gott zu täuschen, welchem niemand vorlügen kann; und ich bekenne, daß ich nunmehr fünf Jahre durch GOTTES Gnade die rechte, wahrhafte, einzige allgemeine *Materiam*, wovon die alten Philosophen geschrieben haben, gewußt habe, und habe dieselbe noch kürzlich mit meinen Händen betastet und mit meinen leiblichen Augen gesehen. Ich habe sie genugsam erprobt; ich weiß, daß es die rechte Materia sei: daran fehlet mir nichts, dem Höchsten sei Lob und Ehre; und es soll mir auch durch Beistand der hochgelobten heiligen Dreifaltigkeit nichts daran fehlen in meiner Arbeit zu seiner Zeit. Denn ich sage es klar heraus: ich habe noch nie in unsrer *materia* gearbeitet. Der Grund dafür ist, daß ich noch immer weiter nachforsche. – Daran aber hat es mir am Meisten gemangelt, daß ich noch Keinen angetroffen habe, dem ich's noch derzeit anvertrauen könnte. Welchen ich's anvertraute, die wissen es ebensogut wie ich.

Indessen warte ich auf gute *commoditet* {Gelegenheit} und *tranquillitet* {Ruhe und Stille}, deren das *Philosophische* Werk dringend bedarf. Ich bin willig, mit dem mir von Gott anvertrauten Pfund zu wuchern, und will dasselbige nicht mir zum Fluch vergraben.

Ich erwarte aber die *resolution* {den Beschluß} des göttlichen Spruchs und Willens vor dem Allerhöchsten und Allerheiligsten. Wird es gut für mich sein, so wird sich wohl Gelegenheit zur Arbeit finden; ist es aber Gottes Wille nicht, so wird er es auch sonsten wohl mit mir richten und machen, sodaß es zu seiner göttlichen Majestät Lob und meiner armen Seele zur Seligkeit gedeihe. Ich bin Gott gehorsam und danke ihm Tag und Nacht dafür, daß er mich all dies hat erkennen lassen. Ich nehme vorlieb, es gehe mit mir wie es wolle. Und wenn ich auf der ganzen weiten Welt nichts mehr habe als die Gesundheit meines Leibes, und daß ich mein Leben behalte in der Erkenntnis göttlicher Weisheit, göttlicher Gerichte {Richtungsweisungen} und Rechte, und was sonst noch zur Seligkeit dienet, so bin ich wohl *content* {zufrieden}, und bin allbereits von Gott wohlversorget, und mir wird nichts mangeln: Das soll auch meinen Nächsten zugute kommen.

Glaubst Du auch, mein Freund, daß ich auf meinen Reisen sonderliche *mysteria* und andere herrliche Sachen zuwege gebracht habe? Ich habe es an Mühe, an großer Gefahr Leibes und Lebens und am Geld-Verschleudern {wörtlich: *Geldspildung*} nicht fehlen lassen. Ich erbiete mich: kennen wir und korrespondieren einander; so will ich Dir gerne mitteilen, soviel ich weiß und womit Dir gedienet ist. Das vermag unser aller Christen-titulus de dilectione proximi {Gebot der Nächstenliebe}. Dieses sei mit Wenigem von dem opere *Philosophici nostri magisterii* {philosophischen Werk unseres Magisteriums} gesagt.

Es möchte aber Einer fragen, was die *Fraternitet* belanget, wo doch der Ort besagter *Fraternitet* sei, oder wo man der Brüder vom Rosen Creutz *Collegium* finden solle? Hierauf will ich Dir mit Wenigem Bericht tun; und wisse, daß die Brüder in ihrem Ausschreiben zu verstehen geben, wie Du auch selber lesen kannst, daß noch zur Zeit keine *incorporirte* Versammlung aller Rosen Creutzer an einem gewissen Ort angestellet und vorhanden sei. Betreffend das Collegium und seine *Ordinanten* {Vorsteher} wird dies die Zeit *produciren* {hervorbringen}. Ich will Dir was sagen: *Atrige aures, Pamphile* {spitze Deine Ohren, Freund} und bewege es wohl; und wenn Du es etwa nicht alles verstündest, so sei dennoch *modest* {bescheiden} und zufrieden bis zu seiner Zeit. Alsdann wird man nicht mehr in Sprichwörtern {dunklen Sprüchen} reden.

Ich kam einstmals in eine sehr tiefe Kluft, in eine sehr finstere Höhle: da sahe es sehr schrecklich aus, sodaß mich ein Grausen ankam und die Haare zu Berge stunden. Und es ergriff mich Einer bei der rechten Hand und führete mich an einen Felsen, in welchen gar tief eingehauen waren auf Latein die (verdeutscht) nachfolgenden Worte:

«Ich war jung an Jahren und eines mannhaften Herzens und war nicht verzagt, da ich im fünfzehenten Jahr meiner Mutter entwendet ward und meines Vaters Fürsorge verlassen mußte. Ich wagte es seltsam und passirte mit des Glückes Lauf durch sehr viel Unglück, welches oft Viele wundernahm in ihrer Mißgunst; und Etliche erstickten und zerbarsten, und ich ließ nicht ab und fuhr fort und durchzog viele Königreiche, Fürstentümer und Herrschaftsgebiete, und mancherlei Provinzen. Ich schlug mich gegen Aufgang, gegen Mittag, gegen Abend. Endlich wandte ich mich gegen Mitternacht.[202] Mit Gefahr wagte ich's und nahm es auch zu Wasser an, und es geschah, daß mich ein sehr kalter und rauher Nebel traf. Ich sah mich um, und die Sonne stach mich, daß ich kaum leben mochte, wegen des Streits, welchen des Nebels Kälte und der Sonne Hitze in meinem Geist hatten. Und ich sah mich um unter der Sonne, und siehe ich sah, daß zum Laufen nicht hülfe schnell zu sein; zum Kriege nicht hülfe, stark zu sein; zum Reichtum nicht hülfe, arbeitsam zu sein; daß, damit einer lieb und angenehm sei, es nicht hülfe, ein Ding gut zu können; sondern es ist Alles an der Zeit und am Glück gelegen[203]. Und ich wandte mich und war müde, und ich fragte die Vögel unter dem Himmel, wo der Ort wäre; und ich fand nicht, wo ich mein Haupt hinlegen sollte; und der Eine, welcher die Vorhöfe des großen Gottes Jupiter Tag und Nacht bewacht, der fuhr mit seiner scharfen Stimme in die Luft und zerschnitt dieselbe und schrie: ‹Laß dir an meiner Gnade genügen!›» –

Fontes tui deriventur foras, Dominus coram maneto. Hæc habe, et sub adjutorio altissimi & umbrā alarum ejus Valeamus. –
Dabatur in Belbosco. 1615, april. 24.d.
{Deine Quellen sollen hinausgelenkt werden; der Herr soll hier bleiben. Dies behalte; und mit dem Beistand des Höchsten und im Schatten seiner Flügel möge es uns wohlergehen. – Gegeben in Schönwald am 24. April 1615}

FINIS

Denen Wiedergeborenen und durch den heili-

gen Geist erneuerten Brüdern C.R. Friede in Freude, Segen und
Heil, durch Den der da war, ist und kommen soll.
P.P.P.

ir haben zwar vordem, (Oh ihr vornehmsten Lichter der
Welt) ein Jeder für sich ein besonderes Schreiben und
Antwort an Euch im öffentlichen Druck herausgebracht:
Weil wir aber dannzumal des wahren Öls, um damit die
Würdigen zu salben, ermangelten, sind wir nicht unziemlich von
Euch, gemäß der von Euch offenbarten Bedingung ganz gering-
schätzig geachtet worden. – Unterdessen aber, indem wir uns in
stetem tiefen Nachsinnen bemühet und gemartert, Weisen und Wege
zu erdenken und zu finden, wodurch wir Eurer auserwählten Gesellschaft würdiger und fähiger werden könnten, haben wir uns die H.
Schrift zu lesen und zu studieren, Eurer Confession Rat nach, Tag
und Nacht mit höchstem Fleiß angenommen. Weil wir aber den
rechten Lehrer und Führer, nämlich den H. Geist nicht zu Rate zogen, haben wir damals aus den toten Buchstaben einige Frucht zu
empfinden nicht vermocht. Bis es sich endlich aus sonderbarem
Versehen und Schickung Gottes zugetragen, daß uns etliche Brüder
eines gottgelehrten Mannes zuhanden gekommen, welche nicht
allein lehreten, daß der Baum des Todes – nämlich der Erkenntnis
des Guten und Bösen, das ist der Alte Adam – in uns sei, sondern
auch der andere des Lebens – das ist Christus[204]. Durch diese heil-
same Lehre gleich wie von einem lieblichen, frischen Regen be-
sprenget befeuchtiget und erquickt geworden, ist uns nicht Weniges aus Beidem – Eurer *Fama* und *Confession* sowie Eures Juliani de Campis, zugleich in Übereinstimmung des aller sinnreichsten
Gott- und Weltweisen Theophrasti – klar, hell und bekannt geworden, was uns zuvor ganz dunkel und unverständlich war. – Was
sollen wir sagen? Wir sind dadurch sozusagen aus uns selbst ge-

223

bracht worden und halten es für gewiß, daß wir durch den Vater des Lichts selbst angereizet und gezogen wurden. Deswegen haben wir mit bitteren Tränen und inbrünstigem Seufzen die begangenen Missetaten unseres vorigen Lebens betrauert, die Welt und unser eigenes Fleisch zorniglich verflucht und von ganzem Herzen nach der Wiedergeburt und Erneuerung durch den H. Geist ganz begiersehnlich geseufzet.

Indem wir aber die Schwachheit und Unvermögenheit unseres Verstandes und unserer Kräfte wohl erwogen, haben wir aus wohlbedachtem Rat Eure Hilfe in dieser unserer Antwort zu begehren und suchen einhelliglich beschlossen. Denn weil wir aus dem Sendbrief des Juliani de Campis gutermaßen unterrichtet sind, daß Danielis Schule zu Susa die wahren Fundamente und die rechte Wurzel der prophetischen Weissagung überlieferte und lehrte, können und wollen wir ganz und gar nicht zweifeln, daß gewisse unfehlbare Regeln, durch welcher Einhaltung wir Gott näher kommen mögen, bei Euch verborgen liegen. Deswegen, weil Ihr eben zu dem Zwecke von Gott dem Allmächtigen erwecket und versammlet seid, damit Ihr Beides – die Erkenntnis seines Sohnes und der Natur in die Nachkommen weit und breit pflanzen und fortsetzen [sollet], damit Ihr das Talent, so Euch vom Vater des Lichts verliehen ist, wohl anleget, und viel damit gewinnet, und dieser Eurer herrlicher Gaben Diejenigen, die Gott nicht verworfen und ausgeschlossen hat, teilhaftig machet, so haben wir in Euren uns zugeneigten Willen eine ganz große und vertrauensvolle Zuversicht. – Dies vorallem, weil wir keine Begierde noch Durst nach Eurem Gold und Silber tragen (wobei wir uns bedünken lassen, daß wir Entstehung und Weise von deren Materie aus natürlichem Ursprung wohl beobachtet haben) – noch die höchste Medizin der Welt (die von dort her zu präparieren ist) begehren.[205] Denn durch den Geist Gottes angetrieben trachten wir und tragen Begehren allein nach der Vollkommenheit, und wir sind deshalb bereit und willig, in guten und Gott angenehmen Werken und *Studiis* uns zu üben, und allem Müssiggang, mutwilliger und hoffährtiger Pracht und Lebensweise abzuschwören und [diese] zu hassen.

In Summa: wir begehren nichts Anderes von Euch, als Eure verborgene und mystische Gott-Weisheit: das ist die höchste und vollkommenste sowohl Gottes, seines göttlichen Wesens und Willens, als auch der göttlichen Geheimnisse, Werke, Prophezeihung und des wahren apostolischen Geistes, durch den Vater, den

Sohn und die Vermittlung des H. Geistes, welcher die Himmlischen erreget und unsern [Geist] auch erregen und bewegen wird – ja bereits angefangen hat, diesen lieblich zu bewegen, um Wissenschaft zu erlangen.

Nun werdet Ihr vielleicht sagen, es stehe Solches nit in Eurer Gewalt und Macht. Dies zwar bekennen wir selber und ist uns unverborgen, daß dieses alles an Gott allein gelegen sei (der das Was, Wann und Wieviel Er will einem Jeden verleihet und mitteilet). Dennoch werdet Ihr nicht leugnen, daß Euer Vater seligen Angedenkens {nämlich C.R.C.} und dessen Nachfolger gewisse Regeln, Richtschnüre und Wege, um Gott zu nahen hinterlassen und ebenso aus der Hand gegeben und anbefohlen haben. Es dünkt uns wohl, wir sehen und verstehen etwas; aber dennoch geschieht dies noch gar dunkel und gleichsam wie durch ein Gitter. Wenn aber hierzu Eure Lehre und Unterricht kommen werden, wollen wir ungescheut uns selber verlassen und meiden und den Werken Gottes (in untertäniger Demut und demütiger Untertänigkeit) Hand bieten. Und Alles was Ihr uns auferlegen werdet als zu einem christlichen Leben dienlich und ersprießlich, [wollen wir] tun und verrichten. Deshalben, wenn Ihr unserer Bitte stattgeben werdet, verheißen wir Euch aufs Größte und Höchste – Gott aber als dem Angel, Tür und Schlüssel des ganzen Werks ewigen Dank und Ehre. – Diesem allein Einzigen und Dreifaltigen sei Lob und Herrlichkeit von nun an bis in Ewigkeit – Amen.

Sigillum Triunitorum

Hermannus Bildtz

clavis sit penes authoris

Antwort/

Der Hochwürdigen vnd Hocher=
leuchten Brüderschafft deß Rosen=
Creutzes/ auff eglicher an sie er=
gangene schreiben/

Darinnen klar

vnd eygendlich angezeigt vnd berichtet
wird/ wie vnd welcher gestalt die jenigen so sich
zu derselben zubegeben willens/ sich zuverhal=
ten/ vnd durch was Weg vnd Mittel
sie darzu kommen vnd gelan=
gen mögen.

Sampt einer warhafftigen Histori/so
sich in der Käyserlichen Reich Stadt Wetzslar
zugetragen. Erstlich in Lateinischer Sprach
beschrieben/ Durch D. Georgium Mol-
therum, Jetzo aber ver=
deudscht.

Gedruckt Im Jahr/ 1617.

Eines der Titelblätter zum mehrfach, in nur in (nicht unwichtigen) Feinheiten von
einander abweichenden Versionen (auch bei Sam. Richter, vgl. S. 241) gedruckten
und daher sehr bekannten Sendschreiben von E.D.F.O.C.R. Sen. – Es ist nicht ganz
eindeutig, ob nur die etwas lange aber kuriose ‹Histori› von G. Molter stamme,
oder auch dieses schon auf S. 44 (Frankfurt 1615) angezeigte Sendschreiben.

Ein anderes Titelblatt zum Sendschreiben von E.D.F.O.C.R.Sen., das zugleich eine Antwort zum vorhergehenden Schreiben darstellt.

in Jeder begehret von Natur große güldene und silberne Schätze, edle Steine und Reichtum zu haben und vor der Welt groß und hoch zu sein. Gott hat auch alles Dieses darum geschaffen, daß der Mensch es gebrauchen, ein Herr darüber sein, seine göttliche Allmacht und Güte dabei erkennen, loben, ehren und Ihm dafür danken solle. Es will aber Jeder dieselben nur bei guten Tagen, ohne Mühe, Gefahr und Arbeit zuwege bringen; und da, wo Gott solches [hin]gelegt hat und dasselbe auch gesucht haben und geben will, will niemand nachgraben, suchen und finden, deswegen daß zum Teil seit langer Zeit der Ort und Weg dazu unbekannt ist und dem Meisten Haufen verborgen wurde. Denn das Darzukommen ist schwer und mühsam und dazu auch gefährlich, aber doch es zu erlangen nicht unmöglich. Wenn aber Gott von seinem großen Haufen {an Schätzen} nichts verborgen haben will, sondern in diesem letzten *Sæculo*, und ehe das Letzte Gericht anbricht, den Würdigen offenbart werden muß – wie Christus selber sagt (jedoch sehr dunkel, damit es die Unwürdigen nicht verstehen mögen), da er spricht: «Es muß nichts verborgen bleiben» – so sind wir vom Geist Gottes angetrieben, diesen des Herren Willen in der Welt zu verkündigen, wie den auch in unterschiedlichen Sprachen solches von uns versendet und bekanntgemacht [worden ist]. – Aber es will von dem großen Haufen entweder übel aufgenommen, oder gar verachtet, und ohne Gott bei uns gesuchet und begehret werden; denn sie vermeinen, man solle sie die Kunst, das Gold auf alchymische Weise kochen lehren, oder ihnen nur ja bald mit großen Schätzen, wie sehr sie die zu ihrer Pracht, Hoffart, Krieg, Fressen, Saufen, Unzucht oder anderen Sünden begehren, entgegenlaufen und von dem Unseren mitteilen. Dabei haben sie doch an den zehn Jungfrauen – wo die fünf törichten von den fünf klugen Oel forderten – ein Beispiel, daß es auf einem ganz anderen Weg und durch eines Jeden eigene Bemühung durch und in Gott muß erlanget werden: Wie wir denn solcher Gesellen Gemüt aus besonderer göttlicher Revelation auch aus ihren Schriften bald erkennen, und deswegen unsere Ohren wie mit einer Wolke (gegen ihr Gieren und Schreien allein nach vergänglichem Gold) bedecken und sie vergebens rufen lassen. Daher werden soviel Schand- und Schmähreden über uns gehört, daß es nicht zu sagen ist. Gott aber wird zu seiner Zeit schon abrechnen.

Nachdem wir aber Euer Beider Fleiß und Ernst, den Ihr in der Erkenntnis Gottes und beim Lesen der Heiligen Biblia angewendet habt, schon lange, jedoch vor Euch verborgen, wohl gewußt haben und auch aus Eurem *scripto* solches erkennen, so haben wir Euch vor vielen Tausend [Anderen] auch einer Antwort würdigen müssen, und vermelden Euch mit göttlicher Erlaubnis und des H. Geistes Ermahnen dieses:

Es liegt *in medio terræ* oder in *Centro* der Welt ein Berg, der ist klein und groß, er ist lind und weich, und auch überaus felsig und hart, er ist einem Jeglichen nahe, aber aus göttlichem Rat unsichtbar. In diesem liegen die größesten Schätze, die die ganze Welt nicht vermag zu bezahlen, verborgen. Er ist aber aus Neid des Teufels, der allezeit Gottes Ehre und des Menschen Glückseligkeit verhindert, mit vielen grimmigen Tieren und räuberischen Vögeln umringt und verwahret, welche den Weg, dazu sehr schwer und gefährlich machen; daher bisher, weil die Zeit noch nicht da war, derselbe weder gesucht noch gefunden werden konnte, jetzt aber von den Würdigen, wiewohl durch eines Jeden selbsteigene Mühe und Fleiß, gefunden werden muß.

Zu diesem Berg gehet ihr in einer Nacht, wenn diese am längsten und dunkelsten ist, und macht euch dazu durch ein andächtiges Gebet von Herzen geschickt und fertig {geeignet und bereit}. Fraget nach dem Weg, wo der Berg zu finden und anzutreffen sei, keinen Menschen, sondern folget getrost dem *Ductori* {Führer}, der sich bei euch befinden und auf dem Weg zu euch stoßen wird, aber ihr ihn nicht kennen werdet: Der wird euch um Mitternacht, und wenn alles still und finster ist, darzu bringen. Aber ihr müßt euch mit einem Helden- und mannlichen Mut gefaßt machen, damit ihr vor dem, der euch begegnet, nicht erschrecket noch zurück weichet. Jedoch bedürfet ihr dazu keines leiblichen Schwertes oder anderer Waffen, sondern betet nur stets und andächtig zu Gott und sprechet die Worte stets nach, die Er euch vorsaget.

Wenn ihr den Berg nun erblicket, so ist das erste Wunderzeichen, das geschehen wird: ein gewaltiger großer Wind, der den Berg sehr zerreißen, und zerbrechen wird. Es werden auch Löwen, Drachen und andere abscheuliche Tiere sich gegen euch grausamlich und greulich stellen. Aber fürchtet euch nicht, stehet fest, begehret und sehet auch nicht zurück, denn euer Weiser, der euch dahin geführet hat, wird euch kein Leid widerfahren lassen. Aber der Schatz ist noch nicht entdecket, obzwar er gar nahe ist.

Bald auf den Wind wird folgen ein großes Erdbeben, welches vollends das, was durch den Wind übrig gelassen ist, eben machen wird. Aber sehet ja nicht zurück. Nach dem Erdbeben wird folgen ein heftiges Feuer, welches alle irdischen Materien vollends verzehren und den Schatz entblößen wird. Ihr werdet ihn aber noch nicht sehen können. Aber nach diesem Allem und nahe gegen den Morgen wird es ganz still und lieblich werden, und ihr werdet bald den Morgenstern in die Höhe steigen, und die Morgenröte anbrechen sehen {vgl. Anm. 146 etc.} und des großen Schatzes gewahr werden. Dabei ist das Vornehmste und Höheste eine sehr hohe *Tinctur*, womit die ganze Welt (wofern es möglich und Gott gefällig – und sie {die Welt} dessen auch würdig wäre) könnte *tingirt* und in das höchste Gold verwandelt werden. Diese *Tinctur* stets so gebraucht, wie es Euch der Wegweiser lehren wird, machet euch wieder gesund und jung, also daß ihr an keinem Gliedmaße irgend eine Krankheit mehr empfinden werdet.[206]

Bei dieser *Tinctur* findet ihr alle Edelgesteine, die auf der Welt zu erdenken sind. Aber Ihr sollt gleichwohl davon selbst nichts nehmen; sondern mit dem zufrieden sein, was euch der Wegweiser davon mitteilet. Ihr müsset aber allezeit großen Dank dafür sagen und großen Fleiß haben, daß ihr damit vor der Welt nicht pranget, noch zu solchem anwendet, wo es Gott zuwider wäre, sondern es gut gebrauchet, und es so besitzet, als hättet ihrs nicht. Auch [Euch] mäßig und eingezogen halten, und Euch vor allen Sünden aufs Höchst-mögliche hüten: Sonst wird euer Bruder und Geleitsmann, sich von euch wenden, und werdet ihr dieser Glückseligkeit wieder beraubt werden. Denn dies wisset zur guten weitern Ermahnung {wörtlich: *Nachrichtung*}: Wer dies mißbrauchet und vor der Welt nicht *exemplarisch* und vor Gott rein lebet, der verlieret es und hat wenig Hoffnung, es wieder zu erlangen.

Wenn ihr euch nun zu diesem Weg gefaßt machet und einen starken Antrieb dazu findet, so machet euch auf und verziehet es nit; und es wird sich der, der Euch zu führen von uns erbeten und zugeordnet werden soll, unterwegs zu euch finden. Dem müsset ihr ein Gelöbnis tun, so wie er Euch lehren wird, bei der Fraternitet Euch zu erhalten und fest zu beharren, dieselbe keinem Unwürdigen ohne eures *Ductoris* Bewilligung zu entdecken und ihm aller Wege getreulich nachzufolgen; auch das zu tun, was er euch lehrt und sagt, und [davon] weder zur Rechten noch zur Linken abweichen, sondern euch in Allem nach ihm richten: Das sollet und müsset ihr versuchen, denn euer Gebet und sehnliches Verlangen zu Gott ist erhöret, und dieses Schatzes teilhaftig zu sein seid ihr und Euresgleichen gewürdiget. Seid freudig, getrost und überaus sorgfältig. Verlasset euch nicht auf euch selbst, sondern auf euren Führer, und haltet euch unsträflich gegen ihn – denn er ist eine würdige Person – und tut nichts ohne ihn und seinen Willen und sein Wissen, denn er wird euch, wann immer ihr es begehret, zur Seite stehen und nicht verlassen, und wo unser *Convent* anzutreffen sei, treulich berichten; auch von unserer Ordnung und Satzungen, welche euch zu halten gebühret, Unterricht geben, euch auch begleiten, bis die Zeit Alles vollends offenbaret, der Löwe das Reich einnehmen und den Lauf der Welt enden wird. Oh glückselige, würdige und geliebte Brüder in unserem einigen Sinn! Danket Gott Tag und Nacht für Seine Gnade. Seid nicht sicher, und ehret euren Ductorem und Dictatorem, und folget ihm [in Allem,] was er euch lehren wird und wir Euch nicht schreiben können, und bedenket worzu ihr kommet, daß Er nicht betrübet werde, sich von euch wende und uns von Euch ein bös Geschrey zubringe. – Gott erhalte euch.

ꝯ

E.D.F.O.C.R.Sen.[207],[208]

*

231

Interessante Titelseite zum berühmten Werk von Daniel Möglin: Templer-Kreuz
und Hochseeschiff verweisen auf die Kreuzfahrten in den Orient als Quell der westlichen RC-Tradition; der Kranz mit Rosen für *Pan* (ΠΑΝ) auf die Verbundenheit
mit den *Antiken*, der andere auf die *Jungen Mysterien*, der Delphin und der Baum-
stumpf aufs Große Werk, die *Physiologia* aufs ORA, die *Thedologia* auf die Naturwissenschaften und das LABORA, samt Kriegshandwerk. – Am Kopf der Tafel eine
weitere Allegorie für *«Ora et labora»* – begleitet von Alchemie und Geometrie, und
dominiert durch das *magische Quadrat* aus dem Tetragramma יהוה (Tetraktys).

Erstes Kapitel *[des Speculum Rhodostauroticum]:* *Kurze aber gründtliche Beschreibung des* Collegii *der von Gott hocherleuchten* Fraternitet *vom RosenCreutz*

ir ist nicht unwissend, treuherziger Leser, mit wie großem Appetit – doch mehrenteils vergeblicher Hoffnung – nach dem Collegium, Aufenthalt und Wohnhaus der so weit[herum] beschrieenen {eifrig diskutierten} RosenCreutzerischen Bruderschaft von Personen hohen und niederen Stands ist [gesucht] worden, indem schier kein Tag zu Frankfurt, Leipzig und anderen bekannten Orten – besonders aber in der Stadt Prag – vergehen kann, an dem nicht 10, 12, ja sogar 20 oder mehr verschiedene Personen bei Kunsthändlern, Buchverkäufern, Kupferstechern etc., in der Meinung, sich solcher Sachen vermeintlich etwas besser kundig zu machen, ansuchen. Ich will jetzt nicht von besonderen Personen hoher Autorität reden, welche besagtes Collegium mit Ernst und Eifer suchen, und durch *falsarios quosdam fratres* {gewisse vorgebliche Brüder} dermaßen betrogen und hinters Licht geführt werden, daß man dergleichen besser verschweigt, als es zu Spott und Nachteil solcher Personen öffentlich abzudrucken. Solchem Übel und hieraus entstehendem fernerem Unglück nun vorzubeugen, habe ich bei mir endlich beschlossen, das oft genannte *Collegium* und dessen *Statuta* in etlichen unterschiedlichen Sprachen aller Welt öffentlich und fein vor Augen zu stellen und dem daraus folgenden schrecklichen *errorem* {Irrtum} hoffentlich zuvor zu kommen. –

Wisse deshalb, die Kunst und Gott liebender Bruder, daß, obwohl laut Ausschreibung der Brüder die *incorporirte* {körperschaftlich organisierte} Versammlung der RosenCreutzer derzeit noch an keinem bestimmten Ort stattfindet, ein treuherziger, frommer und treuherziger Mensch dennoch leichtlich und ohne große Mühe mit einem derartigen *fratre* {Bruder} kann ins Gespräch kommen. – Ein frommer und aufrechter, sage ich; nicht aber ein großer und hochtrabender *Thraso* {römischer Patrizier}, goldbegieriger *Ardelino* {?} oder weltweiser *Autophilus* {ein sich selbst Liebender}. Fragst du nun: «Wie soll ich darzu kommen?» – *Attende* {paß auf}, was in seiner Epistel Julianus de Campis sagt: *«Ich durchzog viele Königreiche,*

Fürstentümer, Herrschaftsgebiete und Provinzen. Ich schlug mich gegen Aufgang, gegen Mittag, gegen Abend. Endlich wandte ich mich gegen Mitternacht.» – Diese Worte werden dir das *Collegium* deutlich genug *expliciren* {erkären}, und es hülfe [dir] wenig, wenn du alle Reichs- und Seestädte durchlaufen würdest, *si recipi non dignus* {wenn Du nicht würdig bist, aufgenommen zu werden}. Sieh dir meine Abbildung an: *Serpentarius & Cygnus* {Schlangenträger und Schwan} haben Dir vor 13 Jahren {wirklich 1604} den Weg gewiesen ad *Spiritum Sanctum* {zum [Haus] *Sancti Spiritūs*, und den Brüdern das gebenedeyete *videamini* {«laßt euch sehen!»} zugerufen! Was hilft's aber? – Kommst Du mit ungewaschenen Händen und geldbegierigem Gemüt, so hilft Dir so Läuten wie Blasen wenig; und ob Du gleich die Pforten vor Dir siehst offenstehen, darfst Du doch nicht hinein, weil Dein Name daselbst nicht angeschrieben ist, denn es heißt: *Venite digni: Tu autem indignus.* – *Christophilus esse debes, sed Chrysophilus es* {kommt her, die Ihr würdig seid: Du aber bist unwürdig. – Du mußt ein Gottesfreund sein; doch bist Du ein Goldesfreund}. Derentwegen denkt die *Fraternität Ductore Iehovah* {indem Jehova ihr Führer ist}, anstatt einer Antwort, bei sich selber: *Moveamur?* – und auch: *Moveamini!* {*Sollen wir uns bewegen lassen?* – und auch: *Geht weg!* (lateinisches Wortspiel)} –

Das ist eine böse Botschaft. Geschieht dies, so wirst Du gewiß entweder unter dem *Collegio* hingehen {daran vorbeigehen} – oder, da Du ja damit nicht wolltest *content* {zufrieden} sein, und höher steigen wider allen Willen, endlich das *pœnitere* {tut Buße!} mit Schmerzen singen. Deswegen: *festina lente* {eile mit Weile}! – *Ora, labora, spera* {Bete, arbeite, hoffe}! – *Si Deo placet, per multa discrimina tandem* {so es Gott gefällt, [wirst Du] durch viele widrige Dinge hindurch endlich [es erreichen]: Du siehst das *Collegium* hangen in freier Luft, wo Gott will: der kann es *dirigiren* {lenken}. Es ist beweglich und unbeweglich, beständig und unbeständig, verläßt sich auf seine *Alas* {Flügel [Jehovahs]}und *Rotas*; und ob gleich mit lieblichen Posaunen die *Fratres* das *venite* {kommt her!} rufen, steht da doch Julianus de Campis mit dem Schwert: Dessen *examini* {Prüfung} mußt Du Dich *subiicieren* {unterwerfen}; – deswegen: *cave* {gib Acht!}: Bestehest Du nicht und hast ein bös Gewissen, so hilft Dir weder Brücke noch Seil. Steigst Du hoch, so fällst Du hoch und mußt in *puteo erroris* {im Verlies des Irrtums} sterben und verderben.[209] – Folge mir und imitier die Vögel, die in meiner Figur in der freien Luft fliegen, und tue gemach: *Non est periculum in mora – maius in festinatione* {Nicht im Verweilen ist Gefahr – sondern viel mehr in der Beeilung}. Laß die Taube aus Deiner Arche fliegen und das Land erkunden: Geschieht's, daß sie Dir einen Oelzweig bringt, so sei gewiß, daß Gott Dir hat geholfen. Du aber sollst den Armen wiederum helfen. –

Bleibet sie aber aus ohne Wahrzeichen, so gehe in Dein Gewürzgärtlein und speise Dich unterdes mit dem holdseligen Kräutlein *patientia* {Geduld} (sofern es auch in Deinem Garten gepflanzt worden ist). Hüte Dich aber, so lieb Dir Deine eigene Seele ist, vor dem Unkraut *desperationis* {Verzweiflung}, obgleich Julianus [de Campis] sagt: *Qui hodie non est, cras minus aptus erit* {wer es heute nicht ist, wird morgen noch weniger geeignet sein}; ist doch jenes von denen hoffährtigen Köpfen zu verstehen, welche wider Gottes und der Natur Geheiß, *ut-ut iacta cadat alea* {wie immer der geworfene Würfel auch falle} mit Gewalt zur Weisheit einbrechen wollen: Diese, sage ich, laufen an einen Stock[210].

Du aber *qui non aptus es iam, fac fias aliquando* {der Du noch nicht geeignet bist, mach, daß Du es irgendwann werdest}; es ist noch nicht aller Tage Abend, *et superveniet quæ non sperabitur hora* {und es wird kommen die Stunde, wann sie nicht erwartet werden wird}. Tu Du allein (wie der oft erwähnte *Campanus* {J. de Campis} spricht) das Deine dabei, so wirst Du schon zu seiner Zeit von dem *diluvio ignorantiæ* {Überflutung durch die Unwissenheit} erlöst werden.

Da ist ein Bau, ein großer Bau, *carens fenestris et foribus* {ohne Fenster noch Türen}; – ein fürstlicher, ja kaiserlicher Palast, allenthalben sichtbar, und doch vor den Augen der Menschen verborgen; geziert mit allerhand göttlichen und naturvermöglichen Dingen, deren genugsame Betrachtung in *theoria* und *praxi* ohne besondere *remuneration* oder Kosten Jeglichem vergönnet ist, doch von Wenigen in Acht genommen wird. Denn das Gebäude scheint für das Gemüt des neugierigen, unbedachten Pöbels unschön, gering, alt und bekannt. Für sich selber aber ist es so köstlich, so zierlich und wunderbar aufgeführt, daß keine Kunst, keine Wissenschaft, kein Reichtum, Gold, Edelgestein, Geld, Gut und Ehre, Autorität und *Reputation* auf der ganzen Welt mag genannt werden, welche nicht in obgedachtem Palast *in summo gradu* {im höchsten Grad} [vorhanden wäre].

Es ist aber selbiger [Palast] von Gott und von der Natur dermaßen befestiget und vor der Gewalt der Unverständigen bewahrt, daß, ob auch gleich alle Kartaunen, Feldstück, Pöller und Petarden {jegliches zu jener Zeit eingesetzte schwere Geschütz} und dergleichen neu erdachte martialische Instrumente, mit möglichster Gewalt dagegen gerichtet, alle menschliche Mühe und Arbeit würde umsonst und vergebens sein. Dieses nun ist das *Collegium ad S.S.* {zum Heiligen Geist genannt} der RosenCreutzer Bruderschaft; – dieses sind die königlichen, ja, mehr als kaiserlichen Paläste, wovon die *Fratres* in ihrer *Fama* wohlmeinend Bericht tun; – hierinnen sind verborgen die unaussprechlichen kostbaren Schätze und Reichtümer; – *ibidem satis luculenter adumbriert* {hier [sind sie] sehr stattlich dargestellt}.

Oh wie mancher Mensch gehet unwissend und ohne Verstand aus {durch} alle Gemächer, alle geheimen und verborgenen Orte dieses Palasts, und siehet oder verstehet doch weniger als ein Blinder, oder (wie man im Sprichwort pflegt zu sagen) wie ein Esel auf einer Sackpfeife {Dudelsack}; und die Ursache ist die, daß nicht jeder gebührendermaßen *præparirt* {zubereitet} und würdig gemacht [ist]. – Wer Ohren hat, zu hören der höre! Es ist nicht möglich, verständlicher zu reden; aber möglich ist's, und leider mehr als gebräuchlich, den Sinn der Worte böswillig zu verkehren. Unterstehst Du Dich dessen, so geschehe es zu Deinem Schaden! Ich bekenne Dir bei meiner Seele Seligkeit, daß, was ich hier innen berichte und schreibe, nicht in boshafter oder betrüglicher Meinung geschieht, sondern aus treuem, wohlmeinendem brüderlichem Herzen!

Unlängst geschah es, daß ich in einer vornehmen kaiserlichen Reichsstadt von einer vornehmen Person vernahm und deren freventliches *Iudicium* {Urteil} über das Schreiben der Fraternität nit ohne merklichen Verdruß meiner Person anhörte: Wie nämlich hiervon nichts [Mehres] zu halten sei, als von einem philosophischen Schwank {wörtlich: Aufzug} und buchdruckerischen *Figment* {Erdichtung} dessen größte *utilitas et fructus penes bibliopolas* {Nutzen und Frucht bei den Buchverlegern} sei. So sehe man auch daß augenscheinlich, gleich wie diese *Societas* gählings entdeckt wurde, sie auch ebenso unversehens wieder verschwinde. Man sehe und höre schon schier nichts mehr davon, nachdem die Leute gleichsam wie am Ersten April genug genarrt worden seien.

Oh unverständiger Mensch! – *Phy tibi tuisque* {pfui über Dich und Deinesgleichen}! Meinst Du, die *Fratres* haben nichts Anderes zu tun, als Dich und Deinesgleichen alleweil mit Bitten und Supplications-Schreiben zu rufen? Nein, willst Du auf etliche ergangene Gunstzeichen dich nicht selbst *præpariren* und einstellen, so laß es underwegen; *usus penes te esto* {der Nutzen [daraus] sei Deine Sache}. Ich sage Dir in der Wahrheit: Ist die Bruderschaft einmal in *esse* und *crescere* {Dasein und Wachstum} gewesen, so ist's jetzunder: Es gibt der gutmeinenden *Collegarum* {Mitglieder des Collegiums} (Gott Lob) eine solche Anzahl, daß man Deiner und dergleichen *Calumnianten* {Verleumder} hierzu gar nicht bedarf. Bleib nur hinter dem Ofen, sonst möchte Dir die spitzfindige *Philosophia* Deinen hohen Verstand zerbrechen, wovon Du ohnedies nicht mehr hältst, als vom Eulenspiegel[211], Rollwagen[212] und gemeinen Liederbüchlein[213] und dergleichen schandbaren Erdichtungen, deren einziger Nutzen die Einträglichkeit für Buchhändler ist. Es ist zwar nicht unwahr, daß Alle und Jede, die bis heute mit der Brüder Schriften gehandelt haben (wie sie selber bekennen müssen), geringen Schaden {also guten Nutzen} davon gehabt haben; doch dies verringert ihre angeborene eigentliche und essentialische Autorität um gar nichts, sondern geschieht nur so nebenher; und es ist darunter ein anderer Nutzen verborgen, als was solche grobe, ungehobelte Köpfe fassen und *percipiren* {wahrnehmen} können oder mögen. – Aber ich gehe zu weit …

Das *Collegium* betreffend weiß ich sonst nichts, als: Sieh Dich um, bitt Gott fein fleißig: Du wirst es gewiß finden. Die *Fratres* sind näher bei Dir als Du meinst, Du seiest gleich wie, wer oder wo Du wollest: gut oder bös, hoch oder niedrig, arm oder reich, nahe oder fern – und sind deshalb doch keine *Ubiquitisten*[112-A], noch Teufelskünstler – sondern *Theosophi.* –

Ich bitte Dich um Deines eigenen Heils und Nutzens willen: folge [ihnen] nur; es wird Dich nicht gereuen; – und dieses ist, was ich mit kurzen Worten von dem *Collegio* habe wollen öffentlich machen, zu Nutz und Frommen vieler *aberrierender* {verirrter} Personen. – Auch will ich schließlich dieselben hoch und herzlich gebeten haben, sie möchten doch ihr vergebliches Suchen und Nachforschen einstellen; denn: Sind sie es wert, so werden die *Fratres* sie nicht verlassen; sind sie es aber nicht wert, so hilft, wie schon gesagt, weder Blasen noch Läuten, weder Klopfen noch Schreien, weder Schreiben noch Reißen {Zeichnen}, es muß so sein.

Zudem ist es nicht notwendig, daß Du Dich in große Gefahr begibst: Das muß ein geringer Ort sein, wo nicht innert 4 Wochen ein *Frater* gewesen ist (betrachte meine *Rotam* in der Figur). – Derselbige *Frater* weiß und erkennt die Gedanken besser, als Du ihm anzeigen magst. Deshalben sei nur ruhig, still, hoff auf Gott, bitte ihn ohne Unterlaß, höre und lies fleißig sein Wort, und betracht's von Herzen. – Von Herzen, sage ich. – Geh in Dich selber, setz alle weltlichen Dinge hintan; betrachte die alten theologischen 2 *Opuscula* {Werklein} des Thomas a Kempis, vor anderthalb 100 Jahren geschrieben, und folge ihnen nach: Du hast darinnen die ganze Kunst so stattlich und schön, daß es wohl wert wäre, sie in Silber, Gold und Edelgestein einzuheften und als den allerhöchsten Schatz zu bewahren[214].

Kannst und tust Du das, so bist Du schon mehr als ein halber RosenCreutzer, und es werden sich die *Magnalia macro-* und *microcosmica* {die makro- und mikrokosmischen Wunder} bald einfinden. Ich will Dich auch vergewissern, daß in der Gestalt bald ein Bruder sich einstellen wird. Es scheint [nun] wunderlich unglaublich, aber ich bitte Dich: Hast Du Deiner Seele Seligkeit lieb, so folge mehr den zwei genannten mehr als kostbaren Büchlein so viel Du kannst, und trachte nebenbei mit fleißigem Studieren nach dem *Parergon*: Ich will Dich versichern, Du wirst die Kunst und *Collegium* finden.[215] – Und dieses ist der einzige Weg; sonst hilft kein Suchen dieses Palasts; denn da ist keiner – und ist doch einer, *in quantitate discreta, non continua* {in unscheinbarer, nicht gleichbleibender Menge}!

Such nicht – vergebens ist Deine Müh',
Merk nur auf was ich Dir berichte hie:
Tust Du und folgst der Lehre mein,
Wird bald ein Frater bei Dir sein.
Schreib [uns] nicht, Du habest Dich denn probirt
Und mit Beten als Schüler wohl präparirt.

Nachbemerkung des Herausgebers zum 1. Kapitel des
Speculum Sophicum Rhodostauroticum

Es mag unbefriedigend erscheinen, wenn hier – als Abschluß der Gesamtheit der Manifeste und der öffentlichen Briefe, die sie hervorgerufen haben – noch dieses einzelne Kapitel wie ein Säulenstumpf dasteht. Es hätte nun weder diesem noch jenem Werk gedient, das ganze *Speculum Sophicum* hier einzufügen; doch ist dieses *erste Kapitel* mit seinen Bezügen zum davor abgedruckten Text von Julianus de Campis geeignet, das ganze gegenwärtige Buch besser verständlich zu machen und abzurunden: Es erwähnt nämlich Alles, was zum geistigen Evolutions-Weg gehört und faßt die wichtigsten Gedanken von *Fama, Confessio* und den *Sendschreiben* zusammen – wenn auch in einer etwas anderen Sprache.

Was daraus besonders betont zu werden verdient, ist die Tatsache, daß weniger der Sucher seinen Weg findet, als der Weg den Sucher – dann, wenn dieser dafür bereit ist, wiewohl er glaubt, selbst der Finder zu sein: Es gehe darum, sagt der Autor, seinen Eigenwillen und Alles was zur gewöhnlichen Welt gehört *«hintan zu stellen».* – Das bedeutet: auf seine *Selbstzufriedenheit* (Möglin nennt es *Sicherheit*) – oder seine Eigenliebe (Möglin nennt sie *Philautie*) zu verzichten – und also *Dem Weg* ganz die Priorität zu überlassen im Sinne der bekannten Worte: *«Herr, was willst Du, daß ich tue?* –

Damit ist angezeigt, daß am Beginn, in der Mitte und am Ende dieses universalen Wegs als ein immer besser verstandener und gelebter Begriff (von *«begreifen»*) steht: Die Demut!

Damit doch die RC-Bruderschaft das letzte Wort haben solle, folgt als Schlußwort zum gegenwärtigen Buch nun noch das «Zweite Antwortschreiben aus dem Buch *Wasserstein der Weisen* und *Via Veritatis* von ‹Sincerus Renatus› {Samuel Richter } – weil hier außer dem rein alchemistischen Aspekt auch noch die Komponente der *Gnostischen Magie* enthalten ist – einer Magie, die – frei von Eigenwillen und ganz ‹überpersönlich›, d.h. ‹ich-los› ans Licht der Lichter gewandt – direkt ‹vor den Thron des Allerhöchsten› zu gelangen vermag.

Secunda Responsio der F.R.C. an ihro Zugethanen

Ich trete in die sieben Kreise des Himmels, erfasse mit meinen Gedanken den obersten, und stehe mit meinen Füßen auf dem untersten Kreis. **II.** Wenn mir der Mondschein die Augen verblendet, ich darüber strauchle oder falle und ein Bein breche, so mache ich mir eine Stelze[216] und gehe langsam: das ist meinem innerlichen Salz ein Balsam, welcher mich wiederum heilet. Aber wenn ich schwitze, so gehet ein liebliches Wasser aus meinen Poris, wie Milch und Honig. Alsdann verbrenne ich meine Stelze zu lauter Asche. Wenn die Asche glüht ohne Rauch, dann gibt des Königs Fontaine Gold-Flammen von sich, und alsdann fallen Drei in die Fontaine, und erwecken eine Finsternis der Welt, die der Mondschein wieder durchbricht, und hell wird.

III. Die Nacht ist vergangen, die Sonne gibt ihren Schein, die Tage des HERRN nahen herbei, der Himmel wird lauter Feuer, und zündet die ganze Welt an.

IV. Alle die Elemente zerschmelzen, und es wird ein neuer Himmel und eine neue Erde geboren.

V. In diesen kurzen Worten ist der Schatz der Welt umfaßt, womit euer Verlangen erfüllet wird.

VI. Dies hat unsere Bruderschaft ohne alles Entgelt euch mitgeteilt. – Aber stellt euch auf Christ-Tag bei St. Peter wieder in unsern Orden ein, so wird euch das B.T. auch folgen.[217]

E N D E

Pfalm XVIII. v. 29

HERR du erleuchteſt meine Leuchte, Der Herr mein Gott machet meine finſternus Licht.

Frontispiz zu: Sincerus Renatus, alias Samuel Richter, *Wasserstein der Weisen* (E.A. Frankfurt 1658, Lucas Jennis 1709/1710). Neue Ausg. Frankfurt, 1760, wo es heißt:
… Im Anhang: noch dabey gefüget zwey Responsa von den F.R.C., so an etliche ihro Zugethanen abgefertiget. – Die erste ist jene von C.H.C. (siehe S. 199); die zweite steht hier als Schlußtext zum vorliegenden Buch.

241

ANMERKUNGEN

Abb. zu Anm. 24: Fortunatus

Abb. zu Anm. 65: (Donum Dei,
Straßburg ca. 1475)

Abb. zu Anm. 94: Zinke

Abb. zu Anm. 108: *Venus-Jagd* (1602)

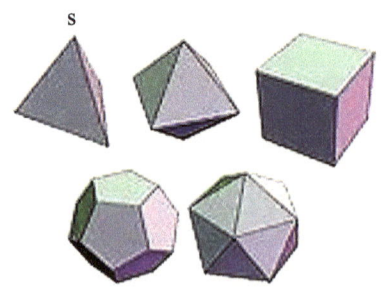

Abb. zu Anm. 115: Platonische Körper

Abb. zu Anm. 123; Alembic

[1] Vgl. P. Martin, *Logen, Orden und das Rosenkreuz – Das Rosenkreuzertum in Logen, Orden und initiatischen Gesellschaften seit Beginn des 16. Jahrhunderts*. – Basel, Edition Oriflamme, 2014. – Stark illustriert.

[1-A] *«Die Glorie von Allem ist Gott. [Er ist] die Göttlichkeit [alles] Göttlichen, der universelle Anfang; Gott, Geist, Wesen, Tat, Schicksal, Ende und Erneuerung von Allem»* – so heißt es in der *Heiligen Rede des Hermes* (Corpus Hermeticum Lateinisch und Deutsch, mit dem lat. Text von Marsilio Ficino (Zweitdruck von 1503). – Basel, Edition Oriflamme, 2015).

[2] VERZEICHNIS ZUR HERMETISCHEN, ALCHEMISTISCHEN UND RC-LITERATUR:
– Ausstellungskatalog: *J.V. Andreæ 1586-1986 – Die Manifeste der RC-Bruderschaft*. – Amsterdam, BPH, 1986.
– Ausstellungskatalog: *Cimelia Rhodostaurotica – Die Rosenkreuzer im Spiegel der zwischen 1610 und 1660 entstandenen Handschriften und Drucke*. – Wolfenbüttel und Amsterdam: Verlag In de Pelikaan, 1995.
– Ausstellungskatalog: *Kabbale et Philosophie Hermétique* (Carcassonne, 1991). – Amsterdam, BPH, 1991.
– Ausstellungskatalog: *Die hermetische Gnosis* (mehrere Sprachen). – Amsterdam, BPH, 1991
– Ausstellungskatalog: *De roep van het Rozenkruis: 400 Jahre Rosenkreuz*. Haarlem, 1998. – Deutsch: Stiftung Rosenkreuz, D-Birnbach, 2016.
– Ausstellungskatalog: *Marsilio Ficino e il Ritorno di Ermete Trismegisto – The return of Hermes Trismegistos* (Ital. u. Engl.). – Florenz, 1999, 328 Ss.
– Ausstellungskatalog: *Magia, Alchimia, Scienza dal '400 al '700 – L'influsso di Ermete Trismegisto – Magic, Alchemy and Science* 15-th – 18-th Centuries (d.h. von 1400 bis 1800). – Venedig, 2002; – 2 reich illustrierte Bände in-A4 (Ital. u. Engl.). – Bd. I: 588 Ss., Bd. II: 336 Ss.
– Ausstellungskatalog: *Hermetisch open – Hermetisch offen. Ein* Führer durch die BPH,. – Amsterdam, BPH, 2006 (in mehreren Sprachen).
– Monographie: *Hermes oder Luther? – Der philosophische Hintergrund von Johannes Arndts Frühschrift: De antiqua Philsophia ... etc.* (s.a.s.l.)
– Monographie: *Göttliche Weisheit – göttliche Natur: Die Botschaft der Rosenkreuzer-Manifeste in der Bildsprache des 17. Jh.* – Amsterdam, 2014 (in mehreren Sprachen erschienen.).
(Hunderte von Titeln sind den angegebenen Publikationen zu entnehmen)

ANMERKUNGEN ZUR FAMA FRATERNITATIS

[3] *vertrübet – trübt, trüb erscheinen läßt.*

[4] Es fehlt die Satzhälfte mit der passenden Aussage zu *«Nachdem ... »*. – Fürs heutige Deutsch würde es genügen, das Nachfolgende direkt anzubinden mit *« ... ist dennoch hiermit ... wenig gedienet und des Lästerns und Lachens immer mehr. – Und auch bei den Gelehrten ist ... »*

[5] ... d.h. bei veralteten, abgedroschenen Schriften, Dogmen und Meinungen, wie heutzutage auch – z.B. bezüglich Evolution und Erd-Entstehung ...

[6] Man dürfte werweißen, ob der Name *Damcar* eine Verballhornung für die arabische *Stadt (Medina) Akra* sei, die am ehesten als Hauptstadt mit einem Hafen für von Cypern her kommende Schiffe in Frage kommt. –

Eine andere Möglichkeit für die Bildung des Namens *Damkar* wäre der sogenannte *Krak*: Elio Caruso schreibt in seinem Buch *Pellegrini, Crociati e Templari* (Edizione Moderna, Castrocaro Terme, 1998, S. 119 f.) in Anmerkung 31 zum Kapitel *Le crociate in Terra Santa*: «Der ‹Krak der Ritter› war eine enorme arabische Befestigungsanlage, die ums Jahr 1142 durch eine Besatzung der Hospitaliter belegt war. Im Hügelgebiet von Tripolis gelegen, beherrschte sie über viele Kilometer das ganze muslimische Territorium, von der Grenze zu Syrien bis in die Wüsten südlich des Toten Meers. Die Anlage war so weitläufig, daß sie 50'000 Mann und 1'000 Pferde aufnehmen konnte. Die Araber, die sie als ‹einen Knochen im Maul der Mohammedaner› betachteten, nannten sie *Hist al Akrad*, was die Franzosen zu *Le Crat*, und danach zu *Le Krak* verballhornten. … Das enge Netz von Burgen, die nicht weiter als einen Tagesritt auseinander lagen, stellte eine wirkungsvolle Verteidigung gegen die türkischen Muslim dar. Viele dieser Burgen erhoben sich auf den Hügeln und konnten über nächtliche Feuer miteinander kommunizieren. Viele waren uneinnehmbar, außer durch eine Belagerung, die bis zu einem Jahr dauern konnte. (Nota: *Araber* nicht gleich *Muslim*!)

Der Krak widerstand sogar den Angriffen des ‹erschröcklichen Saladin›, wurde aber 1271 von den Mameluken erobert. Das war das Ende des Widerstandes der Westmächte gegen die Rückeroberungszüge der muslimisch-türkischen Mameluken.

Indessen läßt sich gut denken, daß wer wie C.R.C. im 15. Jh. ins ‹Heilige Land› fuhr, den *Krak* – dieses bedeutungsschwere Baudenkmal aus der Zeit friedlicher Koexistenz und interkulturellen Austausches im 11.-13. Jh. – als eine Sehenswürdigkeit von gleicher Bedeutung wie Jerusalem betrachtete, und daß aus *Medina Hist al Akrad* anstatt *Krak* auch *Damkar* hätte werden können. Einen Namen, der direkt an Damkar erinnern würde, sucht man im Atlas vergeblich. – Damaskus ist auszuschließen (siehe später).

[7] d.h. Er schloß sich um Geld einer Karawane oder Schiffsmannschaft an.

[8] Das «*Buch M*» wird oft als *Liber Mundi* übersetzt. Es sollte sich aber eher um ein Buch handeln, das zu übersetzen wichtig war, und dessen Titel wohl mit M beginnt, aber nicht offen erwähnt werden durfte. Immerhin blühte im 17. Jh. inmitten der Reformations-Nachwehen der Kirche noch die Inquisition. – Am sinnvollsten und wegen der Übersetzung ins Lateinische am besten ins Zeitgeschehen paßt jedoch hier das Buch *Hadha kitāb* M*IFTAH al-uns fī Šarḥ* M*IFTAH al Ghayb al-jam^c wa-l-wujūd* – d.h. *der SCHLÜSSEL zu den unsichtbaren und göttlichen Dingen* – auf arabisch: مفتـــاح الغـيـب الجمـع والوجود; – also eine Einführung in höhere Natur- und Geisteswissenschaft: **M**-*agia Naturalis* und **M**-*agia Supranaturalis* – Magie der natürlichen und übernatürlichen Dinge. – Im Ms Salzburg der *Fama* nennt der Kopist das Buch **M**. dementsprechend passend «*Liber* M*ysteriorum*. – Überdies gab es damals noch die vollständige Fassung der *Schlüssel Salomonis* – hebr. מפתה שלמה – M*iftah Shlomeh*; – durch seinen Inhalt engstens verwandt mit *Miftah al-Ghaib* ... – *Jedenfalls kann für uns* das *Buch* **M** kurz und bündig *Der Schlüssel* heißen – was wiederum an den *Schlüssel zu den Zwölf Schlüsseln von Bruder Basilius Valentinus* (*Erstpublikation* Edition Oriflamme, Basel, 2006) erinnert.

Autor des im Westen heute sehr bekannten *Miftah al Ghaib* war der be-rühmteste Schüler von Ibn Arabi (1165-1240): *Sadr ad-Din Muhammad ibn Ishaq al-Qūnawī* (1207-74) – einer der berühmtesten Sufis von der damaligen Zeit bis heute, der wirklich auch ein hervorragender Mathematiker und Astronom war, wie unser Text dies will. – Das Sufitum, das aus Persien nach Baghdad und in den übrigen Orient kam, ist bekanntlich der Ursprung des heutigen westlichen Rosenkreuzertums, Arabien der Quell der westlichen Wissenschaften (siehe Einführungen zu: Muhammad al-Ghazali, *Brief an den Jünger* (Edition Oriflamme, Basel, 2. Aufl. 2015) – und zu: *Gesänge des Kabir* (Edition Oriflamme, Basel, 2015).

[9] *Bessere Achtung auf Gewächse und Creaturen ...* – Das kann sich sowohl auf genauere Beobachtung und Erforschung als auch auf größeren Respekt vor Pflanzen, Tieren, Menschen und anderen Geschöpfen beziehen: Man denke an die sakrale Verehrung der Katze, des Apis-Stiers, des Ibis etc. in Ägypten sowie ans Bewußtsein der alten Ägypter, daß jegliches Geschöpf – auch Steine, Wasser etc. – *belebte Geschöpfe* sind.

[10] Der Ausdruck *Teutsch* (skandinavisch noch heute *Tysk*) kommt von den *Tuskiern* – einem nördlichen Volk, das nach Süden wanderte und sich in der *Toscana* ansiedelte: Das sind die kulturell überaus hochstehenden *Etrusker* oder *Etrurier*, von denen die Lateinische Sprache sich ebenso ableitet, wie alle Kunst und Wissenschaft Roms, soweit sie nicht aus Ägypten, Griechenland, Nord-Afrika oder von Juden (Chaldäa) stammt.

[11] Bereits die *Veden* nannten das Beispiel vom *Baum als Mikrokosmos*; – ebenso Kabīr in seinem Vers: «*So wie der Same im Innern des Banya-Baums ist, und im Samen die Blüten, die Früchte und der Schatten: – So liegt der Keim im Innern des Leibs; und in diesem Keim liegt wiederum ein Leib verborgen*». – Vgl. *Gesänge des Kabīr*, a.a.O.
C. Gilly zitiert in seiner kritischen Textausgabe der *Fama Fraternitatis* Joh. Arndt, in seinem *Wh.Chr.* IV, p. 45: «*daß in einem kleinen Samlein so ein groß Gewechs / ja ein großer Bawm verborgen liegt mit seiner Wurtzell /Stamm / Esten / Blettern / Samen / Früchte / wo ein sonder eine sondere {Jedes Einzelne seine besondere} Krafft hat.*

[12] Diese *Sozietät* wurde wirklich in England gegründet, nämlich um 1660 die *British Royal Society*, der jedoch eine Vor-Form vorausgegangen zu sein scheint. Mitglieder der Sozietät waren der Chemiker und Alchemist Boyle sowie Elias Ashmole (dieser vielleicht eine Personifikation des zu jener Zeit oft genannten *Elias Artista*, der allerdings zugleich eine göttliche Connotation im chiliastischen Sinne einer Reincarnation Jesu hatte – siehe S. 190: ‹*helianisch*›). – Ein weiterer Rosenkreuzer, Alchemist, Mathematiker etc. im Sinne des zuvor genannten ‹*Buches M*› war Isaak Newton.
Das *Befragen der [heimischen] Abgötter* wird erklärt in *Buch Jasher*, wo Laban im Zelt des Jakob vergeblich nach den Gestohlenen sucht:
«*Und das ist die Art der Abbilder: Man nimmt einen Mann, der der Erstgeborene ist, schlägt ihm den Kopf ab, nimmt sein Haar von seinem Kopf, und salzt den Kopf ein und ölt ihn in Öl. Dann nimmt man ein Kupfertäfelchen oder Goldtäfelchen und schreibt den NAMEN darauf und legt dieses Täfelchen unter die Zunge, und bringt ihn ins Haus und entzündet Lichter davor {vgl. die Reliquien in katholischen Kirchen!} Und ... wenn sie sich davor verneigen, so spricht er zu ihnen in allen Dingen, worüber sie ihn befragen, durch die Macht des NAMENS, der darauf geschrieben*

steht ... – Und manche machen sie in menschlicher Gestalt ... und die Figuren empfangen den Einfluß der Sterne und sagen ihnen zukünftige Dinge; – und solcher Art waren die Abbilder, welche Rahel von ihrem Vater stahl». –

[13] Gemäß dem Inhalt des *Mifta al-Ghayb* würde es sich um dessen ersten Teil handeln: Das Buch mußte ja nicht im eigentlichen Sine *gemacht* werden, denn C.R. hatte es ja bereits aus dem Latein ins Deutsche übertragen (vielleicht wirklich aus dem Arabischen?). – So wäre dieses *«machten»* vielleicht eine Übersetzung – oder ein *operatives Durcharbeiten*, wollte man die Aussage wörtlich nehmen.

[14] Gemäß C. Gilly nur in Ms Salzburg.

[15] Folgenden wichtigen Kommentar entnehmen wir wieder der kritischen Textausgabe der *Fama Fraternitatis* von C. Gilly (deren Anm. 72a):
«Mit ‹unsere Rotae›, ‹Rota›, ‹Rota mundi› meint die *Fama Fraternitatis* eine harmonische Chronologie der Welt in Gestalt einer kunstvoll angefertigten ‹Zeittafel› oder vielmehr einer ‹Weltuhr›, in der sowohl ‹die geheimnisvolle Einteilung der Zeiten›, wie auch ‹das vorherbestimmte Aufeinanderfolgen der Monarchien, die staunenswerten Perioden (rotulae) der Kirche, die markantesten Zeichen der Zeit› und sogar der Zeitpunkt des öffentlichen Auftretens der Fraternität dargestellt worden waren. Laut *Fama* unternahmen die Brüder vom Rosenkreuz also nichts, ohne daß ‹wir uns erst in unserer Rota wolten ersehen›, und nur ‹auß anleytung und befelch unserer Rotae›, hatten sie ‹etliche Büchlein ... evulgirt›. Diese ‹Rota Mundi› hielten die Brüder für das ‹kunstvollste in unserer Philosophischen Bibliotheca›, während sie ihre *Axiomata* als ‹das vornemste› und den *Proteus* als ‹das nützlichste› bezeichneten. Eine genaue Beschreibung der ‹Rota Mundi› hat Andreae 1617 in seinem *Menippus*, Kapitel 99, unter dem Titel ‹Horologium [vastissimi Universi]› geliefert. Aber schon 1613 hatte derselbe Andreae für seine *Collectanea Mathematica* eine Zeittafel in Kupfer gestochen, die er mit folgendem Kommentar versah: ‹Alles Erwähnenswerte, was in den beinahe sechs Millenien [seit der Schöpfung der Welt] geschehen ist, habe ich auf dieser Tafel verzeichnen wollen. Und zwar als kleine Probe für alle Diejenigen, die vielleicht einmal die viel größere Tafel betrachten möchten, auf welcher die Harmonie der Zeiten auf wunderbare Weise und ziemlich genau nachgezeichnet und ausgedrückt worden ist›. – Auch Tobias Adami hat in der Vorrede zu seinem Prodromus Philosophiae instaurandae ... ex scriptis Thomae (!) Campanellae,* Frankfurt 1617, die ‹Rota Mundi› der *Fama Fraternitatis* mit der Harmonie der Welt im Aufeinanderfolgen der Zeiten aus der Analogie, Astrologie und den schicksalshaften Zahlen identifiziert: ‹Mundi Harmonia in successionibus temporum [...] ex Analogia, Astrologia et numeris fatalibus, quam alii Cosmocriticam vocant, et, si recte conjicio, Rotam Mundi›.* Als Beispiel einer weiteren, in Kupfer gestochenen "Rota Mundi" sei hier auf das Buch von Elias Crätschmayr (Kretzschmer): *Bericht vom Zustande des Firmaments, und dem dannherrührenden Zustand der Völcker auff Erden ... Neben einer Rota Mundi. –* o.O. 1627, f. A3v, hingewiesen». – Soweit Gilly.

[16] Das wäre dann wohl der gesamte Inhalt des *LIBER M.*

[17] Wörtlich: *... da im einen oder anderen Land einige Observation oder Jrrung brächte ...* – Syntaktisch fehlt das Subjekt; daher hier gemäß anderen Versionen der *Fama* geändert.

[18] Zu diesem Satz lese man in Rudolf Steiner's Werken bezüglich C.R.C. die Passagen, worin er dessen Leben, Schulung und Auftrag beschreibt: Dieselben Verhältnisse sind auch hier gemeint. Diese «Weisesten Männer» können also gedacht werden als *die Weisesten seit Jahrhunderten* – aber auch als solche, die eben (wie C.R.C. selbst) *in mehreren Jahrhunderten incarnierten* und diesmal einen Incarnationszyklus *gemeinsam durchlebten.*

[19] Das ist eine klare Anspielung *sowohl* an geistiges, als *auch* an metallisches Gold, das man auf alchemischem (oder sogar nur spagyrischem) Weg in beliebiger Menge herstellen kann. Es kann der *Zweifel* moderner Skeptiker diese *Tatsache* nicht aus der Welt schaffen, die genügend dokumentiert ist für den, der es wirklich wissen will. – Das typische *Taufpatengeschenk* bestand früher gerne aus einem Gold-Taler oder ‹Batzen› ... oder mehr. – *Batzen* und *Pate(n)* sind übrigens etymologisch verwandt mit franz. *besant* – dem *byzantinischen Taler* – und siehe unter franz. *patte ...*

[20] Wörtlich: *[zu]erst gemacht* – also im Zusammenhang mit der Versammlung konzipiert und allenfalls *in seiner ersten Form gebaut.* Das «*erst*» kann nicht als *zeitlich spät* verstanden werden, weil CRC. ja noch lebte, das ‹Haus Sancti Spiritūs› aber auch im Stoff schon errichtet war. Näher liegt die Annahme, CRC habe sich nach dem Vorbild der Pharaonen dieses Mausoleum oder Grabkeller gebaut, um – wie Jene – wichtige Erinnerungsstücke an ihre Zeit (samt typischen Lebensmitteln und Möbeln) für die Nachwelt aufzubewahren. Die gewöhnliche Deutung als Totenkult kann man wohl als Schein-Erklärung fürs gewöhnliche Volk gelten lassen, nicht aber für die höchsten Eingeweihten der nach-atlantischen Ära im Westen. – Es kann sich jedenfalls nur um das *sichere Denkmal* {eine *Gedächtnis-Stütze*, siehe S. 29} handeln, welche die wichtigsten Informationen für kommende Generationen enthält, nämlich die oft erwähnten *Axiomata*, Bücher, physikalischen Instrumente etc. – Das macht diese ‹außerordentliche General-Versammlung› erst sinnvoll.

[21] Betreffend *Proteus* siehe Anm. 167.

[22] A. ist (siehe oberhalb im Text) der Letzte aus dem *Zweiten Kreis* – dem *andern Reyen* (= Reigen) um C.R.C. Da er nahe Narbonne starb (z.B. in Collioure oder dem heutigen Gruissan – beides ehemalige Templer-Standorte und -Häfen) – und der Successor der D. (des Ersten Kreises) war, lebte er nicht nur in Occitanien, sondern war wohl auch von dort gebürtig. Sein Ausspruch meint, daß er, als ‹Franzose› in ‹Frankreich› (beides hieß dannzumal noch nicht so) weder ‹schuldig› noch neidisch war, daß die Bruderschaft nicht dort, sondern in Deutschland ihre große Blüte erleben sollte, wie es denn auch geschah.

[23] Die Bedeutung des Ausdrucks *Schulrecht getan* (‹modern› auch schon irrtümlich als *Schulpflicht* übertragen) bedeutet ungefähr: als er sich kundig gemacht und genügend Erfahrungen gesammelt hatte – also: ‹eingearbeitet und *selbständig kompetent geworden*› war ... – Das nachfolgend wörtliche *seiner gelegenheit nach* wird gewöhnlich übertragen als: *als er die Gelegenheit hatte,* was zwar der damaligen Ge-

pflogenheit, in *Reisegemeinschaften* zu reisen entspräche. Dem Stil und Sinn des Originaltexts wird jedoch die gewählte Wendung besser gerecht.

[24] *Der Fortunatus* war damals – neben *Till Eulenspiegel* und *Reineke Fuchs* – eines der bedeutendsten Volksbücher. Es erschien 1509: *Zů trucken verordnet durch Johannßen Heybler Appotegker in der kayserlichen stat Augspurg in dem grossen schießen der mindern jartzal christi im neünden jar.*
Darin wird die Geschichte von *Fortunatus auf Zypern* erzählt: Sein Vater hat sein Vermögen durchgebracht; Fortunatus verläßt Zypern, erhält von der Göttin *Fortuna* einen *Glücks-Säckel* mit auf seine Reisen, der *nie leer wird.* Wann immer er in den Glückssäckel greift, findet er darin Geld in der Landeswährung ... – Die Analogie zu Bruder N.N. ist offensichtlich: Zypern als Basis für die Kreuzfahrer, bevor sie aufs Festland von Palästina übersetzten; der Besitz von Transmutationspulver, das alle notwendigen Mittel sicherstellt ... –

[25] Alle modernen Textausgaben haben: *«ragte ein Nagel etwas hervor, sodaß er ...».* – Das ist nicht nur textlich, sondern auch logisch falsch: Ein bereits herausragender Nagel muß nicht *«mit mehr Gewalt herausgezogen»* werden, und nur ein Nagel, der fester (gemäß Text: *stärcker*) steckt (z.B. festgerostet ist), bewirkt beim Ausziehen das *Abreißen des Verputzes.*
Metaphysisch entspricht dies einer *überlebten Gewohnheit, Ordensregel oder Geheimhaltung,* die *das Wahre verbergen* half (siehe Folgetext).

[26] Das entspricht einem Sieben-Eck aus sieben Dreiecken, eingerahmt von sieben stehenden Rechtecken *im Goldenen Schnitt:* ca. $\frac{8}{5}$!

[27] A.C.R.C.: Dieser Ausdruck erscheint nur an dieser einzigen Textstelle. Während der Erzählung des Lebens von C.R.C. wird dieser stets nur *R.C.* genannt. – Mögliche Deutung: R.C. sei ein *in die Kleinen Mysterien eingeführter Mensch,* ein *F.R.C.* oder *Bruder des Ordens vom Rosenkreuz.* – C.R.C. heißt er erst spät. *Christianus* verweist also offenbar auf die vollendete Einweihung in bleibender Geistbindung - auf einen Menschen also, der *den Christus besitzt,* der ein *Christos unterm Rosenkreuz* genannt werden kann. Dementsprechend bedeutet *A.C.R.C.* soviel wie: *bevor* seine Transfiguration vollendet war; *bevor* er C.R.C. heißen konnte: *Ante Christianum Roseæ Crucis.* – Eventuell, und *im selben Sinne* auch: *Ante Christi Resurrectione Cabalistica: Bevor* sich die symbolisch-geheime Wiederverkörperung Christi [in ihm] vollzogen hatte ... —
Die restliche Übersetzung zu diesem Spruch ist bekannt als: *«Dieses Kompendium des Alls habe ich mir in meinem Leben zu einem Grab gemacht».* – Sie ist unbefriedigend, denn mehrere Gründe sprechen für eine andere Version: Vorweg bedenke man, daß der Körper des CRC in irgend einer Form einbalsamiert war, gemäß der beiden Aussagen im Text: 1° die Brüder hätten – trotz dem Besitz des Steins der Weisen {des Elixirs, das auch der konkrete Grund für die ‹sonnenhafte› Beleuchtung des Grabs ist} –*«den Punkt ihrer Auflösung nicht überschreiten»* gekonnt, und 2° C.R.C. sei aufgefunden worden *«unversehrt und ohne alle Verwesung».* – Dazu kommt, daß CR in Ägypten zweifellos den wahren Sinn der Einbalsamierung erfuhr: Die Tugenden und Kräfte (‹die Seele› des Einbalsamierten, das ‹BA›) können den Leib nicht verlassen, solange er physisch daliegt. Sie bleiben weiterhin wirksam – und zugleich kann, folglich, die

Wesenheit C.R.C. dieses ‹Compendium› aller Grundlagen, Gesetze und Proportionen im Universum, das er als Mensch für sich selbst gebaut hat, ebensolange ihrem mikrokosmischen Gedächtnis *sich einprägen* lassen. – Das ist ein Schatz an Wissen und Kenntnis, der gewöhnlich menschliches Erfassen weit übersteigt. – Doch Zurück zur Übersetzungskritik:

1) *in meinem Leben* ... müßte ganz anders heißen; vivus heißt *ein Lebender* – oder als *Lebender*. Daß man sein Grab (wie es die Pharaonen pflogen; vgl. Anm. 20) nur *als physisch Lebender* selber erbauen kann, bräuchte auch nicht ausdrücklich erwähnt zu werden.

2)   «*ich, ein lebender [Mensch]* ... » kann also, nachdem der Text zuvor von *lebend toten Menschen* gesprochen hat, eigentlich nur geisteswissenchaftlich aufgefaßt werden. – Und darum erscheint auch die pietistische Interpretation verfehlt, wonach C.R.C. ‹die Welt als Grab› betrachtet, bzw. die geistige Selbst-Abtötung betrieben habe; – denn der seelisch lebendige, mit dem Geist verbundene Mensch *liebt* die Welt, die er zwar – gewöhnlich menschlich gesehen – als ein Totenreich erfährt, als Nachfolger Christi aber zugleich als eine in Gott lebende Gemeinschaft von Geschöpfen sieht – und als *das eine göttliche Wirkungsfeld*, um Erfahrungen zu *machen* und als Mitarbeiter in der Bewußtseins-Evolution des Universums dankbar und freudig *anzuwenden* im Dienst an Welt und Menschheit.

3) Im Text ist zudem gar nicht *vom Universum selbst* die Rede, sondern allein vom *kondensierten Abbild und Lehrstück – Compendium des Universums* – anhand eines planvoll gebauten Mausoleums, das die spirituelle Symbolik und die wissenschaftlichen Grundsätze (Axiomata) aus Medizin, Physik, Mathematik, Astronomie etc. in Worten, Schaustücken, Beispielen, Apparaturen etc. enthielt. – Das *Compendium selbst* ist also ein – zwar *auch als Grab genutztes* – ‹Musäum›! Das einleitende *hōc* im Text gilt uns darum i.S.v. *hūc* als *hier*.

[28] Verstanden im Sinne der Worte Jesu: «*Was ihr dem Geringsten [der Geschöpfe] tut, das tut ihr mir*». – Dies gilt, weil in der Wesenheit ‹Jesus› der *CHRISTOS* – «*eins mit dem Vater*» – gegenwärtig und wirksam war.

[29] Diese Anordnung erinnert an die ænigmatischen Figuren im Buch *Chymica Vannus* – einem alchemistisch-templerisch-rosenkreuzerischen Werk, ganz in cabalistischer Manier verfaßt, und dessen Titel (als *Compendium*!) die ganze Titelseite einnimmt. (Amsterdam, Jansson, 1666). Als Autor gilt *Henricus Madatanus (Adrian Mynsicht)*, welcher 1612 die *Sublimationes* vollendete und 1621 als *Adept des Steins der Weisen* sein Werk *Aureum Sæculum Redivivum* drucken ließ.

[30] Die übliche Übersetzung dieser berühmten Devisen vernachlässigt die kabbalistischen Inhalte und gibt in zwei Fällen nur Bruchstücke, die bei genauer Überlegung ‹nichts bedeuten›. Gewiß: Behauptet ein hermetischer Text, «*ganz klar und einfach*» zu sein, so ist er IMMER genau das NICHT. Die kabbalistische Wandlung der ‹Axiomata› (in grammatikalisch korrekte Kombinationen) ergibt hingegen Aussagen von echtem spirituellem Wert.

[31] Ein *Gewölbe* brauchte dazumal nicht unbedingt Bogen zu enthalten: Auch ein geräumiger Laden, Keller oder Lagerraum – oder eine Loge – konnten

ein ‹Gewölbe› sein. Eine *Bühne* ist im Alemannischen noch heute ein Zwischenboden in einem Gebäude (z.b. Heubühne), von unten gesehen also die Zimmerdecke. – Was aber die «nach innen offenen Bühne» bedeuten kann, ist unklar: Wäre es die ‹Lanterna› eines Gewölbes – wie dies z.b. der Alchemist, Physiker und Astronom Theophil Schweighardt in D. Möglins *Speculum Sophicum Rhodo-Stauroticum* abbildet (vgl. S.232 ff.), so wäre diese ‹Öffnung› weithin sichtbar gewesen ... –

[32] Das wäre dann der Herr der Unterwelt (Hades) in seinem Schattenreich – also wohl das Gebiet der hohen und der ‹grauen› Magie ...

[33] Es handelt sich mit großer Sicherheit um das Büchlein *Onomasticon – Theophrasti Paracelsi eigene außlegung etlicher seiner wörter und preparierungen / Zusammengebracht durch Doct. Adamen von Bodenstein. Mit Röm[ischer] kei[serlicher] Mai[estät] Gnad und Freyheit. Gedruckt zu Basel bey Peter Perna* (in fine: 1575). – UB Basel: <I h 159 # 3>.

[34] *Konkave und konvexe Spiegel* spielen in Texten der Alchemie eine große Rolle bezüglich der Lenkung der Strahlen von Sonne und Mond; – Das in Ampullen eingeschmolzene *Elixir* als *ewiges Licht* wird bei Fulcanelli am Rande erwähnt: Das sind die auch bei Ausgrabungen in Pompeji und in Ägypten gefundenen, von Archäologen leichtfertig geöffneten und so zerstörten ‹aus sich selbst brennenden› Lämpchen, wofür die ‹Ewigen Lichter› in

den Kirchen (mangels echter solcher) eine (bewußte??) Imitation sind.

[35] Das *Buch T* darf wohl mit ziemlicher Sicherheit als *Buch Thot* übertragen werden: Das wäre ein Buch, das die gesamte ägyptische Weisheit enthalten würde – bezeichnenderweise *Thot(en)-Buch* genannt ...

[36] ... nämlich das *Saatkorn – granum*. – Nachdem der Ausdruck *erutum* weiter unten wirklich erscheint, ist es statthaft, diesen Text *direkt* mit dem in Anm. 29 referierten Buch von Madatanus zu verbinden: *Chymica Vannus – die chymische Kornschwinge*. – Sein weitschweifiger Titel, auf Deutsch übersetzt, lautet wörtlich so:

Geheime Schatzkammer der Fülle und Weisheit der majestätischen Großen Welt ..., begonnen durch einen Sterblichen, gefunden dank den unsterblichen Adepten als Pioniere ... beendet durch den Mysteriarchen Mercurius ... im Jahr 1666, an den Iden (15.) des Monats Mai. –

Die den Titel ergänzende Devise enthält in verstreuten Großbuchstaben ‹verborgen› (eine beliebte Form) nochmals die Jahreszahl 1666.

Der dritte Teil dieses Buchs ist mit *Chymicæ Vanni Granum Erutum* überschrieben. Er behandelt außer den astrologischen Kräften auch das *Ovum Crocodili non Crocodilinum* - den Stein der Weisen – in einer Allegorie über Geburt und Aufzucht von *Helena*, der *Sonnigen*, d.h. *Goldenen* - sowie in einem separaten Kapitel eine Beschreibung der Universalmedizin – *De Pharmaco Catholico*.

Im Weiteren enthält dieses Buch Tafeln, welche mit ihren Gravuren und Legenden – *Phylacterien* – sehr an die Beschreibung des «*messin(genen) blettlin*» des Fama-Texts, erinnern. Ein *Portrait* fehlt; nicht aber eine kryptographische Aufstellung der *Planetensymbole* in derselben Reihenfolge (Distanz zur Sonne, paarweise) wie an der Marienpforte von Notre-Dame de Paris (vgl. Fulcanelli: *Mysterium der Kathedralen*, a.a.O. – Tafel XXVI), als *Porträt* der Himmelskräfte.

[37] vide *Tabula Smaragdina*: « ... *magno cum ingenio»* ...

[38] *sie – die Schätze* – aber gleichzeitig auch *es* – das *Saatkorn* – entsprechend dem *granum erutum* (siehe Anm. 36 hievor).

[39] *fabricare – fabrizieren – künstlich* (mühe- oder kunstvoll) *herstellen.*
Das ist der *Christus Triumphans* aus der gnostischen Tradition – der nicht
überwinden wird, sondern bereits *überwunden hat*! – Zum völligen Verständnis des ganzen Fama-Texts ebenso wie der *Chymischen Hochzeit
Christiani Rosencreutz* wäre es wichtig, daß auch die modernen Skeptiker
verstünden, daß die operative Alchemie – korrekt und erfolgreich betrieben – keineswegs *nur* eine Allegorie ist, sondern eine klare physische Wirklichkeit – wie dies aus konsequenten hermetisch gnostischen Überlegungen
heraus auch gar nicht anders sein kann – und wie dies die *Fama* und die
Confessio ausdrücklich betonen (siehe Einleitung hievor).

Andererseits sind auch manche mystisch hermetischen Gnostiker *nur
mental* von der Realität der Transfiguration zu Lebenszeiten eines Menschen überzeugt, glauben also nicht wirklich an deren physische Wirklichkeit: Das sind Resultate der jahrhundertelangen Umerziehung des einst
ganz magischen Menschen – gipfelnd in der Inquisition des ausgehenden
Mittelalters und in der ‹Aufklärung› – d.h. *geistigen Verfinsterung* der
beginnenden Neuzeit seit Mitte des 18. Jahrhunderts.

Eine offene Bekanntgabe alchemischer Stoffe, Arbeitsweisen und Stoff-
Umsetzungen im LabOratorium ist jedoch auch heute noch nicht erlaubt.
Sie unterliegt nach wie vor den strengen Bestimmungen über die Mysterien: Wer Geheimnisse der Großen Mysterien gegenüber Uneingeweihten
aussprach – und genau so, wer derartigen Divulgationen sein Ohr lieh,
wurde im Altertum mit dem Tod bestraft. Moderne einschlägige Schriften
sind auch in neuester Zeit – einschließlich des gegenwärtigen Buchs –
immer wieder einen kleinen Schritt der Eröffnung weiter gegangen. Völlige
Offenheit bleibt jedoch ausgeschlossen, obschon die heutigen
atmosphärischen und klimatischen Bedingungen auf der Erde eine
korrekte Herstellung des Steins der Weisen kaum mehr erlauben dürften.

[40] Der Text des Epitaphs ist ein einziger Satz, dessen *erstes Subjekt* ganz am
Anfang, dessen *Verb* aber erst am Schluß steht. Dieser lateinische Text, der
hier endlich einmal grammatikalisch exakt und genau wörtlich auf Deutsch
wiedergegeben wird, entspricht in Charakter und Gliederung sehr präzis der
‹Laudatio› einer heutigen Universität, die z.B. Jemandem einen Ehrendok-
tor-Titel verleiht. – Wer sein Latein noch bewahrt hat, lese selbst:
*GRANUM PECTORI IESU INSITUM – C. Ros.C. ex nobili et splendida Germa-
niæ R.C. familia oriundus, Vir sui sæculi [Lumen futurorum ornamentum]*[*]
*divinis revelationibus, subtilissimis imaginationibus, indefessis laboribus,
ad cælestia atque humana mysteria, arcanave admissus, postquam suam
(quam Arabico et Africano itineribus collegerat) plusquam regiam quam
imperatoriam Gazam, suo sæculo nondum convenientem, posteritati eruen-
dam [ingeniosissime]*[*] *custodivisset, & iam suarum artium, ut & nominis,
fidos at coniunctissimos hæredes, instituisset, mundum minutum omnibus
motibus magno illi respondentem fabricasset, hocque [tandem]*[*] *præterita-
rum, præsentium et futurarum rerum compendio extracto, centenario maior,
non morbo (quem ipse nunquam corpore expertus erat, nunquam alios in-
festare sinebat) ullo pellente, sed Spiritu Dei evocante, illuminatam animam*

(inter fratrum amplexūs & ulltima oscula) Creatori Deo reddidisset, Pater dilectissimus, Fr[ater] suavissimus, Præceptor fidelissimus, amicus integerrimus, a suis ad 120 annos hic absconditus est.
* Die Textergänzungen mit Stern [...]* sind der Textkritischen Rezeption von Carlos Gilly entnommen, gemäß der Ausgabe der *Fama Fratrnitatis*, die – mit Gilly's ausführlichen Einleitung zu Autorschaft, Geschichte und Bibliographie der Manuskripte und Drucke dieses Werks – 1998 bei Rozekruis Pers in Haarlem erschien. –

[41] C.R.C. bestimmte somit vor seinem Ableben einen Nachfolger als Leiter der Bruderschaft. – *Br. R.C. junior* wird sein Sohn sein, der, nachdem die Versammlung wegen der Entdeckung des Grabs sich aufgelöst hat, gemeinsam mit Br. R., wie der Text sagt, als *«natürliche Erben»* das Haus S.S. als solches übernahm und behütete, wobei der letztgenannte Br. R. als spiritueller *Nachfolger in der jüngeren, zweiten Generation* zu verstehen wäre.

Nun fordert der Autor den Leser auf, der *Bedeutung der Namenskürzel* auf den Grund zu gehen. Da die *Anagramme der ‹Namen›* jedoch schwer zu deuten sind, wagen wir nur folgenden Versuch:

Die ersten beiden Initialen sollen für den Namen stehen, die folgenden als Charakterisierung. Das ergäbe beispielsweise: Br. G.V. *Medicus, Physicus et Chymicus,* Br. B.M. *Pictor et Architectus,* Br. G.G. *Magister Physicæ Invisibilium – Meister der Natur der unsichtbaren Dinge.* – Der Meister der Kabbala (Cabala, Gabala) – also der *praktischen Magie,* gemäß Text die ‹Kunst von Fez› – verkörpert im gnostischen Sinne *die Tat.* Er ist zugleich derjenige *Philosophus – Weisheitsfreund,* der als *Philologus – Sprach-Kundiger – alle maßgeblichen Sprachen, also auch* die ‹Sprache der Vögel› und die *Sprache Gottes* kennt, d.h. ‹liest›, versteht und spricht. – Die Brüder 3, 4 und 5 des Ersten Kreises würden somit die alte Devise: *Wahrheit (Weisheit) – Schönheit – Kraft (*auch *Tat,* oder *Wirksamkeit)* verkörpern. – Im zweiten Kreis erscheint kein M.

M. könnte auch *Magus* (im allerweitesten Sinne) meinen. Abgesehen davon fehlen, damit alle Freien Künste anwesend wären, ein *Astrologus* (Astronomie und Astrologie waren damals noch eine einzige Wissenschaft) – sowie ein *Musicus* (Meister der Harmonien). – Das in der Ausgabe von 1998 erwähnte *S.* ist unter den insgesamt 6 Versionen nur im *MS. Salzburg* enthalten; es könnte indes immerhin *Sacerdos* - einen ‹Priester› im philosophischen Sinne meinen. – Br. I.A., Fr. Ch, könnte *Frater Chymiæ hermeticæ* heißen, der Rest dann *«durch Wahl der Bruderschaft deren Haupt»* – dies aufgrund seiner Kompetenz als Alchemist: Die Alchemie ist zweifellos die höchste aller Künste, und die Wissenschaft aller Wissenschaften: Sie, die alle übrigen rechtfertigt, in sich vereint, und daher deren Haupt (caput) ist. – Nur sie – nicht die typische Chemie – vermittelt sowohl tiefste Selbsterkenntnis als auch vollkommene Erkenntnis der Natur und des *Göttlichen Feuers* – des Heiligen Geistes – oder kurz: die Erkenntnis Gottes.

[42] *Aus Gott werden wir geboren.* – Die modernen Rosenkreuzer sagen auch: *«Durch den Geist Gottes entflammt»;* denn das erste Anfachen des ‹schlafenden› oder latenten göttlichen Funkens im Menschen kann nur durch den *direkten feurigen Anhauch des ‹Atems Gottes›* geschehen.

In Jesu sterben wir: Spätere Zitate – und vorallem Rudolf Steiner in seinen Bemühungen zur Belebung des Rosencreutz-Impulses während seiner kurzen Wirkungszeit – haben das Wort *Jesu* durch *Christo* ersetzt (oder durch es ergänzt). Es würde zu weit führen hier zu diskutieren, was diese Unterschiede bedeuten können.

Durch den Heiligen Geist [be]leben wir wieder. - Dieses *reviviscimus* kann sowohl den Kandidaten auf sich selber beziehen als auch den Eingeweihten auf alles und alle Anderen um ihn her. Denn im selben Maße wie der Kandidat, indem er konsequent den Pfad der Einweihung und Selbsterlösung verfolgt, sich selber ‹befreit›, beginnt er auch zugleich, anderen Geschöpfen auf dem universellen Evolutionspfad vorwärts zu helfen. Die *Johannes-Akten* sagen dazu: «*wir werden befreit – Andere werden wir befreien* ... » —

Ob man jedoch der Devise «*per spiritum [sanctum] reviviscimus*» das eine oder das andere der beiden Gewichte zugrunde lege, so kann doch wiederum in beiden Fällen nichts geschehen ohne den *Hauch des Heiligen Geistes*, so wie auch im Großen Werk der Alchemie allein das Geistfeuer den Anfang, die Mitte und das Ende des Prozesses ermöglicht – wenn auch in unterschiedlichen Graduierungen – «*per gradūs*» – und in entsprechenden Manifestationen. – Vgl. auch Anmm. 36 & 37.

[43] Wörtlich: *Erkandtnuß*. Der Rest des Satzes zeigt, daß es sich um den *Erfahrungs-Glauben* handelt, zu dem die Bruderschaft sich gemäß der Reformation (Augsburg) *bekennt.* – Siehe *Confessio FF.R.C.*

[44] Wörtlich: *bestritten*. Gemeint ist natürlich der Kampf *für*, nicht *gegen* die reformierte Lehre. – Daher die Übertragung so. – Ebenso der wörtliche Ausdruck *genießen* (genaue Übertragung: nutzen; siehe diesen Sprachgebrauch in Valentin Weigels *Buch vom Gebet* – Basel, Edition Oriflamme, 2006.

[45] Gemeint: das *Heilige Römische Reich deutscher Nation* – also *in specie den Kaiser.* – Über die *Quarta Monarchia Romana* siehe: Matthaeus Dresser: *Oratio de monarchia quarta Romano-Germanica, quam Johannes Bodinus, cum Judaeis, convellere nondum desistit.* – Leipzig, 1587. [Univ. Bibl. Heidelberg: VD16 D 2713]

[46] Vgl. *Mutus Liber – Das Stumme Buch der Alchemie*, TAFEL 1.

[47] Man hat sich oft gefragt, weshalb gerade in den aller-christlichsten Texten und Bildern das Tetragramma – יהוה, also der *Stammesgott der Hebräer* – immer wieder an oberster, oder doch wichtiger Stelle steht. Die Antwort enthält die gesamte Mythologie und Symbolik der Antike bis ins Mittelalter, was Anlaß gibt zu einem Excurs, der den Umfang einer gewöhnlichen Fußnote bei weitem übersteigen muß:

IAO – das ist eine dem Osiris verwandte Gottheit – wurde in den Mysterien zu *Bacco – der Kleine*, dann zu *Bacchos/Dionysos*; in der biblischen Überlieferung jedoch zu IAHU, IEHU (‹Herr›), IEHW WAHW (der Eine Herr) und dann IHVH (IEHWEH bzw. IEHOVAH – je nach Vokalisierung des Hebräischen). – Bei den Kabbalisten erhielt dieser Name die Bedeutung des *bipolaren Gottes* – nämlich: יהוה sei zusammengesetzt aus dem männlichen oder *Gottvater*-Prinzip (י – geworden zu IAH, IEH, bzw IAO, auch IAW CABAOTH – also ‹Iao Sabaoth›) und dem weiblichen (HEVEH, was der biblischen *Eva* entspricht sowie auch *Hebe* – der Mundschenkin fürs Bier der Alten Germanen (daher der Ausdruck *Hefe*). Die phonetische Sprach-Cabale würde *Hebe/Chebe/Shebe* zum *Shivah* der Hindu's wandeln, der tatsächlich ebenfalls mit Bier verbunden ist). (Forts. d. Anm. → nächste Seite)

Es interessiert daher, aus *Sefr he-Jashr* – *Buch Jasher* (einer außerbiblischen Chronologie der Geschichte des ⟨jüdischen Volkes⟩) zwei Kommentare über JAHVEH zu zitieren: Erstens jenen zum Wettstreit der Magier am ägyptischen Hof, der zu den Plagen über Ägypten führte:

MOSE und AARON verlangen, ihr Gott solle in Ägypten akzeptiert (vielleicht sogar integriert) werden und führen sich als klassische Magier ein, indem sie *die Löwen zähmen*, die den Palast des Pharao bewachten – so wie es von den Brahmanen im alten Indien berichtet wird. – Dies verlangen sie «*im Namen ihres Gottes der Hebräer*», also ihres Stammesgottes. – Indes: der Gott von Mose und Aaron war dem Pharao und allen seinen Schriftgelehrten und Weisen nicht bekannt:

«Und der König ... befahl, das *Buch der Bücher, die Chroniken der Könige Ägyptens* vor ihn zu bringen, worin alle Götter Ägyptens {zweifellos einschließlich jener der ⟨Fremdländer⟩ unter ägyptischer Herrschaft} aufgezeichnet waren; denn sie dachten, darin den Namen Jehovah's zu finden. Aber sie fanden ihn nicht. Und Pharao sagte zu Mose und Aaron: Wahrlich, ich habe den Namen Eures Gotte nicht in dieses Buch geschrieben gefunden. – Und wer ist dieser YEVA, sodaß ich seiner Stimme gehorchen sollte?» (Exod. 5:2). – Und das *Buch Jasher* fährt fort:

«Und die Räte und Weisen antworteten dem König: Wir haben gehört, der Gott der Hebräer sei *ein Sohn von Weisen, der Sohn von Königen der Vorzeit*. Und Pharao wandte sich an Mose und Aaron und sagte zu ihnen: Nicht kenne ich den Herrn, den ihr da bekannt habt, und sein Volk werde ich nicht entlassen» – Diesem Ausspruch Pharao's wird dann in der Bibel durch Jes 19:11 mit folgenden Worten begegnet:

«*Die Prinzen von Zoan sind gewißlich Narren, und der Rat der Weisen des Pharao ist blöde geworden: Wie kannst du zu Pharao sagen, Ich {IHVH} sei ein Sohn von [Alten] Weisen, ein Sohn von Königen der Vorzeit? ... – Der Herr hat einen verkehrten Geist unter sie gesandt, und sie haben Ägypten in die Irre geführt in allen Werken ...*» {IHVH wird hier also *nicht* ⟨der HERR⟩ genannt}. –

Zweifellos kannte aber Pharao, einer der höchsten Eingeweihten Ägyptens, den NAMEN ebenso gut wie Mose, sein Mitschüler. Daraus muß man schließen, daß יהוה hier im Sinne eines der Sephiroth – Emanationen des HÖCHSTEN, des *Einen Ewigen* oder *Alten der Tage* – *Herr* genannt wird (ein ⟨Herr⟩ neben anderen). *Jasher* zeigt יהוה (der anderen Orts auch ein *Sohn des Osiris* genannt wird) als einen *Großen Weisen und Magier*, aber nirgends als *Den Ewigen*. – Dieser Umstand kann hier erklärt werden: Es ist eine anerkannte Tatsache, daß es verschiedene Arten gibt, den Namen IHVH zu lesen oder zu interpretieren: Je nach spirituellem Niveau reicht die Bedeutung vom Gott einer gewöhnlicher Stammes- oder Naturreligion und Magie über den sog. *Demiurgen* oder *Baumeister* und den Gott der Mysterien gehend bis hin zur höchsten gnostischen Ahnung von der sublimen, unveränderlichen, ewigen Essenz aller Welten: Erstens als IAO, was dem ägyptischen «Großen I-A» entspricht {dargestellt als eine menschliche Gestalt mit einem goldenen Eselskopf – einem Sonnensymbol};

– dieser kann verstanden werden als der SOHN, oder das WORT, oder als die höchste Emanation der Weisheit (CHOKMAH). – Dann als der *Hauch des Lebens* (H.P.B., in *Isis unveiled*, Ausg. Pasadena, ca. 1899, S. 299 f.). – Das ist das H in ABRAHAM. Von IAO sagen die Quellen, er sei dem ZACCHARIAS im Allerheiligsten erschienen als *IAO mit dem Eselskopf* (daher die vorübergehend erzwungene Stummheit des Zacharias). – Und man darf ergänzen, daß, wenn man denselben IAO mit einem lateinischen I (der *Vater*), einem hebräischen ה (H, *das Wort*) und mit einem griechischen Ω (die *Mutter*) schreibt, man die klassische *Trinität* gemäß uralter Überlieferung in diesem einzigen heiligen «Wort» vereint finden kann!

H.P.B. lehrt uns, daß «die masoretischen Rabbiner *Den Namen* als ADONAI – oder HERR – lasen; – daß *Philo Byblos* ihn *Ιευω, IEVO* buchstabierte; – daß die Samariter (Samarier) ihn als IABÉ (YAHVA) aussprachen und die Juden daraus I-AH-O machten {siehe oben}. Dann, daß gemäß *Diodorus Siclus «bei den Juden gesagt wird, Mose habe seinen Gott Iao (Ιαω) genannt*. Ebenso schreibt H.P.B., Mose habe ihn *«nie IAHO – und noch viel weniger Iehovah – genannt», bis er in diesen Namen eingeweiht wurde»* – durch seinen Schwiegervater REUEL, den midianitischen Magier gemäß *Jasher*, den die Bibel (2 Mo. 4) aber JETHRO («ein Mann»), bzw. REGUEL, «Priester von Midian» nennt. – Und allein den *masoretischen Rabbinen* des 13. bis 17. Jh. ist zu danken, daß die Les-Art *Jehovah* existiert: «יהוה *muß als IAHOH und IAH gelesen werden, nicht als Jehovah»*, so schreibt Blavatsky; und *«Der IAH der Hebräer ist der BACCHUS der [griechischen] Mysterien; – der Gott, „von dem die Befreiung der Seelen erwartet wurde – also DIONYSOS, IACCHOS, IAH" wie M.O. Müller in seiner Geschichte der griechischen Literatur, auf S. 283 schreibt».* –

Mit anderen Worten: IHVH ist, im höchsten esoterischen Sinne verstanden, der JESUS (phonetisch H↔CH ↔ S) der gnostischen Ur-Christen – der *Erlöser!* – Wieder gemäß H.P.B. stellte *Aristoteles* fest: יהוה war OROMAZDES {=AHURA MAZDÃO} und AHRIMAN-PLUTO. – Ein anderer Autor sagt: «Die {vor-islamischen} Araber stellten IAUK (IACH) als ein Pferd dar. Und *Ausonius* schrieb:,,*Ogygia nennt mich BACCHOS, Ägypten hält mich für OSIRIS; die Musier nennen mich PH'ANAX; die Indier heißen mich DIONYSOS {=VISHNU}. Den Mysterien Roms bin ich LIBER (das Kind), dem Arabischen Volke ADONIS."».* – Und derselbe Autor ergänzt: «*... und das Auserwählte Volk nannte ihn ADONAI und JEHOVAH.»* –

Gemäß *Buch Jasher* werden also OSIRIS und NIMROD – wie IHVH – *«Söhne der Weisen, Söhne von Königen der Vorzeit* genannt, die zu nachsinthflutlichen Lehrern der Menschheit wurden: Beide sind vom Stamm CHAM's, während IHVH sich ausschließlich an die ‹Söhne von SEM› hält. – Nur natürlich, daß OSIRIS den ägyptischen Gelehrten (Chamiten) *bekannt ist* ... —

OSIRIS nun ist ein Sohn des brahmanischen AMMON (*Annom* bei *Jasher*): Der römische *Jupiter* (auch JUPITER-AMMON genannt) entspricht dem brahmanischen *Djaus Pitr (dem Vater-Gott Zeus*) als Vermittler zwischen dem Weltenbaum und dem ‹AIN-SOPH›, dem ‹Alten der Alten›. – AMMON ist ein Sohn von MISRAIM, Sohn von CHAM, Sohn von NOAH. NIMROD ist ein Sohn von KUSH, Sohn von HAM (CHAM). Historisch verstanden, beschreiben daher die jüdischen Schriften vorallem die Machtkämpfe zwischen den ‹Kindern von SEM› (und hier zwischen *Esauiten* und *Isaakiten*) – und den ‹Kindern von HAM› (das sind die Bewohner Kanaans und Ägyptens). Die

257

‹Söhne von Japhet› waren längst zuvor Beider Herr geworden, wie dies eine unserer früheren Studien beschreibt.

Anmerkungen zur Confessio

[48] Zur Zeit der Entstehung der *Confessio Fraternitatis* begann bereits die Dekadenz des *Humanismus als geistige Bewegung* seit der italienischen Renaissance, die sich vorallem mit Philosophie und Wissenschaft der Antike und deren wissenschaftlicher Erforschung der Welt befaßte (Aristoteles, Platon), woraus die sog. *Scholastik* hervorging: Diese verlor sich dann in den durch unseren Text abgelehnten *Spekulationen*, deren Resultat u.a. die ‹aufgeklärten› Wissenschaften des 19. und 20. Jh. sind. – Gleichzeitig erwachten in Europa die esoterischen Geisteswissenschaften (hergebracht aus dem Orient als bestes Ergebnis der *Kreuzzüge nach dem ‹Heiligen Land›* – besonders nach Damaskus). Dies wiederum führte u.a. zur *Lutherischen Reformation* und zur *Theosophie* vorallem lutheranischer Prägung. So hat das Rosenkreuzertum auf doppelte Weise seinen Ursprung in Syrien, Persien und Arabien. Und genau wie zur letztvergangenen Zeit der Jahrhundertwende vom 20. zum 21. Jh. wurden auch die ‹Esoteriker› des 17. Jh. durch Akademie und Kirche als Schwärmer und Ketzer verschrien und lächerlich gemacht bzw. ausgegrenzt oder gar verbrannt. – Indes bewirken jetzt, 400 Jahre später, die Dekadenz der Kirchen und die fundamentale Erneuerung der Wissenschaft (Quantenphysik) eine positive Aufnahme des ‹spirituellen›, d.h. geisteswissenschaftlichen Weltverständnisses in der breiten Öffentlichkeit: Das Aufleuchten der alten Überlieferungen in der aktuellen Gnosis wirkt sogar bei Vertretern der höchsten Wissenschaften und Kirchen und in der breiten Öffentlichkeit als ein Licht, das die Menschheit nie mehr ganz vergessen können wird. – Soviel zum Vergleich der beiden Epochen. –

Der markanteste Brennpunkt für die globale Erneuerung des Inneren Menschen liegt auch heute im Mittelpunkt *jedes menschlichen Mikrokosmos:* die Funken göttlicher Geistigkeit im Herzen *jedes Menschen* – das sogenannte *Samenkorn Jesu*, die *Perle im Lotus*, oder eben die *erwachende Rosenknospe* genannt. Die Morgenröte der in der *Fama Fraternitatis* angekündigten glorreichen *geistigen Weltrevolution* ist aufgestiegen!

[49] das Wort wurde hier nicht aus dem Lateinischen, sondern vom griechischen περίοδος – *periodos* – *Umlauf, Wiederkehr, Zyklus* hergenommen.

[50] Auch hierin sehen sich die beiden Jahrhundertwenden – vom 16./17. und vom 20./21. Jh. – ausgesprochen ähnlich ...

[51] Das 6. Weltzeitalter ist gemäß der humanistischen Tradition die Zeit von der Geburt des Biblischen Jesus «*bis in das liij. jar des kaisertthumbs Friderichs des dritten und in das sibend des römischen reichs seins durchleuchtigen suns königs Maximiliani*» (so rechnet Schedel's Weltchronik, gedruckt Nürnberg 1493. – Jedoch: Friedrich III: war König ab 1440, Kaiser aber erst 1452-1493; Maximilian I. war König ab 1486, Kaiser ab 1508).

[52] Auch hierin ähneln sich die beiden Zeitenwenden: daß die Menschen sich scheiden in Solche, die nur das als Wirklichkeit anerkennen, was physisch greifbar ist – und Solche, die sich mit den unstofflichen und den ganz geistigen Dingen, Vorgängen und Zuständen vertraut machen, sodaß sie sozusagen als ‹bewußte Grenzgänger› zwischen zwei Welten leben: in einer ver-

änderlichen, vergänglichen und überall widersprüchlichen Naturwelt einerseits – und zugleich in einer göttlich geistigen und daher in *dynamischer Unbewegtheit* ruhenden Welt andererseits (vgl. Corpus Hermeticum).

[53] Also die Geschehnisse im ‹Sechsten Weltzteitalter› (s.o.) ...

[54] Beide Phrasen bedeuten dasselbe; die lateinische Version ist also eine bewußte Verdoppelung als Intensivierung *fürs Gefühl des Lesers.*

[55] Es handelt sich hier nicht um *Pluto,* den *Herrn der Unterwelt,* sondern um *Pluto* (lat. *Plutus*) – gemäß Hesiod als *Sohn von Jason und Ceres* der *Herr aller Schätze und Reichtümer.* – Vgl. Dom Antoine Pernetty, *Dictionnaire Mytho-Hermétique (1758).* – Nachdruck: Milano, Arché, 1980.

[56] Das würde auf fünf Autoren aus fünf Ländern hindeuten ...

[57] Wörtlich: *Policey-Ordnung* – lateinisch: *Politia.* Hier zu verstehen als abgeleitet vom griechischen πολιτεία – *politeia – der Staat, das Gemeinwesen,* also wohl am Ehesten als *Gesellschaftsordnung* zu übernehmen. – Daher auch an späteren, analogen Textstellen z.B. als *Gesellschaftsform Lebensnorm* oder *Umgangsformen* übertragen (franz. *poli* – ‹höflich›).

[57-A] Damit soll so nebenbei belegt werden, daß C.R.C. eine historische Gestalt gewesen sei – geboren 1378, gestorben 1484 – unter anderem Namen.

[58] Wörtlich: *Verwandtnuß.*

[59] Gemeint ist sicherlich die *Heuchelei.*

[60] Gemeint wohl das *Universum – der Makrokosmos –* im Gegensatz zur *kleinen* Weltkugel – der *irdischen, natürlichen Welt (Kosmos).*

[61] Dem bekannten Spezialisten der RC-Literatur, Dr. Carlos Gilly verdanken wir den Hinweis, daß in der Ausgabe Kassel 1615 sich der hier in eckigen Klammern ergänzte Passus findet, der auf *Heinrich Khunrath's Amphitheatrum Æternæ Sapientiæ* abzielt. – Wir geben hier direkt die Übertragung ins Deutsche gemäß dem Text der *lateinischen Confessio.*

[62] Zur Zeit des Beginns der Universitäten (15. bis Mitte 17. Jh.) fielen auch Mathematik, Philosophie und Naturwissenschaften unter den Begriff der [Freien] ‹Künste›.

[63] Vielleicht zu übertragen als *alle Verschrobenheiten und Umschweife* und deren Apostel – nämlich Alle und Alles, was nicht zentriert ist in der Einen Entwicklung des Universums im Sinne der *esoterischen Geisteswissenschaft –* und was sich demzufolge auf von der Wahrheit weit entfernten Umwegen bewegt. Es werden also mit dem männlichen Akkusativ plural die *Träger und Verbreiter* der erstarrter Lehren und Dogmen gemeint sein, die noch heute an allen Akademien und Seminarien der Welt – entgegen besserer Erkenntnis und Beobachtung – doziert und kanonisiert werden.

ANMERKUNGEN ZUR
CHYMISCHEN HOCHZEIT CHRISTIANI ROSENCREUTZ

[64] Wörtl.: *weil mir solches an dem Teuffel ... nit ant that.* – eine sehr alte, aus dem *Gothischen* stammende Form mit *ant* im Sinne von *gegen, übel* udgl.

[65] Das ‹Bad› ist im Prozeß des Großen Werks mehrfach wichtig – nicht nur zur Reinigung, sondern auch zur Vereinigung (siehe Abb zur Anm.).

[66] Gemeint in erster Linie: was die ‹Mutter› aus Gnade den jetzt Befreiten – den Anderen(Zweiten von ‹Beiden›) – erwiesen hat. – In zweiter Linie werden aber offenbar auch die noch nicht Erlösten gemeint, die bald den Ersteren, an Gnade Reichen ‹gleich sein› werden. – Zugleich wird die bekannte Tatsache angedeutet, daß, wer mehr geistige Gaben hat, auch mehr Verantwortung trägt; – daß, mit anderen Worten, der, dem mehr Talente anvertraut wurden, damit auch mehr (für Andere!) erwirtschaften muß – und (auf der geistigen Ebene) auch härter geprüft wird.

[67] D.L.S. – Manche Deutungen sind möglich: Die einfachste wäre *Deo Laus Semper – Gott sei gelobt in Ewigkeit.* – Besser zu den Mysterien passend wäre: *Dei Laus Silentium – Das [wahre] Lob Gottes ist das Schweigen,* d.h. man soll *Gott in der Stille loben,* wie es im *Corpus Hermeticum* durch Hermes geboten wird (*Corpus Hermeticum Lateinisch und Deutsch.* – a.a.O. im Kapitel *Über die Wiedergeburt und das Schweigen*). – Diese Bedeutung wird auch von Fulcanelli gestützt: In *Mysterium der Kathedralen* zitiert er aus einer *Erzählung aus dem 6. Jh,* was aus guten Gründen hier vollständig wiedergegeben werden soll:

«Ich habe gewisse Leute von einer Schrift sprechen hören, die, obzwar ziemlich ungewiß, dem rechten Glauben nicht widerspricht und recht angenehm zu hören ist. Man liest darin von einem Volk, das an einem Meeresstrand im fernen Osten wohnte und ein Buch besaß, dem Seth zugeschrieben, das vom bevorstehenden Erscheinen dieses Sterns sagte und von den Geschenken, die man dem Kindlein bringen müsse; – eine Prophezeihung, die als Überlieferung durch alle Generationen von Weisen hindurch, vom Vater auf den Sohn verkörpert wurde.

Zwölf wählten sie aus unter den Weisesten und den mit den Geheimnissen der Himmel zutiefst Vertrauten; die versammelten sich, um die Ankunft dieses Sterns zu erwarten. Starb einer von ihnen, so wurde sein Sohn oder der nächste Verwandte, der in derselben Erwartung stand, gewählt um ihn zu ersetzen. In ihrer Sprache nannte man sie Mysten, denn sie priesen Gott in der Stille und mit gedämpfter Stimme.

Alljährlich nach der Getreide-Ernte stiegen diese Männer auf einen Berg, in ihrer Sprache Berg des Sieges genannt, in dessen Fels eine Höhle gemeißelt war, lieblich gelegen wegen der Bächlein und grünen Bäume rings umher. Auf diesem Berg angekommen, wuschen sie sich, beteten und lobten Gott schweigend während dreier Tage. Dies taten sie durch jede Generation hindurch, immer in der Erwartung, ob nicht zufälligerweise dieser Glücksstern in ihrer Generation erscheinen möchte. Doch endlich erschien er auf dem Siegesberg in Form eines Kindleins, welches das Bild eines Kreuzes darbot, zu ihnen sprach, sie lehrte und ihnen gebot, nach Judäa zu ziehen. – Der Stern ging ihnen zwei Jahre lang voran, und weder Brot noch Wasser fehlten ihnen jemals auf ihrem Weg. – Was sie daraufhin taten, wird in gekürzter Form im Evangelium berichtet.» —

Andere Interpreten des Kryptogramms D.L.S. bieten an: *Deus Lux Solis – Gott ist das Licht der Sonne –* bzw. hier passender umgekehrt: *Dei Lux Sol – Gottes Licht ist eine /die Sonne.* – Weitere Lesarten sind möglich – vorallem auch wegen der Analogie *Sol & Sal – Sonne & Salz.*

[68] Das Gelöbnis ist fast wörtlich die bekannte Devise der Tempelritter: *Non nobis, non nobis, Domine, sed nomini tuo da gloriam!* – so wie auch die

beschriebene Montur: weißes langes Kleid mit rotem Kreuz ganz temp-
lerisch ist; – hier *cabalistice* ausgedrückt: *kreuzweis über beide Schultern,*
anstatt *als Kreuz auf der Schulter.* «*Über die Achseln*» könnte in der
Sprache des beginnenden 17. Jh. sowohl *über beide* als auch *auf einer*
Schulter meinen. – Und: Wer Anderer als (verkappte) Tempelritter hätte
C.R.C. an dieser Bekleidung inmitten der Menge *besser erkennen* sollen?
– Wir glauben, daß dies heute offen gesagt werden darf. –

[69] Hier ist der Ort, einen Blick auf die Realität der stofflichen Herstellung
des physischen Steins der Weisen im LabOratorium zu werfen: Noch immer gibt es ja Menschen, die diesen konkreten, sehr geheim gehaltenen
und so geheiligten Prozeß für eine Fiktion – für ein barockes Phantasma
halten, weil «solches bekanntlich unmöglich» sei. Diesen Skeptikern kann
nur geholfen werden, indem ihnen mehr und bessere Informationen zugänglich gemacht werden. Deren wichtigste sind zweifellos in den genannten
Büchern von Fulcanelli enthalten; und die Mühe, diese zu lesen bis zum
konkreten bildhaften Verständnis, sollte niemand sich ersparen. Auch
hieße es, die Aufgeklärtheit übertreiben, wollte man einen mit der Symbolik
der operativen Alchemie gespickten und geradezu überdeutlich betitelten
Text für eine bloße Symbolgeschichte ausgeben.

Worum es diesbezüglich vorallem geht, wenn die ‹aufgeklärte› Skepsis
einmal überwunden ist, das ist, zu verstehen, daß das menschliche Ein-
dringen in die innerste Intimität der Natur – nämlich in die Reproduktion
und Weiterführung natürlicher Stoffumwandlungs-Prozesse (z.b: Erlangen des Steins der Weisen und *anschließende* Metallumwandlung) – nur
dem Menschen ohne Schaden erlaubt und möglich wird, der zugleich mit
der ‹kanonischen› Materie sein eigenes ‹bleiernes› Wesen in ‹geistiges
Gold› umwandelt. In geistig-seelischer Schau sein intellektuelles ‹Wissen›
veredelnd, sein gewöhnliches Urteil klärend, sein ich-zentrales Weltbild
durch einfühlendes All-verständnis erweiternd und die Dialektik von
‹gut› und ‹böse› vollkommen übersteigend in bedingungsloser Liebe: So
eröffnen sich dem Menschen die wahren Wege der Natur. – Wer diesen
geistig-stofflichen Weg wenigstens bildhaft verstanden hat, versteht die ‹geheime› Sprache, welche di geistig-physischen Vorgänge so adäquat als
überhaupt möglich ausdrückt. Es geht also darum, einen innerlichen (mehr
physischen als mentalen) Begriff davon zu erlangen, was ‹Schwefel›, was
‹Quecksilber›, was ‹Salz› bedeutet, u.s.w. – Eine typische Textstelle dafür
ist die folgende in *Mysterium der Kathedralen* von Fulcanelli (a.a.O.):
«*Die Auflösung des Schwefels, mit anderen Worten: seine Absorption
durchs Quecksilber, hat zu den unterschiedlichsten Symbolen Anlaß gegeben; aber der daraus resultierende Körper, homogen und perfekt bereitet, behält den Namen des Philosophischen Mercur und ebenso das Bild des
Schlangenstabs (caducæus) bei. Dies ist die Materie oder das Compositum
erster Ordnung, das vitriolisierte Ei, das lediglich noch einer stufenweisen
Kochung bedarf, um sich erst in roten Schwefel, sodann ins Elixir, und endlich, in der dritten Stufe, in die Medicina Universalis umzuwandeln. „In unserem Werk – so versichern die Philosophen – genügt der Mercur allein“.*»
Was nun die *Vier Wege* der Chymischen Hochzeit von C.R.C. betrifft,
so bedeuten die ersten drei gerade die drei stofflichen Wege im Laboratorium, die in den erwähnten Werken von Fulcanelli für die heutige Zeit ver-

ständlich gemacht wurden: den sog. ‹*Feuchten*› oder ‹*Nassen Weg*›, den *trockenen Weg* und den ‹*Kurzen Weg*›. – Einzelheiten dazu entnehme man den hier empfohlenen oder anderen gedruckten Werken.

Der vierte Weg hingegen ist der alchimische Weg der Transfiguration, der – entgegen dem lieblichen Vorurteil das der Text suggeriert – eben kein harmloses Spazieren durch philosophische Gefilde bedeutet, mit dem mühelosen Eintreten in den königlichen Palast des Neuen Jerusalem als krönendem Abschluß. Nein, wer den transfiguristischen Pfad mit Ernst erwählt, wird es nicht viel leichter haben als der laborierende Alchemist. – Zwar droht ihm nicht im gewöhnlichen Sinne Lebensgefahr, wie Jenem. Aber der Text sagt es in deutlicher Allegorie: Dieser Weg ist «*mit Feuer und Dampf dermaßen umgeben, daß ich mich ihm nicht einmal von Weitem zu nahen wagte*». Denn der Werg von Endurá und Transfiguration ist – in seiner letzten Konsequenz – «*verzehrend und ausschließlich für unvergängliche Körper tauglich*», wie der Text sagt.

Auf diesem Weg wird wirklich der gesamte Mensch, wie er ist, verzehrt, von innen her ausgebrannt und ausgeräuchert bis zur vollkommenen Reinigung seines gesamten Wesens – der Seele, dem Geiste und dem Körper nach. – Im *Corpus Hermeticum*, im Kapitel *Über die Wiedergeburt und die Auferlegung des Schweigens* – sagt Hermes zu Tatios:

«*Was ich deutlich sehe, das ist ein Schauspiel, das mir aus der Gnade Gottes geschenkt wurde, und wodurch ich in einen unsterblichen Körper überführt worden bin. Und so bin ich nicht mehr, Der ich zuvor war, und bin neu zu einem Gemüt geworden. Dieses Mysterium wird nicht gelehrt. – Schau in dieser [meiner] neu gebildeten Gestalt – soweit man sie sehen kann – deretwegen die erste Zusammensetzung von mir gering geschätzt wird, nicht welche Farbe ich habe, wie ich anzufassen sei, oder wie ich bemessen bin. Von all dem bin ich derzeit entfremdet ...*»

Was haben nun der Pilger auf dem mystischen Weg und jene auf den drei Wegen mit stofflichem Feuer gemein, falls sie ihr Ziel erreichen? Sie sind, wie Hermes a.a.O. sagt, «*Menschen, die ein Kind Gottes geworden sind aus dem Willen des Einen Gottes*». – Unterwegs aber sagen beide aus einer Schau heraus, die nicht überschätzt werden darf (weil sie reine Autosuggestion sein könnte), was Tatios a.a.O. zu Hermes sagt: «*Auch ich bin meinem früheren Gemütszustande entfremdet. – Zugleich sehe ich im Ausdruck der geringsten Dinge ihre Großartigkeit, und in meinem eigenen meine Unbedeutendheit*».

Ganz gleich ergeht es offenbar auch C.R.C. auf seinem Weg zum Palast und zur Hochzeitsfeier – und zwar bis zum glücklichen Ende: Wäre der Mensch der Erlösung – ob auf dem alchimischen oder dem alchimischen Weg – ganz unwürdig, so gäbe es keinen dieser Wege. Indessen ist und bleibt – verglichen mit der Gnade, die das Bemühen des noch sterblichen strebenden Menschen ‹belohnt› – diese *Würdigkeit* recht gering.

[70] Das moderne Deutsch hätte lieber: *und konnte es mir doch nicht erklären ... – oder ... ausdenken ...* – Indes geht es hier darum, daß intellektuelle *Spekulation* die Wege nie erklären kann, worauf der Mensch durchs ‹Geschick› – oder aus ‹Gottes Willen› – sich sogenannt ‹*zufällig*› begibt.

[71] «*Geht weit, weit weg von hier, ihr profane Menschen* (Weltmenschen)*!*»

[72] Der Randtext schlägt folgende Lesarten vor: *Sanctitate Constantia; Sponsus Charus; Spes Charitas.* – Andere mögliche wären: *Sal Christi; Spiritus Curat; Solve et Coagula; Semper Constans; Sanctificatus a Christo* ... – zu Deutsch: *Durch Heiligung und Standhaftigkeit; Teurer Bräutigam; Hoffnung und Liebe; Salz Christi (des Großen Werks); der Geist heilt; Löse und festige; Immer standhaft; Geheiligt durch Christus* – u.s.f.

[73] Wieder sind mehrere Deutungen möglich, am Leichtesten aber aus dem Gebiet der operativen Alchemie – so z.B. *Studio Merentis; Sal Mineralis; Sancta Materia, Sal Mercurialis, Sal Menstrualis, Sulphur et Mercurius, Sigillum Mysterii, Solutio Mysterii, Sublimatio Materiæ, Semper Morans;* – auf Deutsch: *durch die Hingabe des Würdigen; Mineralisches Salz; Heilige Materia (Prima); Mercurialisches Salz; Menstrualisches Salz; Schwefel und Quecksilber; Siegel des Mysteriums, Auflösung des Geheimnisses; Sublimation des Stoffs; Immerwährend.*

[74] Wörtlich: *dz ich auch den Hütter nit behiet* ... – ihm kein «*behüt dich Gott*» wünschte: Der Wunsch wurde damals offenbar gedanklich so eng mit seiner Erfüllung verbunden, daß er sogar mit dem Wünschenden identifiziert wurde, der damit überdies eine *innere Verantwortung* übernahm!

[75] Der Randtext schlägt vor: *Salus Per Naturam; Sponsi Praesentandus Nuptiis* – {Das Heil durch die Natur; [der Träger] ist an der Hochzeit des Bräutigams vorzustellen}; – und wir können hinzufügen: *Sulphur – Phosphorus – Nitrum; Salvat Petra Naturam* – d.h. *der Stein heilt die Natur.*

[76] Die *Zunft der Scherer und Balbierer* war außer fürs Rasieren und Haareschneiden auch für kleine chirurgische Eingriffe und als Zahnärzte zuständig – gelegentlich mit einem Angebot zweifelhafter Tränke und Pillen.

[77] Er schnitt ihm also einerseits eine Mönchs-Tonsur, ließ ihm aber die seitlichen langen Locken eines Rabbiners ...

[78] Der Text ist hier unklar: Zuerst ist es *ein* Page mit zwei Fackeln; dann *lassen sie* ihn allein, und endlich stellen sich *beide Pagen* wieder ein ... – Das *Beide* kann sich jedoch auch auf *beiderlei Arten* von Pagen beziehen, wie zuvor im Falle des Brunnens.

[79] Es wäre schade, diese farbigen Ausdrücke aus dem Text zu verbannen. Sie werden daher mit ihren ursprünglichen Bedeutungen – z.T. gemäß dem *Deutschen Wörterbuch der Gerbrüder Grimm* — gleich ‹übersetzt› wie die unverzichtbaren lateinischen Ausdrücke.

[80] Gemeint: Solche, die das *Perpetuum Mobile* zustande gebracht haben wollten, was gemäß den heutigen Gesetzen der Mechanik unmöglich ist.

[81] Der Ausdruck *Lapis Spitaláuficus* steht für die Gaukeleien jener Scharlatane, die behaupten, den Stein der Weisen machen zu können oder gar zu besitzen, während sie in Wirklichkeit keine solide Kenntnis davon haben.

[82] Dies gilt nicht nur bezüglich der allgemeinen okkulten After-Literatur, sondern ganz besonders bezüglich der pseudo-alchemistischen Schriften, worin unnötige Geräte, unsinnige Materialien, untaugliche Prozesse und unrealistische Wirkungen des von ihnen selbst nicht gekannten Steins der Weisen beschrieben wurden, wodurch Charlatane und ehrliche Bläser zugleich lächerlich wurden und z.T. in ernsten Verruf kamen – zum

Schaden von «*des Königs gutem Ruf*», d.h. der Ehre der rechten Kunst der Alchemie. Damit wird ausgesagt, daß es aus Sicht des gesamten Okkultismus strafbar sei, sich verführen zu lassen («Unwissenheit schützt nicht vor Strafe»), aber noch viel strafbarer, Andere wissentlich und willentlich zu verführen, um dadurch weltlichen Gewinn zu ergattern. Nur wer eine sichere *Kenntnis* besitzt oder eine gewisse *Erfahrung* hat, kann ja *unterscheiden* zwischen Betrug und bonafider Belehrung. – Schon die *Fama Fraternitatis* (im Vorliegendern S. 39 f.) sowie die *Confessio Fraternitatis* (hier S. 55 f.) haben dieses Problem in klaren Worten angesprochen – siehe dort.

[83] Solch ein *Catalogus Hæreticorum* – Ketzer-Katalog und *INDEX Expurgatorium* – um sowohl ganze Bücher wie einzelne Ausdrücke auszumerzen, wurde zum ersten Mal im Konzil zu Trient zum Gebrauch der Inquisition erstellt. – In gegenwärtigem Zusammenhang: für die *Lutheranische* Aufsichtsbehörde, bzw. rein ‹intern› für die Bruderschaft.

[84] Jan van Rijckenborgh in seinem *Kommentar zur Chymischen Hochzeit Christiani Rosenkreutz* (a.a.O. Kap. II, 16) erklärt die Gewichte wie folgt: «*Die drei größten Gewichte der Vollkommenen Zahl ... lenken unsere Aufmerksamkeit auf die wahre Gotteserkenntnis, die wahre Erkenntnis der universellen Liebe und die wahre Erkenntnis der Weisheit ... ein gleichseitiges Kräfte-Dreieck, das den Kandidaten befähigt, im Dienst für Gott und Menschheit im wahren Sinne aufzugehen*». – Zu den vier kleinen Gewichten schreibt er: «*Es ist selbstverständlich, daß der Kandidat der Kleinen Mysterien 1. unerschütterlich in seiner Hingabe sein muß; – 2. In seiner Dienstbarkeit Harmonie um sich verbreiten muß; – 3. eine gute, fundierte logische Entwicklung in all seiner Arbeit verwirklichen muß; – in allen Ansichten seiner Dienstbarkeit ein wahrhaft priesterlicher Mensch sein muß. – Das ist die Aufgabe der vier übrigen Strahlen der Vollkommen Zahl, die nur dann ausgeführt und zu einem guten Ende gebracht werden kann, wenn das Dreieck der großen Gewichte gezogen wurde*».

[85] *Oblivionis haustus* – Ein *Trunk des Vergessens*.
Jan van Rijckenborgh in seinem Kommentar a.a.O. weist darauf hin, daß grundsätzlich jeder Kandidat der Mysterien – wenn er dessen würdig ist – *während den Nachtstunden seines Schlafes* zum Kreis der Universellen Brüder ‹aufsteigen› und dort gewisse Lehren empfangen kann. Wer nun dort für unwürdig befunden wird, wird wieder ‹mit Spott hinausgejagt›, wie unser Text dies erzählt, kann sich aber nicht bewußt daran erinnern: so, als ob ihm ein ‹*Trunk des Vergessens*› gereicht worden wäre. – Dieses Aufsteigen findet grundsätzlich jede Nacht statt, falls er oder sie sich vor dem Einschlafen entsprechend auf diese Sphäre hin orientiert.
Ähnliches geschieht beim Sterben dem physischen Körper nach: Wird der mikrokosmische Mensch zu einem neuen *Kreislauf von der Geburt zum Grab* geboren, so kann er sich grundsätzlich an seine frühere(n) Existenz(en) und die darin erlebten Situationen nicht erinnern; nur seinem sog. *mikrokosmisches Gedächtnis* sind die essentiellen Elemente davon unlöschbar eingeprägt – dies u.a. prägt im neuen Leben sein *Gewissen*. – Auch hier spricht man davon, daß «der Tod dem Sterbenden einen *Trunk des Vergessens* bezüglich des soeben beendeten Lebens» reiche.

[86] *Suspensio ponderum*: die Aufhängung der Gewichte.

[87] Wörtlich: *die sie ihnen selbsten verzeichneten* ... – unklar; die Übertragung ist möglichst plausibel: daß sie die Bilder, die sie betrachten wollten, selbst aussuchten. Das schließt die *eigene Imagination* mit ein. – Dementsprechend wird der Ausdruck *Characteres*, der von einzelnen Buchstaben über graphische Zeichen bis zu komplexer Symbolik sowie mythologischen Gestalten und Landschaften (Tafelbildern) reichen kann, doppelt wiedergegeben als *Darstellungen und Symbole*.

[88] *Globus terrenus* – *Erd-Kugel* oder *irdische Kugel*.

[89] Wörtlich: *mit seinen geuerben*. – Gemäß *Südhessisches Wörterbuch* veraltet für *Gelenke*; – im Apparatebau auch an Türen, Fenstern, Geräten, Maschinen etc., für Scharniere, Achsen, Räder, drehbare Bolzen, Drehgelenke benutzt.

[90] Ein *Karbunkel* – bei den Paracelsisten ein *Carbunculus* – ist ein kleinerer oder größerer Kristall des *Steins der Weisen* – eingeschlossen im Endprodukt des ‹Kurzen Wegs›, der zu einem Resultat führt, das dem heute gleichnamigen natürlichen Mineral sehr ähnlich sieht: Das ist das von Fulcanelli *Seeigel* – *Oursin* und daher auch *Petit Ours* genannte Conglomerat (was wieder auf den *Nordstern* verweist). – Noch um ca. 1930 findet man den *Karbunkel* (deutsch: *Karfunkel*) als strahlenden Inbegriff leuchtender Helle: Bei Christian Morgenstern sagt die *Erde* zum *Würfel*: «... ich bin so licht wie ein *Karfunkel, sobald du dich hinweggefleckt»*.

Kein Wunder daher, daß in unserm Text *«übergroße Carbunkel der größte Schatz des Königs»* sind!

[91] *«Kunst»* steht in diesem Zusammenhang für *Magie* – andernorts auch für ‹Laborkunst›. – Daß «die Zeit nun vorüber» sei, bedeutet in der Erzählung, daß die Tafel aufgehoben sei; bezüglich des Vorhergehenden vielleicht auch, daß die Zeit, in der man solche Magie pflog, vorüber sei.

[92] Wörtlich: *bei eim eigenen Bott*. – Der Ausdruck wird mundartlich selten noch ungefähr im Sinne eines Austauschs von Neuigkeiten im Gespräch mehrerer Personen (Versammlung) so benutzt; einigermaßen geläufig ist er heute noch im Zusammenhang mit (meistens lokalen oder regionalen) kleinen Nachrichtenblättern.

[93] Das *Gratias* ist – *war* einst – das Dankgebet nach Tisch.

[94] Die *Zinke* ist eines der ältesten Blasinstrumente: trompetenartig, gefertigt aus Holz, Elfenbein, Horn, manchmal aus mit Leder überzogenem Metall. Sie gehörte zu den beliebtesten Blasinstrumenten des 17. und 18. Jh., wird aber schon in der Antike abgebildet. Als Beispiel Abb. S. 244: Romanische Bilderdecke der Kirche St. Martin in Zillis (datiert aufs Jahr 1160).

[95] Ein klassisches Beispiel dafür, daß (wie im Falle der lateinischen Texte in der *Fama*) wenn ein hermetischer Text betont: «... *war nun gut zu lesen und zu verstehen* ... » deutlich gemacht werden will, daß dies gerade ein sehr schwieriges Rätsel sei; – hier umso mehr, wo der Text noch zynisch nachdoppelt: «... *weil sie leichter ist als jede andere»*. – Überdies wird kein einziges Zeichen wiederholt, wie bei der analogen Schrift im Falle des *Sechsten Tags*, wo immerhin die Zeichen ☉✚☽ erkennbar sind. – Am ehesten wird es sich *zum Teil* um ein Datum (Jahr-Tag-Monat) handeln – vgl. Fulcanelli, *Mysterium der Kathedralen*, a.a.O. S. 99: *«Wer dies Wasser trinkt, wenn ihn Glaube durchdringt, das Heil schon erringt»*.

[96] Am Rand des Originals steht hier: *Die Jungfrau mit der Fackel stellt die Gäste vor.* – Das weist auf ihr stetiges Hochhalten der Licht-Fackel hin.

[97] Das entspricht verbal dem *solaren Zentralfeuer* ◯. wobei jede Ecke (jeder ‹Stuhl› oder ‹Thron›) bipolar – mann-weiblich – ‹besetzt› ist.

[98] Wörtlich: *einander zuzusprechen.* Das könnte auch *einander zuprosten* heißen. Auffallend oft wird ein ‹Trunk Wein› erwähnt – wohl als Moment *geistiger Andacht,* während die ‹Mahlzeiten› der Belehrung dienen.

[99] Es würde zu weit führen und allzuviel Kenntnis der Alchemie im Laboratorium beinhalten, dieses Theaterstück, das – noch mehr als der Großteil der danach folgenden Rahmenerzählung – alle Symbole und Operationen des Großen Werks aufführt, konsequent zu kommentieren. Wer das große Werk kennt, wird auch den Prozeß erkennen; – wer es nicht kennt, hätte keinen Vorteil aus einer eingehenden Erklärung. Man lese lieber die bereits angemerkten Bücher von Fulcanelli, der diese Symbolik ausführlich darlegt und sehr weitgehend erklärt. Bezüglich der esoterischen Deutung sei auf die durch J. v. Rijckenborgh kommentierte Ausgabe verwiesen (siehe oben). – Das Theaterstück hier zeigt aber noch ausführlicher das wiederholte *solve et coagula – trenne und vereinige* der *sieben Operationen* bis hin zur endgültigen ‹Hochzeit› des männlichen und weiblichen Prinzips – vollendet durch das Erhalten des Steins der Weisen, d.h. das Auftreten des in Purpur gekleideten ‹Königs› selber.

[100] Der Text enthält kein Verb für diesen Nebensatz, sodaß unklar wäre, ob das *Kistchen* das Brieflein etc. *enthielt,* oder ob das (ebenfalls im Kästchen enthaltene) Kind dieses *hielt* bzw. *überbrachte* . – Aber das Bild erinnert an eine klassische Darstellungen in der operativen Alchemie: An den auf dem Wasser schwimmenden *Kubischen Stein* – und an die *Arca Arcani Artificiosissimi* – Schiff und *Truhe oder Schatzkästlein* zugleich. – Das *Kindlein* gilt uns dann als der *Regulus* – als der «unausgereifte *Stein*» oder «junge König». – Mystisch ausgedrückt entspräche dies der *Jesus-Geburt* des Kandidaten. – Operativ folgt darauf der ‹Kindermord› oder ‹Hinrichtung der Unschuldigen› – ‹*Massacre des Innocents*› – mit der Wiedergeburt (Geist-Geburt) aus dem ‹Blut des Grünen Löwen› – etc.

[101] Wörtlich: *da sie sich wurden auff folgende Articul gegen S[eine] M[ajestät] verloben.* – Das *Verlöbnis* des Paars wird zum *Gelöbnis* gegenüber dem König, der im Höheren Sinne das *Geistordensgesetz* vertritt.

[102] Die *vier Tiere Danielis* entsprechen – abgesehen von der uralten {von Babylon in den antiken Westen gekommenen, kabbalistischen und später christlichen eschatologischen Symbolik – den vier ‹Hitzegraden› der alchemistischen Praxis, die ‹Regimente› oder ‹Regierungen› der verschiedenen Feuer genannt. – Insofern können die Vier Tiere auch die *vier Weltzeitalter* meinen: das goldene, silbrige, bronzene und eiserne – und daher (in umgekehrter Reihenfolge) auch die vier Stufen Des Werks.

Der deutsche *Text Danielis* zeigt mehrere Unterschiede zur lateinischen Vulgata. Besonders wird der auftauchende ‹*antiquus dierum*› schlicht mit *der Hochbetagte* übersetzt, wodurch der gewiß beabsichtigte Hinweis auf den *Baum der Sephiroth* in der *Qabbalah* zugedeckt wird. Der *Sehr Alte* – oder *Alte der Tage* – ist nämlich der oberste der nicht zehn, sondern 12 Sephiroth, der nur noch vom *Ayin-Soph* oder *Allsehenden Auge* an Würde und Macht übertroffen wird. – Damit wird gezeigt, daß man den Text der *Chymischen Hochzeit* auch noch auf der Ebene der Qabbalah lesen können sollte: Diese Kenntnisse waren für höhere Eingeweihte des 17. Jh. noch obligatorisch und selbstverständlich (vgl. Anm. 47).

[103] *geit* – mittelhochdeutsche Form für *gibt.* – Ansonsten wird in den Versen der *Chymischen Hochzeit* leicht dem Reim wie der Sprache einwenig Gewalt angetan: Man war da noch etwas flexibler als heute, und es wäre schade, auf die Wiedergabe solcher Großzügigkeiten zu verzichten .

Am Ende der dritten Strophe – des *Dritten Werks der Alchemie* – wird auch noch die *Multiplicatio* erwähnt (vgl. Fulcanelli, a.a.O. und S. 171).

[104] *Haustus Silentii – Trunk des Schweigens.*

[105] Zur Bedeutung des Begriffs *Bühne* oder *Bühni* siehe Anm. 31.

[106] Daß die Buchstaben aus *Kupfer* seien, wird deshalb betont, weil es sich um ein Heiligtum der *Venus* handelt. Die Schrift ist nun wirklich einmal ‹klar und einfach›, wie der Autor sich gerne ausdrückt. Wenn man einen kleinen Chiffrierfehler (einmal ‹n› anstatt ‹m›) verbessert – und auch akzeptiert, daß für ‹g› und ‹t› dasselbe Zeichen verwendet wurde, während ‹i› und ‹y› nicht unterschieden sind, so heißt die Umschrift:

HIE LIGT BEGRABEN / VENUS, / DIE SCHÖN FRAW, SO {= die} MANCHEN / HO[h]EN MAN/UMB GLÜCK, EHR, SEGEN, UND WOLFART /GEBRACHT HATT.

[107] *Des Königs Gesinde* sind seine ‹*familiares*› – also im Römischen Sinne Alle, die zu seiner *Famila* gehören: Verwandte wie Sklaven und übrige *Hausgenossen*. Gelegentlich werden solche Eingeweihte *Söhne der Sonne (Solis) – die alleinigen (soli) Söhne der [Salz-]Kunst (salis)* — genannt (vgl. *Mutus Liber – das stumme Buch der Alchemie;* a.a.O. Taf. I).

[108] Das entspricht graphisch dem Symbol △ bzw. ▽, das in der hermetischen Symbolik oft erscheint – z.B. auch als Figur zum *Zehnten Schlüssel* von Basilius Valentinus (vgl. *Der Schlüssel zu den Zwölf Schlüsseln von Bruder Basilius Valentinus; –* a.a.O.). – Das *solare Wasser* ▽ ist die ‹Jungfrauen-Milch› der ‹Venus› im Großen Werk. – Noch verdeckter erscheint dies Symbol bei Basilius Valentinus a.a.O. in der ‹*Venus-Jagd*› (vgl. Abb. S. 244).

[109] Das sind die vier biblischen Tiere (vgl. NT, Offenb. und Anm. 102).

[110] Dieser ‹Geheim-Text› ist weitgehend gleich verschleiert wie der vorhergehende und heißt, genau transcribiert:

WAN DIE FRUCHT MEINES BAUMS WIRD VOLLENDS VERSCHMELTZEN, WERDE YCH AUFWACHEN UND EYN MU[o]TER SEYN EINES KONIGS.

[111] *ein piretes Liechtlin* –ein *birnförmiges* Licht. In der gegebenen Umgebung sollte man an das in eine ‹birnförmige› Phiole eingeschmolzene *Elixir* denken (vgl. Anm. 27 sowie Tafeln 2, 8, 10, und 13 in *Mutus Liber*, a.a.O.).

[112] Ein Hinweis auf die vielfarbigen Entwicklung der deutschen Sprache: wörtlich: *einen groben Zotten* (= *eine grobe Zote*) *reißen* ... –Daneben analog zur *Posse* das franz. *bosse* für eine ungewöhnliche *Erhöhung.*

[113] Wörtlich: *ungerochen* – = *ungerächt* – d.h. *ungestraft* ...

[114] Wörtlich: *veriaren* – wohl das heutige *verjähren*, Bedeutung aber damals *absterben* – daher die gewählte Version.

[115] *Die fünf Corpora regularia* – die fünf platonischen Körper: Tetraeder, Octaeder, Würfel, Dodekaeder und Ikosaeder. Man beachte die Assonanz zu *Regulus* – *der kleine/junge König* (siehe Abb S. 244).

[116] Über die verschiedenen Formen von LIEBE – von der rein mentalen humanistischen ‹Sympathie› bis zur rein Libido-betonten Begierde wird schon vor der Zeit von Platons Dialogen diskutiert, in antiken Dramen geschrieben und philosophiert. Die diesbezügliche Literatur ist beeindruckend. – Warum wohl? – Einerseits weil moralische, soziale, ontologische sowie rein begriffliche ‹Normen› (alle diese sind bloß *Ideen-Bilder!*) seit je im Fluß waren und bleiben. – Andererseits, weil grobsten Vereinfachungen (z.b. aus dogmatischen Gründen) differenzierteste Nuancierungen dieses Komplexes aus Verstandes-, Gefühls- und metaphysischen Impulsen teils gegenüberstehen, teils *unbewußt* damit vermengt werden – selbst bei geistig (also spirituell) hoch entwickelten Individuen. Da nun aber ‹DIE LIEBE› so in der *Chymischen Hochzeit* wie im täglichen Leben und *für die gesamte kosmische Ordnung und Dynamik* – recht verstanden – an oberster Stelle steht, sei hier ein entsprechender Exkurs gewagt:

Die Bildsprache der *Chymischen Hochzeit Christiani Rosencreutz* unterscheidet an der Stelle, wo die gegenwärtige Anmerkung eingefügt wurde, explizit zwischen *Eros (‹Cupido›)* und *Kosmos* (Cosmogonie, Anthropogonie, Ontologie) in deren höchsten, also esoterischen Verständnis-Formen – d.h. ‹*Venus*› in ihrem ursprünglichen, welt-mütterlichen Sinn.

Eine Grundlage zur sinnvollen Differenzierung geben die Kern-Begriffe, die zuerst bei Platon, dann bei den Neo-Platonisten und in der Renaissance geprägt bzw. ausgedehnt wurden. Spätere Philosophen haben kaum Neues gebracht, sondern nur frühere Konzepte als mit ihren eigenen, neuen übereinstimmend oder als ihnen widersprechend klassiert und kommentiert – mit dem Extrem von Freud, der seine doch etwas einseitige Psychoanalyse für vollständiger hielt als die an der konkreten Lebensrealität gereiften Konzepte von den Vorsokratikern bis zu Giordano Bruno und Julius Evola.

Wie überall ist auch hier das Zusammenspiel der Sprachen hilfreich: Bereits die Assonanz zwischen *Eros* (vereinfacht: Leidenschaft) und *Heros* (Held; – vgl. den *amore eroe* des Giordano Bruno) drückt aus, daß es sich hier um eine Form von egozentrischem Verlangen handelt – vom Besitz des ‹geliebten Gegenstandes› bis zum Erreichen einer hohen sozialen, politischen oder ökonomischen Stellung: Dies, folgt aus der Beobachtung, daß ‹erotische Vergnügen und Leidenschaften› keineswegs auf Sexualität begrenzt sind, sondern im Gegenteil auf allen Lebensgebieten angestrebt werden. – Die heutige Umgangssprache drückt dies überdeutlich aus, wenn sie Dinge oder Momente als *sexy, geil* oder *orgiastisch* qualifiziert.

Damit ist die Haupteigenschaft des Eros definiert als eine Erregung, die – auf allen Lebensgebieten – den Menschen mit mehr oder weniger Macht zu begieriger Spannung und extatischen Höhen, aber auch zu Enttäuschung und Haß führen kann und – allein auf sinnlicher Ebene empfunden – stets führen muß. – Diese Form von ‹Liebe› ist also in jedem Fall (ob auf zwischenmenschlicher, sozialer oder sachlicher Ebene empfunden) eine Form rein ich-bezogener ephemerer Begierde-Sättigung: Ein *leidenschaftlicher* Katzenfreund z.B. ist eben kein *Katzenfreund*, ein Pietist kein Gott Liebender, und nicht jeder hingebungsvolle Sucher ein Philosoph: sie sind vielmehr Ausdruck von auf Katzen bzw. auf ausgesuchte Menschen, Dinge oder Verhaltensweisen *projizierter Selbst-Liebe* – und so fort.

Dem gegenüber steht das Extrem der *Philīa* – griechisch für serene Freundschaftlichkeit in einer Form der Freiheit, die gerade durch ihre bewußt oder unbewußt gepflegte Unabhängigkeit das verhindert, was das Wesen wahrer Liebe – ‹DIE LIEBE› – ausmacht. Ein Ausspruch in der modernen esoterischen Literatur bringt es auf den Punkt: *«Die Liebe muß sich weiterschenken – denn das ist ihres Wesens Grund!»*. – Dabei gilt heutzutage als bekannt: Nur jene Menschen können Liebe weiterschenken, die sich selbst auf die rechte Weise lieben. – Welches aber ist nun jene «rechte Weise?» – das haben sich viele Philosophen, Eingeweihte und Sucher in allen Jahrhunderten seit der Antike gefragt. —

Eine dritte Ausdrucksform von Liebe drückt der griechische Ausdruck *Agápè* aus. Seine Bedeutung kann zusammengefaßt werden in der lebhaften Vorstellung der bei den Urchristen so wie zuvor bei Gnostikern und im Mithras-Kult gepflegten *Brudermahlzeiten* – selbst *Agápè* genannt. Sprachlich bedeutet *Agápè* – bzw. das Verb *agapáō* – bewillkommnen, brüderlich aufnehmen, liebevoll annehmen, hochachten, gastfrei bewirten, *persönlich* gern haben, lieben – einschließlich des seit der Antike bis ins späte Mittelalter gepflegten *Bruderkusses* ohne die Hemmungen moralistischer Fehl-Interpretationen durch Jene, denen das *reine Hingeben von Liebe* nicht selbstverständlich – oder gar von innen her unmöglich war bzw. ist: Noch heute gibt es Gebiete und Länder, wo der Bruderkuß eine von Herzen kommende Selbstverständlichkeit ist; es gibt auch Menschen, bei denen er *wieder selbstverständlich geworden* ist – samt solchen, die keinerlei Bewußtsein damit verbinden bzw. ihn als sinnlose Geste empfinden und – oft fühlbar gedankenlos – dennoch pflegen.

Damit ist ein Rahmen beschrieben für *echte Liebe* – ‹DIE LIEBE› genannt: Es handelt sich also um rückhaltloses Geben ohne innere Leidenschaft aber durchaus mit individuell ‹persönlichem›, wenn auch nicht ich-bezogenem Engagement. Das ist die «serene Neutralität» – der distanzierte innere Gleichmut in authentischer Anteilnahme und Heiterkeit. – Also nicht vom *Ausgleich eines innerlich empfundenen Mangels* ist die Rede, sondern vom *Mitteilen innerer harmonischer Fülle,* die so intensiv empfunden wird, daß sie *«sich weiterschenken muß».* — Dabei soll hier nicht verschwiegen werden, daß jeder Mensch, solange er eine Ich-Persönlichkeit hat – und die braucht er *auch,* um in dieser Welt der Gegensätze zu existieren – nicht vollständig frei sein kann – weder von Sympathien und Antipathien, noch von Wünschen und Ängsten; denn er und sie bleiben Menschen!

Der geistig Strebende, der sich auf *seine eigene* Chymische Hochzeit vorbereitet – und um ihn, um sie geht es ja hier – hat ein ganz bewußtes Liebes-Ideal: das höchst mögliche, dessen *Basis* die Erfüllung des Einen Gebots ist: *«Du sollst Gott lieben von ganzem Herzen, mit ganzer Seele und mit allen Vermögen – und Deinen Nächsten wie Dich selbst!»* – Auf dieser *Basis* strebt der Kandidat des höchsten Mysteriums – des Mysteriums der Liebe – weiter und weiter, bis hin zur Vereinigung mit dem All-Einen, Der die Liebe IST: *«Gott ist Liebe»* sagten nicht nur die Katharer des Mittelalters, sondern alle spirituellen Gemeinschaften bis heute. *«Der Philosoph kann das Objekt seiner Liebe nie erreichen»* – so sagt der heutige Mensch, indem er sowohl vollendete Schönheit, als auch vollkommene Güte und fleckenlose Wahrheit als *Teil-Objekte, Teil-Ziele* betrachtet, die aber an ihrem höchsten Punkt zusammenfallen. – In Wirklichkeit kann es in jenem ‹höchsten Punkt› kein *Objekt der Liebe* mehr geben, so wie es auch kein *Subjekt der Liebe* mehr geben kann: Die vollkommene Fülle der Liebe ist die Vereinigung mit dem All-Einen: mit Ihm, Der/Das Die *Die Liebe IST* – und in dieser Einheit sind Subjekt und Objekt Eins, sind Innerstes und Äußerstes Eins, ist *«das Obere gleich wie das was unten ist, und das Untere ist gleich dem was oben ist»* – wie die Tabula Smaragdina es ausspricht! – Aus diesem Grund stellten die Eingeweihten aller Zeiten und Richtungen stets fest: Das Eine – der eine höchste Gott – DIE LIEBE ist *in Dir selber: dort* muß die Suche jedes Suchers stattfinden – am Beginn, in der Mitte und am Ende Des Wegs!

Die christliche Ära sowie die lateinische und moderne Sprachen haben die breite und tiefgreifende Begrifflichkeit der Antike (aus Eros, Philia und Agápè) gegen den simplen Begriff ‹Liebe› eingetauscht – oder gar, in der Sprache seit dem NT abgeflacht auf jene von *Barmherzigkeit, Nächstenliebe* und (ausschließlich kirchlich-christlich verstandene) *Gottesliebe.* Das Eine Gebot von Jesus dem Christus blieb somit auf der Strecke ... –

Doch kehren wir nach diesem breiten Exkurs zum Text der *Chymischen Hochzeit Christiani Rosencreutz* und zu deren Warnung zurück: *«Wollte sich Einer von mir warnen lassen, der gehe Veneris Bett müßig, denn Cupido kann solches nit leiden!»*

Wie haben wir dies nun – nach all dem Obigen – zu verstehen? – Offenbar tadelt sich C.R.C., weil er im Anblick und Anhören der Najaden die Wirkung von *Cupido* (was auf Lateinisch die *Begierde* heißt) an sich beobachtete. – *Venus* wäre hier also *nicht* im Sinne gewöhnlicher Begierde zu verstehen, sondern eher im Sinne der soeben umschriebenen Hohen Liebe – DER LIEBE im kosmischen Sinn – und dies nun samt ihrer mythologischen – oder besser gesagt: in ihrer kosmologischen Bedeutung und Wirksamkeit: als All-Mutter der Schöpfung und Lenkerin der Welt – als das daoistische *DE (das Eine Gesetz: Karma)* – gemäß dem Corpus Hermeticum das *erste Kind des Vaters*; also kein *sinnliches Weib,* sondern *die Welt und deren ‹Kinder›* (vgl. *Dao-De-Ging* ☥ 34 in der Ausgabe Basel, Edition Oriflamme, 2013). – Venus wird von C.R.C. ja *im tiefsten Gewölbe begraben und verschleiert* angetroffen, was aufs tiefste und strengst gehütete Mysterium hinweist. – So geheim, daß der Autor des Gegenwärtigen noch Hemmungen hat, gerade dies offen auszusprechen; – doch glauben wir, daß die Zeit dafür heute reif ist.

Wirklich wäre der Leser dann vor Cupido – der Begierde – zu warnen; aber auch vor einer *leidenschaftlichen Betrachtung* der Mysterien selbst. Diese Leidenschaft zu entzünden ist gerade die große Fähigkeit von *Cupido-Eros:* Nach unterschiedlichen Versionen der Mythologie ist er der ‹Sohn› der *Venus,* sei es mit Mars oder Merkur als Vater, sei es von Venus allein *«ersonnen»* – oder sei es gar selber direkt aus dem Ur-Chaos entstanden in seiner Doppelnatur (man denke an den indischen *Vishnu*) als *unbesiegbarer* Anreger aller ‹Sympathien› in der Natur und zugleich als deren Zerstörer: Mythische Personifikation aller Kreisläufe und Gegensatzpaare im *Universum aller Erscheinungen!* –

Dieser universell gegenwärtigen Gegensätzlichkeit soll der Kandidat keinen Vorschub mehr leisten: Er soll vielmehr im inneren Gleichgewicht aus Gleichmut und Heiterkeit in liebevoller Freude wachsen, alle Gegensätzlichkeiten zugleich als Komplementaritäten begreifend und achtend: Jener Gottähnlichkeit entgegen, wovon alle Einweihungsschulen reden, und die doch nur wieder Ausgangspunkt für weitere Erhebungen sein kann und wird. –

Kein Wunder bei diesem Verständnis, wenn Cupido, der im Text der *Chymischen Hochzeit* immer im Moment höchster Andacht unter Gästen und Gastgebern seine Possen treibt – also niedrige Begierden weckt – auf Venus eifersüchtig ist!

Als weitere wertvolle Interpretation von Eros schreibt Henk Leene: «*Eros als verborgene geistige Schwingung bringt Unruhe über den Menschen und zwingt ihn, seinen Glauben zu untersuchen, zu verinnerlichen – und vorallem, sich seines Glaubens bewußt zu werden. Man kann nur auf die Suche nach dem Geist, nach innerlicher Einweihung und Gnosis gehen auf der Basis des bewußt gewordenen Glaubens: Der bewußte Glaube führt als ein Magier den Menschen absolut auf den richtigen Weg.*».

[117] Hier stößt man auf einen der klassischsten Ausrücke aus der operativen Alchemie: die *Wiederbringung*, eine der Vorarbeiten (‹*Hors d'Œuvres*›) zum Großen Werk, wo Arbeiten wie hier erwähnt ablaufen (siehe die wichtigsten alchemistischen Einweihungsbücher der Neuzeit: Fulcanelli's *Mysterium der Kathedralen* sowie seine *Wohnstätten der Adepten* (a.a.O.), den *Schlüssel zu den Zwölf Schlüsseln von Bruder Basilius Valentinus* (a.a.O.) sowie das *Mutus Liber* (a.a.O.): In allen steht der Ausdruck *Wiederbringung* auch im Wortverzeichnis. Im Französischen heißt dieselbe Operation *ré-incrudation* – also *Wieder-roh-machung*, insbesondere die Wiederbringung von ‹toten› industriellen Metallen wie reinem Eisen, Kupfer oder Gold in ihren vor-industriellen, rohen und daher lebendigen Zustand. Dabei wäre es natürlich sinnlos, Gold in seinen Rohzustand zurückzuführen, um danach wieder Gold daraus zu machen. Gleiches gilt fürs industrielle Quecksilber, das im Großen Werk *nicht auftritt*.

[118] Wörtlich: *ein Kolter* – von lat. colicitra (vielleicht i.S.v. *um-herumpflegen*, d.h. einwickeln?); – typischerweise eine gesteppte Decke, gelegentlich auch eine Roßdecke, selten eine gesteppte Matratze … —

[119] Diese Passage spielt erstens an die oben beschriebene Wiederbringung an, zweitens an die Hinrichtung der Unschuldigen das sogenannte *Massacre des Innocents*, entsprechend dem neutestamentarischen Kindermord, der genau für diese Operation im Zweiten Werk der Alchemie steht (vgl. Anm. 100). – Drittens spielt sie an die Vervielfältigung an, bei der eine minime Menge Des Steins als Same benutzt wird, um aus einem niederen Metall ein höheres, bzw. – ganz allgemein ausgedrückt – aus einem kranken Körper einen strahlend gesunden zu machen u.s.w. – Die edlen Gestalten der Erzählung stehen also neben allem Anderen zum Teil auch für Körper von Edelmetallen, wobei hier nicht auf Einzelheiten eingegangen werden kann.

[120] Wörtlich: *Futter* i.S.v. *Futteral*: Ein Verdoppelung – sei es für eine einzige oder mehrere Sachen, meistens in der Form passend oder sich anpassend: – aber auch so wie z.B. die Innenmauer in der Ummantelung eines Schmelzofens.

[121] *Zwölf Schuh* – das entspricht ca. 3.5 Metern, und damit der typischen Größe eines Riesen (vgl. heutige Skelett-Ausgrabungen). Man könnte auch verstehen: ‹12 Sprossen von je 1 Schuh› für ‹12 Operationen (Adler)›, entsprechend den ‹12 Zellen›, worin sie ‹um den Erfolg der Arbeiten baten›.

[122] Genau: *Quartal figur.* – Etymologie unklar; hier interpretiert als *Würfel.*

[123] Es scheint sich um ein *Zirkulations-Gefäß* gemäß der klassischen *Destillierkunst* zu handeln – eine Art *Alembic*, jedoch mit nach außen statt nach innen gebogenem Wulst. Wie dieses Gefäß genau gedacht sei, bleibe dahingestellt, denn es handelt sich um eine Allegorie für den wirklichen Vorgang, der keineswegs in einem Alembic ablaufen würde, da ja das hier erwähnte Wasser das *Wasser des Lebens* ist – alchemistisch ausgedrückt das *mercurialische Wasser*, *«welches die Hände nicht netzt»*, und das in der Literatur und Ikonographie immer und immer wieder erscheint (vgl. Abb. S. 244). – Die anschließend erwähnten Zweige stehen für die *grüne Farbe* – u.a. die symbolische Farbe für Leben, Venus, Vitriol und Sonne.

[124] Wörtlich: ... *ein Zapff* – d.h. ein Zapf-Hahn wie an einem *Weinfaß.*

[125] Mit dem *Alten Mann* ist wohl die alte Persönlichkeit des Kandidaten gemeint, samt ihren Vor- und Nachteilen sowohl fürs irdische Leben als auch für den geistigen Evolutions-Weg: Ohne irdische Persönlichkeit ist keine irdische Erfahrung – also keine Schärfung und Erweiterung des Bewußtseins möglich – und damit auch keine geistige Erhebung.

[126] Wörtlich: ... *die Fenster fürzumachen* ... – unklar ob nur die Fenster geschlossen, oder auch die Läden ‹fürgemacht› – d.h. davor gemacht – wurden, was zwar nicht textlich, aber operativ wichtig wäre: Das Große Werk im Laboratorium darf – außer in einem bestimmten Moment – kein direktes oder indirektes Sonnenlicht erhalten. Die hier erzählte Szene scheint bei Sonnenaufgang stattzufinden – gemäß Text: vor *«Sieben Uhr morgens».*

[127] Was die Devisen auf den ersten drei Seiten bedeuten ist unklar: Gesundheit, Schnee und Lanze sind Symbole Des Werks; und das F.I.A.T. heißt hier sicher mehr als *es werde.* – Der lateinische Text auf der vierten Seite aber sagt, übersetzt: *Was Feuer, Luft, Wasser und Erde den heiligen Aschen unserer Könige und Königinnen nicht entreißen konnten, hat eine getreue Schar von Chemikern in dieser Urne zusammengetragen. – A.D. ... ? —* C. Gilly in *Cimelia Rhodostaurotica* (a.a.O. S.7) interpretiert sehr mutig: *1459 P[aracelsus] H[ohenheimensis] M[edicinæ] D[octor].*

[128] Daß hier nochmals extra betont wird, wie wichtig der Sand für das Ei sei (denn sonst würde er überhaupt nicht *«angezeigt»*!), macht deutlich, daß hier vom sog. *Kurzen Weg* der operativen Alchemie die Rede war, während zuvor mit der angedeuteten *Distillatio* eher der *nasse Weg* erwähnt wurde. Allerdings geschehen diese ‹Erwähnungen› alle in einer so verschleierten Form, daß es mehr als ein Spiel mit Worten erscheint.

[129] Der an der operativen Alchemie interessierte Leser soll die Partikel *«wieder»* beachten. – Im Anschluß daran erneut Hinweise aufs Große Werk im Laboratorium, deren Deutung nur ein echter Alchemist geben könnte; – und Fulcanelli (a.a.O.) gibt sie auch weitgehend.

[130] Wieder ein deutlicher Hinweis, daß hier von purer operativer Alchemie die Rede ist: Es ist auch diese ganze Szene, die den Buchtitel *Chymische*

Hochzeit rechtfertigt. Die Alchemie, auch *Ars Fusoria — Schmelzkunst* genannt, ist (nebst der zunehmenden Reinheit des verarbeiteten Stoffs) nichts Anderes als die immer reinere *Heilige Hochzeit* des männlichen *stofflichen Urprinzips* mit dem weiblichen. Dasselbe ist auch das Thema und der äußere Sinn der Rahmenerzählung im Inneren des *Eröffneten Palasts des Königs* von Philalethes; – der *mystische esoterische Sinn* – die *Transfiguration* – erscheint dadurch fast nur unter dieser ‹Maske›.

[131] Man bedenke, daß *heraldisch* Blau und Schwarz äquivalent sind und erinnere sich, daß in der klassischen alchemistischen Ikonographie der *schwarze Vogel mit dem weißen Kopf* einer definierten ‹Stufe› des Werks entspricht. – Das zeigt, wie sehr auch in diesem Text die Reihenfolge der diversen Operationen durcheinander gebracht wurde.

[132] Dies muß hier für den ganzen Sechsten Tag wiederholt werden: Wie in jedem traditionellen alchemistischen Tractat wurden auch hier die verschiedenen Schritte im Großen Werk nach Laune des Autors in bunter Reihenfolge miteinander vermischt. Das Kästchen aus Zedernholz aber weist auf den Duft des Steins hin, der im Fall der ‹Drei Könige aus dem Morgenland› typisch *Weihrauch-artig* genannt wird ...

[133] *sodaß ich fast glaube* ... – es ist nicht zu entscheiden, ob hier *fast* im barocken Sinne als *fest* verstanden sei, oder im heutigen Sinne als *beinahe.*

[134] Das Hauptgewicht der *Chymischen Hochzeit des C.R.C.* liegt wirklich auf der operativen Alchemie – jedoch betont *nicht auf dem Goldmachen.* Man hüte sich deshalb, mystische Aussagen zu er-spekulieren, wo sie nicht *unzweifelhaft* enthalten sind, erkenne aber auch die wirklichen Parallelen.

[135] *Denk-Pfennig:* in der philosophischen Sprache ausgedrückt: ein *Symbolon* (vgl. die *«Zehrpfennige – Symbola – des Pythagoras»*).
Ar. Nat. Mi. – Der Rand-Text des Originals schlägt vor: Ars Naturæ Minister. – Das wäre aber nicht wert, als Denkpfennig (*Symbolon*) an die *Artisten* des Großen Werks abgegeben zu werden, da sie ja dann keinen eigenen Verdienst hätten. Die Denkmünze ist eine Medaille der Anerkennung und geistigen Beförderung. Daher nicht nur *«die Kunst ist der Diener – sondern* eher: «[Dieser] *Künstler* ist ein [erprobter] *Helfer der Natur* [in ihrer Vervollkommnung]: ein ARTIS(TA) NATURÆ MINISTER.
TEM. NA. F. – Der Rand-Text des Originals schlägt vor: *Temporis Natura Filia: Die Natur ist die Tochter der Zeit.* – Das entspricht dem *Corpus Hermeticum* (a.a.O. S. 148 f.: *Das Gemüt an Hermes*), wo ‹Das Gemüt› sagt: *«Gott und das Universum verhalten sich folgendermaßen zu einander: Gott ist die Ewigkeit; – Zeit ist Zeugungskraft (generatio); – Gott hat die Ewigkeit gemacht; – die Ewigkeit hat die Welt gemacht; – die Welt hat die Zeit gemacht; die Zeit hat Geburt [und Tod] / die Menschenalter / die Abstammungsfolge {alles für ‹generationem›} hervorgebracht ... ».*
TEM. NA. F. könnte (nicht unähnlich) auch heißen: *Temeritatem Natura fugit: Natur flieht Tollkühnheit; – Tempus Naturæ flamma: Zeit ist der Natur Feuer; – Temperantia Naturæ filia : Mäßigkeit ist die Tochter der Natur.* – Denn in allen *natürlichen* Prozessen sind das richtige Maß, die richtige Proportion, die rechte Zeit und Kraft bestimmend für das *natürliche harmonische ‹Resultat›* – ob Geschöpf oder Ergebnis der Kunst, insbesondere des

Steins der Weisen. Daher wird der ‹Artist› im Großen Werk (als ‹Nachäffer der Natur›) gerne dadurch charakterisiert, daß er der Natur, die nur bis zu einem gewissen Punkt gelangen kann, gemäß ihren eigenen Gesetzen zur Vollkommenheit verhilft: DARIN besteht das Große Werk (siehe S. 15)!

Zusammengefaßt werden diese Tatsachen – und der tiefere Sinn für TEM. NA. F. – durchs alte, gerade in der Alchemie so wichtige Axiom: *Natura non facit saltūs: Die Natur macht keine Sprünge!*

Entsprechend schlagen wir lieber vor (weil es eben um die Denkmünze und die damit verbundene Ermahnung durch die Jungfrau geht), diese Maxime *gut zu befolgen*: TEMPERANTIA NAVIT FORTUNAM: *Mäßigkeit bringt das Gute Glück, die Wohlhabendheit, die Glückseligkeit hervor.* – Dadurch werden beide Kryptogramme auf derselben Ebene harmonisch verbunden.

[136] «... *so kostbar ausgestattet, daß nit wol müglich gewest, es müssen solche schöne Sachen erst daher gebracht worden sein.*» – Zwei Deutungen sind möglich. Entweder: «... *daß es kaum möglich war; daß solch schöne Sachen zuvor mitgebracht worden seien* — oder gerade umgekehrt: *Solche schönen Sachen mußten zuvor dahin gebracht worden sein*». Die Bedeutung des Unterschieds zwischen den zwei Versionen liegt nicht in den Fakten, die unerheblich erscheinen mögen, sondern im unausgesprochenen Hintergrund dieser Aussage.

[137] Zu den vielen ausführlichen Anmerkungen die Alchemie betreffend gehört noch diese: Die Alchemie wird traditionell auch *Kunst von Musik* genannt, worin die 7 Operationen der *Tonleiter (Diapason)* entsprechen.

[138] Der *alte Persönlichkeits-Mensch* ist – kabbalistisch gemeint – der Vater der nach Seele, Geist und Körper erneuerten Persönlichkeit – des ‹Jungen Königs-Paars* als Ergebnis der individuellen Heiligen Hochzeit.

[139] Das ist erneut eine klare Anspielung an die *Multiplicationes* im großen Werk der operativen Alchemie ...

[140] Gemeint ist natürlich: Venus, nicht der Brief ...

[141] *Complete* ... – wohl ein Textbeginn aus einem Missale; denn lat. *completorium* heißt: *Schluß-Andacht* und *Vesper-Gottesdienst.* – Also wäre mit *Complete* hier der Saal gemeint, wo die Vesper-Mahlzeit eingenommen aber auch eine entsprechende Schluß-Zeremonie abgehalten wurde.

[142] Wörtlich: *Hurerey.* – Dieser Begriff wird hier wie vielerorts in der spirituellen Literatur – beginnend bei der deutschen Bibelübersetzung von Martin Luther – sei es inadäquat benutzt, sei es nicht in der heute verstandenen Conotation. – Ganz abgesehen von etymologischen Deutungen:

Erstens sind die mit dem Ritter-Gelöbnis konfrontierten Herren ohne Zweifel über niedrigste Verhaltensweisen erhaben (sonst wären sie nicht da). – Zweitens ist in den meisten spirituellen Gemeinschaften die sog. *Keuschheit* nicht mit totaler *Enthaltsamkeit* identisch (Ausnahme: Enkratiten und ein Teil der Ebioniten – und wohl noch andere orientalische ‹Sekten›, d.h. spirituelle Splittergruppen). – Drittens wird gerade in der alten spirituellen Literatur das Wort *Hurerei* ausschließlich geistig verstanden, nämlich im Sinne der Anbetung von Götzen – oder auch nur des ‹falschen› Gottes, bzw. bezüglich jeden ‹Irrglaubens›. Das deutlichste Beispiel ist *Maria Magdalena*, die biblische ‹Sünderin›, deren ‹Sünde›

eben darin bestand, daß sie dem in Megiddo gepflegten ägyptischen Einweihungskult der *Isis* vorstand, wie die Forschung festgestellt hat.
Es ist also zweifellos angebracht, den Ausdruck *Hurerey* hier als *Untreue gegenüber dem Geistordens-Gesetz* zu übertragen.

[143] Der gewöhnliche Leser könnte wohl der Ansicht sein, das sei nur ein Scherz; es ist also gut, darauf hinzuweisen, daß ein *Adept des Steins der Weisen* nicht an die normale Lebensdauer eines gewöhnlichen Menschen gebunden ist, sondern noch Hunderte von Jahren (manche sagen: bis 600 Jahre) weiter leben kann, bis – nach absoluten, ganz unpersönlichen Kriterien – «*seine Zeit abgelaufen*» ist und er sich ganz aus dieser stofflichen, dreidimensionalen Welt zurückzieht, um auf einer anderen Ebene zu wirken, zu Wohl und Segen von Welt und Menschheit, und zur höheren Ehre Gottes – *ad maiorem Dei gloriam*.

Andererseits kamen im Stoff laborierende Sucher nach dem *Stein der Weisen* oft in den Ruf, allerhand Wundertaten, Wundermedizinen, Lebensverlängerungs-Mittel und dergleichen herzustellen bzw. betrügerisch anzubieten – sowie bei obskuren geheimen Versammlungen in abgelegenen Kapellen oder Höhlen allerhand magische Riten aufzuführen. – Und drittens gab und gibt es zu allen Zeiten Menschen, die allen Ernstes danach streben, das Geheimnis ewigen Lebens in einem stofflichen Körper zu entdecken und für sich selbst (und eine durch sie selbst bestimmte ‹Elite›) zu nutzen, vor Andern jedoch zu verheimlichen.

Auch der Orden *Ordo Templi Orientis* (OTO) behauptete am Anfang des vergangenen Jahrhunderts, er vereinige die *gesamte geheime Wissenschaft aller orientalischen Orden* und habe alle Probleme der Philosophie und die Rätsel des Lebens gelöst. Er besitze das Geheimnis des Steins der Weisen, das Lebenselixir der Unsterblichkeit und die Universalmedizin. –

«*Ewiges Leben*» – ursprünglich ein Begriff rein geistiger Bedeutung, wurde mit der Zunahme des Materialismus immer materieller und diesseitiger verstanden – vom Paradies des Korans mit seinen schönen Obstgärten, Wasserspielen, und Freudenmädchen bis zum gröbsten Wahn eines ewigen Lebens in einem doch unvermeidlich dem Altern und dem Zerfall geweihten Körper. Die letzte derartige Illusion hat natürlich die amerikanische ‹Wissenschaft› hervorgebracht mit ihren Versuchen, dem physischen Tod einige privilegierte Personen abzuluchsen durch hochentwickelte Kryotechnik, durch Hormon- und Frischzellen-Kuren, und – als bisher letzter Schrei – durch die Klon-Technik, um eine Person sozusagen als ihr eigenes Replikat körperlich ‹vom Tod auferstehen› zu lassen: «*Er nennt's Vernunft und braucht's allein, um tierischer als jedes Tier zu sein!*» (Goethe).

[144] Die drei klassischen Privilegien, die mit dem Erlangen des physischen Steins der Weisen verbunden sind, sind: Gesundheit und langes Leben, Wohlstand und Allbewußtheit. – Auch diese Gaben sind verbunden mit der Verpflichtung des Adepten (der tatsächlich ein Ritter des ‹Goldenen Vlieses› ist, das er – wie Jason – im Laboratorium errungen hat), diese Gaben in Weisheit und nicht zu eigenem Ruhm und Vorteil anzuwenden. – Dem entspricht die Devise der Tempelritter: *Non nobis, Domine, non nobis, sed Nomine Tuo da gloriam – Nicht uns, Herr, nicht uns, sondern Deinem Namen gib die Ehre!*

[145] Das verweist auf eine längst vergessene Methode der alten Eingeweihten, sich durch Aussetzen des Atems und entsprechendes ‹Entschlafen› sterben zu lassen. Es liegt nahe, anzunehmen, daß z.b. die alten Katharer, die durch ihre Verfolger in der Grotte von Lombrives eingemauert worden waren – bzw. ihre Überreste – aus solchem Grund mit allen Anzeichen friedlichen Entschlafens aufgefunden wurden, wie es heißt.

ANMERKUNGEN ZU DEN SENDBRIEFEN UND ANTWORTEN

[146] Haselmeyer nennt das paracelsische Erbe auch *«Anthroposophia – die Weisheit und Wissenheit der Natur»* – bzw andernorts *«Theophrastia Sancta»* (vgl. auch S. 181.

[147] *Theophrastus Germanus*: der ‹Deutsche Paracelsus› (offiziell Einsiedeln 1493 bis ? 1541); im Gegensatz zum hellenischen Theophrastus (372-287 v.Chr.), dem aristotelischen Naturkundler und Philosophen.

[148] NINUS: Erbauer des nach ihm benannten Ninive, Sohn des Beel, Gatte von Semiramis.

[149] Wörtlich: *so hauffig.*

[150] *ut supra* – *wie oben [gesagt].* – Es ist unklar, welche Stelle gemeint sei; es sei denn der wiederholt angetönte Inhalt des *Buches Daniel.*

[151] Unter *Jesuiter* sind auch hier, wie zuvor in der *Fama*, nicht die heutigen *Jesuiten* verstanden, sondern die *wahren Nachfolger Christi* – die Theosophen, Rosenkreuzer und ähnliche Mystiker seit *Th. a Kempis.*

[152] *« die höchste Weisheit, nämlich VPOTHS audion ... »* – Der gewöhnliche Leser mag vorschnell annehmen, daß hier Druckfehler für ‹Gnothi Seautón› stehen. In Wirklichkeit steht es ganz anders: Der ‹Druckfehler› ist eine Umschreibung fürs Griechische ᶜυποτης αυδιων – die *Auseinandersetzung der Laute.* Das ist – und daher kommt hier die *Kabbalah* (nämlich deren *Temuria/Authiot*) ins Spiel – die *phonetische Sprachcabale!* – Darum nur müssen *«heute besondere Ingenien erstehen»*, die den Menschen die *«höchste Weisheit»* wiederbringen – wie damals Jesus, Paulus, die Cabalisten, ‹*Weisheits-Lichter der Heiden›.* – Nur deshalb ist die Erwähnung von *Cabalistischer Theologie, Magischer Astronomie* sowie stagirischer *(aristotelischer) Physik, Astronomie und Mathematik* sinnvoll, die in *Fama* und *Confessio* geradezu verächtlich kommentiert werden. Die etwas ungewohnte Griechisch-Umschrift liegt sicher an dem dem Drucker fehlenden griechischen Typen. Mit den *Verwirreten Christen* steht es ähnlich: Sie sind nicht als *geistig verwirrt* gedacht, sondern als die *Gesamtheit der uneinigen christlichen Lehren*, wie man dem *Grimmschen Wörterbuch* entnehmen kann, wo für *verwirren* erklärt wird: *«in der regel von einer mehrzahl von dingen oder von gröszen, die aus einer anzahl von einzeldingen zusammengesetzt sind ... z.B.: ich sehe einen verwirreten hauffen steine».* – (vgl. auch S. 112) Barocke Texte wollen eben auch barock gelesen werden!

[153] Das Deutsche Wörterbuch der Gebrüder Grimm lehrt uns: *«Dückdalben* sind starke, oben zugespitzte, auch wohl mit Eisen beschlagene Pfähle, in einem Seehafen in einer Reihe eingerammt, um eine Durchfahrt zu sperren, oder die Herannäherung von Fahrzeugen zu verhindern»*; – im vorlie-

genden Fall eher: um (parabolisch ausgedrückt) das Entkommen der Kinder des Lichts aus der Welt der Finsternis zu verhindern (etymol. *dicht*?).

[154] *einen König der ewigen Weisheit* – wohl eine Anspielung an das *Amphitheatrum Sapientiæ Æternæ* (Basel, 1595 und spätere Ausg.) von Heinrich Khunrath (der in der Confessio so übel geschmäht wird).

[155] Alphonsus: ein ‹arabischer› cabalistisch alchemistischer Pseudo-Autor.

[156] Vgl. entsprechende Anmerkung zur *Fama Fraternitatis* (Anm. 67 & 158).

[157] Wörtlich: *zuschleif werden* – stumpf wie das Salz in Mt 5:13 et al.

[158] *Theologia Deutsch*: Anonyme Schrift des späten 14. Jh. – eines der berühmtesten Dokumente deutscher Mystik. Erschienen auch unter den Titeln *Theologia Germanica* und *Der Frankfurter*. Steht in der Nähe von Meister Eckehart, Joh. Tauler, Hch. Seuse und ist eine Anleitung zum klassischen Weg aus Reinigung, Erleuchtung, Vereinigung mit Gott (Unio Mystica, Hieros Gamos, oder eben chymische Hochzeit genannt). Die Schrift wurde auch zweimal von Martin Luther herausgegeben (was einmal mehr zeigt, wie wenig dieser mit dem späteren lutheranischen Dogmatismus im Sinne hatte) sowie einmal auf Lateinisch durch Sebastian Frank.

[159] Im AT: *Buch der Richter*, 16:12-13 erzählt die Geschichte von Samson und Dalilah: *«Da nahm Dalilah neue Stricke und band ihn damit. Dann rief sie ihm zu: ‹die Philister [sind] über dir, Simson!› – während in der Kammer Leute auf der Lauer lagen. ... Nun sprach Delilah zu Samson: ‹Bisher hast du mich betrogen und mir Lügen vorgeredet; sage mir: womit kann, man dich fesseln?› Er antwortete ihr: ‹Wenn du die sieben Locken meines Hauptes mit dem Zettel [deines Webstuhls] zusammen flichtst und mit dem Pflock festmachst, so werde ich schwach sein wie ein gewöhnlicher Mensch»».* – Das verweist auf den nachfolgend erwähnten ‹Untergang der Richter› (iudicium iudicum) im Jahr 1612›, und darauf, daß man sich in gegenwärtiger Zeit auf niemanden verlassen könne.
C. Gilly, verdanken wir den Hinweis auf den *Erstdruck unklaren Datums* von Haselmeyers ‹Antwort› (1612? 1613? 1618? – vgl. S. 178), wo es heißt: «IUDICVM und IUDICIVM ...», was, als römische Zahlen zusammengezählt, ebenfalls 1612 bzw. 1613 ergibt. In der Dresdener Ausgabe (1615) steht das als: «IUDICIVM/1612 und IUDICIVM/1613. Es ist aber unwahrscheinlich, daß das Zitat aus Buch *Richter* (16:12-16:13 – kuriose Coinzidenz!?) hier nur den laufenden Text illustrieren soll. Es mögen die Jahreszahlen 1612 und 1613 wichtig für die damaligen FFRC gewesen sein, vielleicht signifikant im Zusammenhang mit Haselmeyers Galeerenstrafe von 1613-1618 – oder in ganz anderem, uns heute uneinsehbarem Sinne.

[160] Diese beiden Ausdrücke bilden sozusagen einen orthographischen Diskussionspunkt. C. Gilly in seinem Buch über A. Haselmeyer übernimmt dank der Fehlschreibung *Necrovvenia* in dem von ihm als Original angesprochenen Druck (Reproduktion Titelseite S. 178) den Ausdruck *Nectrometia* des Drucks Danzig 1615 als *Necrocomica* gemäß Ruhlands *Lexicon Alchemiæ sive Dictionarium ...* (vgl. Anm. 161). Dort liest man: *«Necrocomica ... Sind Anzeigungen einer zukünftigen Sache, fallen aus der Luft herab und sind gleich als eine Vorblühe {Vorzeichen}, wie zu Kaiser Maximilians Zeiten die Kreuzlein waren, so allenthalben hinfielen».–*

Wir widersprechen Gilly nicht, jedoch lesen wir den Text lieber gemäß Druck Danzig 1615 – nämlich als: ... *mit der Theologischen Nectometia und Beatorum Necromantia* ... (ähnliches Wortspiel wie in IVDIC[I]VM). Darin bedeutet: *Necto-Metia den Akt der Verbindung mit dem heiligen Geist*: Wurzel nect- bedeutet *Verbindung*. – Das griechische μετειμι – *meteimi* – entspricht dem priesterlichen *Anspruch auf Mittlerschaft*, was durch das zugehörige Verb μετεωριζω – *meteorizo* noch gestützt wird, welches *emporheben, aufheben* bedeutet – und darum auch *adoptieren, taufen*. Auch Fulcanelli in *Wohnstätten der Adepten* verbindet bezüglich des Ausdrucks *Baphomet – báphè metos* – den Stamm *mètè* mit der rituellen Taufe (a.a.O. S. 227. – Die *«theologische Nectometia»* ist dann die rituelle (theosophische bzw. rosenkreuzerische) Aufnahme eines Kandidaten in einen inneren Grad, zufolge gnostischer Mittlerschaft.

Necromantia entspricht den *Necrocomica* bei Gilly, nur daß anstelle der Partikel *-comica* im Sinne von *Anzeichen* die Partikel *-mantia* tritt, was die *Erforschung und Deutung* der Zeichen – und damit die Gabe der Prophezeihung betont (Stamm *men-*, im Alten Ägypten für Orakel, Denkmäler, Befehle benutzt, lateinisch zu *mens* und *mental* geworden).

Abschließend zu diesem Punkt: Da Übertragungsfehler vom Original zum Nachdruck gewöhnlich den Text verstümmeln, nicht verbessern, sollte der Druck Danzig 1615 älter oder getreuer sein oder ein älteres Manuskript benutzen als der bei Gilly (a.a.O.) *ohne Druckort* reproduzierte, was dort wiederum die Lesung 1618 stützt. Die hier angebotene Übertragung kommt auch perfekt mit dem textlichen Umfeld überein (‹theologische› und ‹magische› *Wirksamkeit* der RC-Bruderschaft sowie *Signat-Stern* etc.). – Hingegen hat *nur der Danziger Druck* eine kleine, leicht ergänzbare Auslassung am Seitenwechsel: *Philosophi- [schen und Pro-] -phetischen ... Magia.* Diese Korrektur stellt überdies die hier wiederholt als Paar erscheinenden beiden *Arten priesterlicher Magie* wieder her.

[161] *Evestrum*: – Gemäß *Lexicon Alchemiæ sive Dictionarium alchemisticum ... Auctore Martino Ruhlando, Philosophi et Medici.* – Frankfurt 1612; – a.a.O. pag. 201 unter *Euestrum*: *«Euestrum ist das Ewige des Firmaments in den 4 Welten der Elemente. Ebenso der prophetische Geist, der etwas durch ein vorhergehendes Zeichen weissaget oder den Menschen lehret. Ebenso der Astralleib des Menschen, der uns entweder den baldigen Tod oder ein ander Übel voraussagt».*

[162] Der *Signat-Stern* im Großen Werk der Alchemie entspricht allegorisch zugleich der *Geburt Christi* (dort: Des Steins), wie der Stern von Bethlehem, dem gemäß der Weihnachts-Fabel die drei Magier folgten (vgl. Anm. 67, 132, 156, 162 etc.). – Operativ entsprechen die Magier den Drei Werken des Alchemisten im Laboratorium; mystisch rosenkreuzerisch den drei Heiligtümern im Menschen: Haupttheiligtum, Herzheiligtum und Sacralheiligtum. Die drei von den Magiern dargebrachten Gaben sind: Gold des Geistes (‹Wahrheit›, Weisheit) – Weihrauch des Herzens (Gnade und Liebe, ‹Schönheit›) – Myrrhe der Reinigung (Gedanken, Worte und Handlungen sind die ‹Wirksamkeit›, ‹Kraft› oder ‹Tat›).

Pierre Martin in seinem Buch *Logen, Orden und das Rosenkreuz* (Basel, Edition Oriflamme, 2014) schreibt dazu:

«Und der einzige wahre Stern – *Astrum* – wonach der Kandidat sich richten kann und soll, das ist der Funke göttlichen Lichts in seinem eigenen Innersten – in seinem ‹Herzen›. – *Dieser* ist der wahre Ausgangs- und Orientierungs-Punkt für den Pilger auf seinem Weg. – *Er* wird ihn führen, bis zum Erreichen dessen, was die Alten nannten: *„Das Gute Ende"*».

[163] *Necrolica Medicamenta* – *Necrolische Heilmittel* sind Mittel, die den Tod verdrängen und das Leben erhalten – hier natürlich nicht nur leiblich gedacht (gemäß der Universalmedizin des Elixirs des Steins der Weisen), sondern besonders seelisch-geistig im transfiguristischen Sinne.

[164] Unser Original hat hier: *regenerati verbo* anstatt *regeneratio verbi*, (verwechselte Endungen). Die hier angezogene *Erneuerung des WORTS* bezieht sich auf die «allgemeine Reformation der Welt, die kurz darauf zugrunde gehen – {und danach erneuert werden} soll», in einem *Neuen Weltzeitalter* – man möchte gerne sagen: *dem heute aufziehenden, siebenten.*

[165] Diese eingeklammerte Zeile (Dank ed. C. Gilly, a.a.O.!) fehlt in Druck Danzig 1615. – *Spätere* Abweichungen können aber auch *gewollt* sein.

[166] Der angezogene Jes 65:23 sagt: *«Sie sollen nicht umsonst arbeiten, noch unzeitige Geburt gebären, denn sie sind der Same der Gesegneten des Herrn, und ihre Nachkommen mit ihnen».* – Zitat ‹IV Esra 2› (ein Pseudepigraph zum AT) steht für Vers 38 ebenda: *«surgite et state et videte numerum signatorum in convivio Domini – Erhebt euch und steht und seht die Bezeichneten am Gastmahl des Herrn».* – Mit *Ecclesiast.* ist gemeint das Buch *Jesus Sirach;* 44:16: *«Henoch wandelte mit Gott und ward hinweggenommen. Ein Wahrzeichen der Gotteserkenntnis bleibt er ... ».*

[167] Betrifft den *Aufstand der Söhne Kora's* vom Stamm der Leviten gegen Mose, weil sie das Priestertum über das ganze Volk wollten (4. Mo 16).

[168] Bezieht sich auf die Geschichte des *Ungehorsams von Aaron* beim ‹Haderwasser› (4. Mo 20).

[169] Es soll ihnen also gehen wie den *Söhnen des Haman* gemäß der Geschichte im *Buch Esther* des AT.

[170] Welcher *Proteus* hier gemeint wird, ist unklar: Gemäß der antiken Mythologie verstanden, könnten die Wandelbarkeit und die Fähigkeit der Prophetie nebst anderen magischen Fähigkeiten dieses vorallem in der Odyssee mehrfach erwähnten Meeres-Kleingotts gemeint sein. – Im antiken Christentum konnte darunter die Fähigkeit dieses mythischen Proteus verstanden werden, sich unsichtbar zu machen; – im karolingischen Mittelalter war es wieder die Seher-Gabe. Gemäß Pico della Mirandola (1463 bis1494) steht Proteus für den innerlich freien Menschen, der autonom und selbstverantwortlich über sein Dasein bestimmt. Bei Jacopo Sannazaro (italienische Renaissance um 1520 herum) personifiziert Proteus die Wahrheitsfähigkeit und Zuverlässigkeit seiner Weissagungen. Die späteren Rezeptionen des Begriffs fallen hier außer Betracht ...

Textkritiker zur *Confessio Fraternitatis* haben die in gegenwärtigen Texten *wiederholt vorkommende* Bezeichnung *Proteus* bzw. *Protheus* auch schon als «Fehler» apostrophiert, der eigentlich *Prometheus* heißen solle. Damit haben sie, wie so oft, die damaligen Autoren gröblich unterschätzt.

[170-A] Dieselbe Aussage machen auch das Popol-Vuj und die Kabbalah; letztere

überdies die, daß Gott einen Spiegel wollte, um sich selber wahrzunehmen.
[171] Im *Corpus Hermeticum* wird *die Welt* Sohn (Kind) Gottes genannt.
[171-A] Das ist die wirkliche Alchemie – stofflich und unstofflich.
[172] Das ist ein Zitat aus der *Fama Fraternitatis* (vgl. S. 38 des Vorliegenden).
[173] *Der Franken Anfurt* muß hier für *Frankfurt* stehen. Frankfurt am Main war während der langen deutschen Geschichte relativ selten Krönungsort: Ab 1147 fanden zwar mehrere Königswahlen dort statt, und um 1275 schrieb der Schwabenspiegel *Frankfurt als Wahl-Stadt* sogar als Gewohnheitsrecht vor: *«Alse man den kiunig kiesen wil, daz sol man tuon ze Frankenfurt.»*

Unser Text meint jedoch mit Frankfurt als *«Wahlstadt»* sicher den Treffpunkt der Bruderschaft (die St. Peters-Kirche; vgl. Text S. 141 – und Fulcanelli in *Mysterium der Kathedralen; Kap. Paris:* Der *Hof der Wunder*).

[174] Dieser ganze lange Absatz von des Autors ‹Punkt 3› ist eine große Besonderheit in der Literatur: Erstens wird hier dokumentiert, daß (was nicht sehr verwundert) Vater Bruder Christian Rosencreutz im Orient oder in Fes in die Geheimnisse des Großen Werks der Alchemie eingeweiht wurde, sondern auch, daß er selber den Stein der Weisen hergestellt *«und hinterlassen»* habe (in seinem «Compendium» nämlich). – Zweitens wird hier äußerst kompetent das *Große Werk* im LabOratorium korrekt zusammengefaßt und von der *Spagyrie* abgegrenzt. Und drittens wird damit bestätigt, daß in jenem Jahrhundert wirklich noch Personen existierten, die das *Gute Ende in Form Des Steins* erlangten! – Der Leser ist wohlberaten, die moderne Skepsis beiseite zu legen und diesen Passus als ein Dokument für den *«wahrhaft königlichen Weg»* – die ‹operative Gnosis› — zu verstehen.

Überdies wird die Wirklichkeit des *minutus mundus* in den zwei nachfolgenden Absätzen ausführlich diskutiert, bestätigt und begründet.
[175] Noch einmal sei es betont: Dies ist eine der klarsten, kompetentesten und zugleich schönsten Beschreibungen des Großen Werks der Alchemie!
[176] Zu *Proteus* siehe S. 33. und Anm. 166. – Was mit dem *Berühren des Proteus* gemeint sei, ist uns allerdings leider unbekannt.
[177] Wörtlich: *allein* – hier zu verstehen als *alle zusammen* (alle-Eins).
[178] Wörtlich: *und geheimen Dienern.* – Das ist nun z.T. wörtlich zu verstehen, z.T. wie die im Deutschland des 17. und 18. Jh. üblichen, in Österreich aber bis ins 20. Jh. erhaltenen ‹geheimen Räte› (später zu Geheimräten, ‹geheimen Kammerdienern› udgl. geworden.

ANMERKUNGEN ZUM SENDSCHREIBEN V J. DE CAMPIS

[179] Hier drängt sich eine weitere gedankliche Querverbindung auf zu des *operativen Rosenkreuzers Fulcanelli* Beschreibung der Zustände im Mittelalter mit dem *Hof der Wunder* der Eingeweihten und unterm Portal der Kathedrale von Notre Dame de Paris (vgl. Anm. 174).
[180] Vgl. den Text der *Confessio Fraternitatis*, wo die Wichtigkeit dieses die Jüngeren anleitenden *Lehrers, Führers und Begleiters* betont wird.

[181] Diese Zeit ist heute bereits angebrochen, indem gewisse Menschen Andere zu ‹sehen› bzw. den Wahrheits- oder Unwahrheits-Gehalt von deren Reden oder Gedanken wahrzunehmen vermögen: Das wird aber ‹in Bälde› für alle Menschen zutreffen, die ihre Wahrnehmungsorgane pflegen, nicht abstumpfen lassen (wie z.b. durch chemische Luft-, Nahrungs- und Trinkwasser-Zusätze sowie elektronische und noch üblere Manipulations-Werkzeuge, an die die Menge heute noch nicht glauben mag, deren Einfluß aber bereits niemand mehr ganz entgehen kann.

[182] *schnell aufgeschüsselt* meint: Wenn die Zeit dazu da ist, werden die Dinge sehr rasch vor Aller Augen stehen. – Hier wohl vom Sauerkohl hergeleitet, der eines der *am schnellsten aufgetischten* Gerichte ist (vgl. die ‹Witwe Bolte› in Wilhelm Busch's *Max und Moritz*).

[183] Vgl. Jesaia 9:2 ff.

[184] Vgl. Mt 25:14 ff. – die Parabel vom Hausherrn und den Taglöhnern.

[185] *Lapis offensionis – ein Stein des Anstoßes;* vgl. Ps. 118:22, zitiert in Mt. 21:42 und analogen Stellen der andern synoptischen Evangelien; danach auch in Apg. 4:11, und nochmals in Röm. 9:32-33.

[186] Wörtlich: *Aber dieses Passire mit anderen Irrthumen durch die Bank ...*

[187] Das meint: die Wissenschaften und Philosophie, die seit dem Mittelalter *aus dem Orient nach Europa* kamen – vorzüglich aus Arabien, der Türkei und Byzanz sowie von den Griechen Aristoteles und Platon.

[188] Ursprünglich und in den lateinischen naturwissenschaftlichen Texten nach Aristoteles werden unter *meteora* Regen, Schnee, Hagel, Luft, Wind und Wetter etc. verstanden, wofür es auch andere Bezeichnungen gibt – und nur am Rande das, was wir heute *Meteore* nennen – vermutlich, weil man keinen anderen Ausdruck dafür finden konnte.

[188-A] Zitat eines berühmten Hexameters (Ovid, Fasti 1,225).

[189] Schon damals glaubten die Menschen also, sie hätten einen nie dagewesenen Stand von Wissenschaft und Technik erreicht (vgl. auch S. 25).

[190] Ursprünglich hießen halblange, faltige Pluderhosen ‹Pumphosen›; dann offenbar Jene, die solche trugen – besonders eben die kuriosen romantischen Abenteurer (zusätzlich mit spitzem Federhut, spanischem Schnauz, Bart und Trichterbüchsen), die man noch in den Illustrationen alter deutscher Märchenbücher antreffen kann ...

[191] Nicht nur die begeisterte Art, wie der Autor über kriegerische Dinge schreibt (was heute bei einem Rosenkreuzer etwas verwundern würde) zeigt, daß er selber Offizier war: Er sagt es im Verlauf des Schreibens ausdrücklich und betont noch, wie kurios es ihn angekommen sei, sich gelegentlich *für einen gewöhnlichen Soldaten auszugeben* (S. 220).

[192] Sollte wohl eher heißen: *prophetiret,* nicht *profitiret,* da es «ein gut Werk» – gute Arbeit – und *nicht schlecht,* d.h. *nicht einfach* war.

[193] Gemeint ist hier sicher Apuleius' antiker Roman: *Der Goldene Esel.* – Ein sehr passender Incurs; denn: Auch dieses Stück Literatur erscheint gewöhnlichen Menschen als ein gar lang hingezogener Schwank. In Wirklichkeit ist es ein Mysterien-Roman, worin die Eleusinischen eine

ebenso wichtige Rolle spielen wie die *Rosen als Mittel zur Rückverwandlung in einen Wahren Menschen*. – Der *goldene Esel* oder *Eselskopf* ist eine Personifizierung des IAO oder IAKHO, also sowohl des jüdischen IHVH als auch des hellenischen Baccho/Dionysos, wie weiter oben in Anm. 47 erklärt: Der dort erwähnte *goldene Eselskopf*, der dem biblischen Zacharias erschien und ihn *stumm machte*, diente dem Apuleius (124-170) als *Werk-Titel*; sein *Lucius* dürfte dem ‹Fantasy-Autor› *Lukian* (120-180) angeglichen (oder er selbst mit Jenem identisch) sein.

[194] Nämlich das ‹Werk› – *Ergon* – des mystischen Wegs und das ‹Nebenwerk› oder ‹Parallelwerk› – *Parergon* – zum Stein der Weisen.

[195] Nicht direkt übersetzbarer Ausdruck: Der Nominativ *magnum virum* existiert nicht. – Indes ist sicher persönlicher Ehrgeiz gemeint.

[195-A] Verglichen mit dem *Hauptwerk* – der Erarbeitung des Steins der Weisen, ist das Goldmachen wirklich nur noch ein geringes *Nachwerk*.

[196] Vgl. den Text zur Taufe Jesu durch Johannes ...

[197] Ein Wortspiel: Die MATERIE ist *schwarz* (‹Chaos›, ‹Isis›); daher ist diese Bemerkung bedeutsam. Sie zeigt, daß der Autor Jene kennt ...

[198] Hier hat sich der Autor wohl versehen: Es sollte nicht *aqua vulgaris* (*gewöhnlich*) heißen (das wäre nicht ‹philosophisch›), sondern *aqua communis* – (*[all]gemein*) – wie die Tradition der Adepten es auszudrücken pflegt, um Unkundige irrezuführen. In einem nächsten ‹schlechten›, d.h. schlichten Beispiel lüftet der Autor aber auch ein hohes operatives Geheimnis – begleitet von der typischen Irreführung durch geschickt ablenkende Sprach-Wendung, was seine genaue Kenntnis *Des Werks* und seine ‹neidische› Ausdrucksweise beweist. – *Cave!*

[199] Der Autor folgt genau der alten Tradition der Meister der operativen Alchemie, indem er den unbedarften Leser mit Ausdrücken verwirrt, die eben hier ihre ganz gewisse und durch traditionellen Consens überkommene Bedeutung haben. Der typischste Fall ist der (manchmal nicht vorhandene) Unterschied zwischen *mercurium, Mercurius, Hermes* und *Quecksilber* – ein Punkt, auf den in der neuesten Zeit Fulcanelli – und auch der Übersetzer seiner Werke ins Deutsche (a.a.O.) – mehrfach hingewiesen haben. – Diese offiziell anerkannte Sprachkonvention verwirrt außenstehende Leser einerseits durch Homonyme und Assonanzen. Sie verbindet andererseits offensichtliche Widersprüche und Paradoxa so mit einander, daß ‹uneingeweihte› Leser nicht einmal bemerken, wie wahr das Gesagte, scheinbar Unwahre wirklich ist. – Der Autor unseres Texts ist darin ein wahrer Meister – und dies durch den ganzen Text:

Einmal gibt er zwei gleichwertige Ausrücke *scheinbar* als gegensätzliche Dinge aus; ein andermal gegensätzliche Dinge als *scheinbar* dasselbe, u.s.f. Nur genaue Lesung in Beachtung der üblichen grammatikalischen und orthographischen Regeln sowie echter und scheinbarer Synonyma bringt die Nuancen an den Tag. – Wer also *wirklich* wissen will, was die *Materie der Philosophen wirklich* ist, tut gut daran, diese ‹Definitionen› mindestens zweimal zu lesen – nicht ohne einige Grundlagen der (z.T. esoterischen) Metallurgie und Mineralogie zu kennen.

Allein schon die Frage, *welche Medizin* der Autor mit «*zwar ... »* bezeichnen will, macht den Satz zu einer Doppelaussage von höchstem

Interesse. Jedenfalls – und dies ist die Hauptsache in diesem Textabsatz – geht die ganze wirre Vielfalt ‹eifersüchtiger› Ausdrücke und Begriffe zum Großen Werk *«zu einem kleinen Dorf* ... *»*, d.h.: sie läßt sich auf sehr wenige, sehr einfache Begriffe reduzieren.

[200] Alle diese Allonyme für die ins Große Werk der Alchemie eingehenden Stoffe werden im oben empfohlenen Werk von Fulcanelli mehrfach erwähnt und auch weitestgehend erklärt – d.h. klarer als in jedem alchemistischen Buch oder Tractat je zuvor. Das Ganze ist eine ebenso individuelle und vollständige ‹Sprache›, wie das zuvor im Text angezogene *Chaldäische* (die Qabbalah) – so wie auch die westliche Alchemie von den *Chaldäern* herkommt (übers Königreich Sabah, Arabien, Ägypten, die Morisken und die *christliche Kabbalah* – vgl. *Brief an den Jünger*, bei Ed. Oriflamme).

[201] Damit schließt sich der Autor dem im Islam gebräuchlichen Ausspruch an, wonach das gesamte Geschick jedes Menschen im Schicksals-Buch *geschrieben* ist: *«katabtu!»* —

[202] Vgl. den sehr berühmten Tractat: זהב מעפרן *(Zeheb Mifan* – ein ‹Liber **M** und Schlüssel!) – *sive MEDICINA THEOLOGICA, chymico-irenica & christiano-cabalistica. – Vorgestellet in der Ersten Continuation curioser und erbaulicher Gespräche vom* **GOLD VON MITTERNACHT**, *oder Von der HÖCHSTEN MEDICIN. – Darinnen gezeiget wird, wie dieselbe in der Heiligen Schrifft nach dem Grund-Text zu finden; Und daß die Vergleichung der Geistlichen und Leiblichen Medicin die rechte Cabbala der Alten, oder wahre Chymie seye; – Auch daß nach dieser erkannten Einhelligkeit die Entscheidung der Theologischen Controversen, insonderheit die würckliche Einigkeit der beyden Evangelischen Religionen unparteyisch zu ersehen seye. – Von Joh. Philippo Maullio, M.D.* (und Bader etc.) ... – Wesel, bei Jacob Wesel, 1713 (vier Teile; zusammen 1154 Ss.).

[203] Der *rechte Zeitpunkt* war vorallem im scholastischen 16. Jh. ein beliebtes Thema für Dissertationen – oft im Gefolge von Schriften des Aristoteles und Anderer antiker Autoren; – man suche Titel wie *«De Diebus Criticis – Von den ausschlaggebenden Tagen»*.

[204] Dieser Satz weist direkt zurück auf den ersten Theosophen nach Paracelsus überhaupt (falls man Luther keinen solchen nennen will, weil er im Alter selber wieder doktrinär, ‹orthodox› und intolerant wurde): Zurück auf Valentin Weigel (1533-1588), der in seinem *Gebetbüchlein* dem Thema der *Zwei Bäume* das ganze erste und zwei weitere Kapitel sowie mehrere Textstellen widmete. Ebenso postulierte er Selbstverantwortlichkeit und Autonomie des ‹Gott-Weisen›. – Siehe die Neuausgabe in: *Das Buch vom Gebet*. – Basel, Edition Oriflamme, 2006.

[205] Dieser Tractat zeigt nochmals, wie allgegenwärtig die operative Alchemie im 17. und bis Mitte 18. Jh. in theosophischen Kreisen im Allgemeinen und unter den Rosenkreuzern im Besonderen war. Zugleich markiert er den Zeitpunkt, wo der *traditionell doppelte* Weg (1° ‹mystische Alchemie› oder *«Ergon»* – 2° ‹operative Alchemie› oder *Parergon) in zwei ‹inkompatible› Wege* getrennt wurde, wobei nur der mystische Ast überlebte – wie das auch für die gesamte *Freimaurerei* der Fall zu sein scheint.

[206] Das erscheint als Zitat aus der Grabinschrift in der *Fama Fraternitatis*.

[207] Lese-Vorschlag: *Euer Ductor, Fratrum Ordinis Crucis Roseæ* **Senior** – {d.h. Euer ‹*Leitsmann›, der Brüder des Ordens vom Rosenkreuz Ältester*}.

[208] Dieser Text kann auch als *Erste [Responsio]* entnommen werden dem entsprechenden Anhang zu *Aperta Arca Arcani artificiosissimi – Das ist: Eröffneter und offen stehender Kasten der allergrösten und künstlichsten Geheimnüssen der Natur des Großen und Kleinen Bauers* (ein berühmtes klassisches Alchemiebuch); – Leipzig, 1658. – Ebenso steht er auch als Anhang zum *Wasserstein der Weisen* des Sincerus Renatus (Samuel Richter; siehe S. 241: TB zur Ausgabe Frankfurt & Leipzig, 1760), dessen ‹andere› = *zweite* Responsio unser Buch beschließt.

ANMERKUNGEN ZUM
SPECULUM SOPHICUM RHODO-STAUROTICUM

[209] *puteus* – Hauptbedeutung: *Brunnen, Ziehbrunnen.* – Das erinnert direkt an den *Brunnen* in der *Chymischen Hochzeit des C.R.C.*, der ein *Verlies* ist: So erfahren die noch nicht befreiten Gott-Sucher die Welt.

[210] Der ‹Stock› ist dasselbe wie der ‹Block›, Schandblock oder Schandpfahl: Der Sträfling wurde im Extremfall am Hals sowie an Fuß- und Handgelenken mit ausgebreiteten Armen unter ein waagrechtes Joch gebunden oder geschlossen und z.B. auf dem Marktplatz an einen Pfahl gefesselt: Er konnte sich also kaum bewegen und war überdies Spott und Schande ausgesetzt, wurde auch bespien und beworfen. Der Text meint hier: Wer zuviel mit seinem Eigenwillen will, wird früher oder später ‹auflaufen› d.h. sich geistig kaum mehr bewegen können und sich selbst sowohl innerlicher Reue und äußerlicher Schande ausliefern.

[211] *Till Eulenspiegel* lebte angeblich als umherstreifender Schalk im 14. Jh. Er ist Protagonist einer altdeutschen Schwank-Sammlung, die 1510 erstmals vom Straßburger Verleger und Drucker Johannes Grüninger ohne Nennung eines Verfassers publiziert wurde(vgl. Anm. 23).

[212] Es wird sich wohl um Johann Clausen Rollwagen (* 1563 oder 1564; † 1623 oder 1624) handeln. Das war ein niederländischer Deichgraf und Vertreter der *Eiderstedter Täuferbewegung.* In Zusammenarbeit mit dem reformierten Pfarrer *Caspar Coolhaes* verfaßte Clausen 1601 ein Pamphlet für die Religionsfreiheit, was zu einem scharfen literarischen Disput mit den niederländischen Calvinisten führte. 1607 und 1608 fungierte Clausen als Sprecher der *Eiderstedter Mennoniten*, wobei er die täuferischen Standpunkte gegenüber dem lutherischen General-superintendenten Jacob Fabricius verteidigte.

[112-A] *Ubiquitisten* – Die *Ubiquität* – *Allgegenwart* ist eine Eigenschaft, die nur besonders hohe Geister erreichen (wie es z.B. die Evangelien über Jesus nach der Auferstehung berichten) – und ebenso in der dunklen Magie der Übernatürlichen Dinge: Letztere dürften hier gemeint sein.

[213] *Gemeine Liederbüchlein*: Es gab zu allen Zeiten seit dem 16. Jh. und bis heute nebst aller hohen Literatur auch Sammlungen von Bänkelsängern und Gassenhauern; – Liederbüchlein, des gemeinen Volks, deren Inhalt – da fern guter Sitte und Moral – hier verachtet wird.

[214] Das wichtigste Werk von Thomas von Kempen ist: *Nachfolge Christi (Imitatio Christi)*, das im zweiten Viertel des 15. Jh. erschien, von da an eines der meistverbreiteten Bücher in Deutschland war und noch heute

nachgedruckt wird. Was Möglin mit dem *zweiten Werklein* meint, ist unklar, da es vom selben Autor viele kleine Schriften geringerer Bedeutung gibt, die in der durch den *Jesuiten Sommalius* um 1600 herausgegebenen Gesamtausgabe von Schriften des Thomas a Kempis enthalten sind. Die *Imitatio Christi* ist aber selber schon vierteilig ... –

[215] Die Ausdrücke *Kunst* und *Liebhaber der Kunst* etc. entstammen der Sprache der Bauhütten, bzw. der mittelalterlichen Freimaurerei, die – angesichts der Verfolgungen durch die Kirche – eine dreifache Geheimsprache herausbildeten mit Ausdrücken, die zugleich eine technische, eine rituelle und eine spirituelle Schicht berücksichtigten bzw. enthielten. – Quelle für diesen Hinweis: Friedrich Holtschmidt (Hg.): *Der Stern von Bethlehem. – Kundgebungen des Einheitsbundes deutscher Freimaurer. Über Ursprung, Wesen und Ziel der Freimaurerei. –* Braunschweig, Friedrich Vieweg und Sohn, 1899.

[216] Der mit der Stelze wird Saturn sein; sein ‹Schweiß› in der ersten Trennung ist die sog. Jungfrauenmilch; die Drei, die in die Fontaine fallen – das ist das Compositum (‹der Kompost der Weisen›) zum Zweiten Werk. – Die ‹Nacht› ist die ‹Schwärze› des Zweiten –Werks; der ‹Mond› erscheint symbolisch auch als Diana mit ihren Tauben. – Nach der dritten Nacht erscheint die Sonne oder der König; das ist der Tag des Herrn, der in der Multiplicatio die ganze Welt golden entzündet.

[217] Vgl. Text der *Fama Fraternitatis*, S. 31. – St. Peter ist die Peterskirche in Frankfurt (vgl. Anm. 173). Die Bedeutung von ‹B.T.› ist unklar: Hypothetische Möglichkeiten wären das ‹*Benedicite*› – oder das *beneficium Templi* – wobei *Templum* der seit je ganz im Hintergrund wirkende *Tempel wäre*, worauf E. Canseliet in seinem Vorwort zum *Mutus Liber* anspielt: «*Die Könige regieren, herrschen aber nicht, wie ein berühmter Aphorismus sagt. Und mitunter scheint es wohl, daß es hinter den Kulissen noch irgendeine Graue Eminenz gebe, welche die Fäden zieht. Das berühmte ‹Abstellzimmer des Tempels› ist vielleicht nicht ganz so heruntergekommen, wie man wohl glaubt ...* » (Eugène Canseliet, F.C.H.: *Mutus Liber – die Alchemie und ihr Stummes Buch. –* Deutsche Ausgabe: Amsterdam, Edition Weber, 1992; – a.a.O. S. 32).

FULCANELLI: MYSTERIUM DER KATHEDRALEN *und die esoterische Deutung der hermetischen Symbole des Großen Werks.* Vollständige deutsche Erstausgabe nach der dritten franz. Ausgabe (Paris 1964) mit drei Vorworten von E. Canseliet, F.C.H. Übersetzt und herausgegeben von M.P. Steiner. Mit 49 ganzseitigen Tafeln und 1 Frontispiz. – 348 SS.ISBN 3-9520787-2-7. – € 35.00 / CHF 52.00

FULCANELLI: WOHNSTÄTTEN DER ADEPTEN – *Die hermetische Symbolik in der konkreten Wirklichkeit der Heiligen Kunst des Großen Werks.* (Original-Titel: *Les Demeures Philosophales*). Vollständige deutsche Erstausgabe nach der dritten, erweiterten franz. Ausgabe (Paris 1964 / 1979) mit den drei Vorworten von Eugène Canseliet, F.C.H. Ins Deutsche gebracht und herausgegeben durch M.P. Steiner. Mit Zeichnungen von Julien Champagne und späteren Photos sowie mit vier zusätzlichen ganzseitigen Tafeln, davon zwei in Farben. – 2 Bde. In 1 Bd.. – Ppb., 624 Ss. – ISBN 3-9520787-7-8 — € 50.00 / CHF 69.00.

DER SCHLÜSSEL ZU DEN ZWÖLF SCHLÜSSELN VON BRUDER BASILIUS VALENTINUS / LA CLEF DES DOUZE CLEFS DE FRÈRE BASILE VALENTIN – ZWEISPRACHIG. Weltweit erste Veröffentlichung des Manuskripts eines bisher unbekannten elsässischen Adepten des Steins der Weisen, verfaßt um ca. 1700: Ein alchemistisch-rosenkreuzerischer Kommentar zu den *Zwölf Schlüsseln der Philosophie* von Basilius Valentinus. – Reich illustriert; mit ausführlichen Anmerkungen und bibliographischen Hinweisen. – TEIL I: Französische Transkription des MS, Text und deutsche Übertragung jeweils parallel auf der Gegenseite. – TEIL II: *Vom Stein der Uralten* und *Zwölf Schlüssel der Philosophie* (ill. 2. Ausg. von 1602). Übers. u. Hrsg.: M.P. Steiner; – Einführung und Anmerkungen: P. Martin. – Ppb, 348 Ss. – ISBN 3-9520787-4-3. – € 27.00 / CHF 42.00.

VALENTIN WEIGEL: DAS BUCH VOM GEBET
Das *„Gebetbüchlein"* von V. Weigel, dem «ersten deutschen Theosophen», Vorläufer von Jacob Bœhme und J.G. Gichtel – in heutigem Deutsch herausgegeben nach dem Erstdruck von 1612. Ein Meilenstein der Geistesgeschichte, auf dem Weg zu freiem Denken und Glauben. – Mit einer Einführung und Anmerkungen von P. Martin. – Geb. m. S-Usl.; 152 Seiten, illustriert. – ISBN 3-9520787-5-1. – € 23.00 / CHF 34.00.

J.G. GICHTEL: THEOSOPHIA PRACTICA – *Eröffnung und Anweisung der dreyen Principien und Welten im Menschen ...* — Nach der 3. Ausg., o.O. (Amst.?) 1736. – Mit 1 doppelseitigen und 4 einseitigen Farbtafeln des Originals sowie 5 weiteren ganzseitigen, meist farbigen Abbildungen, Titelblatt-Reproduktionen und Vignetten. – Aus dem barocken Deutsch sanft in heutiges Deutsch gebracht und durch P. Martin mit einigen Anmerkungen und mit einer Einleitung versehen, die dieses Buch *zum ersten Mal bibliographisch vollständig und korrekt kommentiert.* – Ppb.; 172 Seiten; – ISBN: 978-3-9523616-0-3; – € 21.00 / CHF 31.00.

AL-GHAZALI: BRIEF AN DEN JÜNGER («AYUHA-'L-WALAD»)
Arabisch und Deutsch jeweils parallel auf der Gegenseite. – Nach der französischen Übersetzung von *Tufiq as-Sabagh*, und mit dem Vorwort von *George H. Scherer* zur 1. Auflage (mit dem Lebenslauf von *al-Ghazali*; – Beyruth,1951 Deutsch von M.P. Steiner, mit einer kleinen Einführung in Geschichte und Esoterik der Sufi-Philosophie versehen durch P. Martin. Ppb., 124 Ss., 3 Tafeln (1 Porträt von *al-Ghazali*) und 4 Vignetten. – ISBN 3-9520787-9-4 – € 15 / CHF 21.00.

EBENFALLS BEI EDITION ORIFLAMME:

P. MARTIN: ESOTERISCHE SYMBOLIK *im Licht des Alltags, der Sprache und des gnostischen Wegs der Selbsteinweihung.* – Die Elemente der universellen Symbolik und ihre geistige Wirksamkeit, mit Beispielen aus Alchemie, Mythologie, Hermetik und Heraldik neben ganz konkreten Fällen aus der unmittelbaren täglichen Gegenwart. Eine anschauliche Übersicht über die wichtigsten Symbole; eine Einführung ins selbständige Analysieren fast aller Symbole; Erklärung ihrer ständigen Gegenwart und unvermeidlichen magischen Wirkung. – Ppb., 120 Ss., 28 Farbseiten, 54 Abb. im Text, mit über 100 Literaturhinweisen, einer Symboltabelle und einem Wortverzeichnis. – ISBN 978-3-9523616-1-0; € 16.00 / CHF 23.00.

M.P. STEINER (HRSG.): LAO-DSE: DAO-DE-GING (TAO-TE-KING) – DIE GNOSIS IM ALTEN CHINA. NEUE, JETZT VOLLSTÄNDIGE AUSGABE. (2013) – Ganz neu aus dem Chinesischen ins Deutsche gebracht und mit Anmerkungen versehen durch P. Martin. –Die Übersetzung aufgrund dreier ‹Urtexte› berücksichtigt über 30 frühere westliche Übersetzungen in 6 Sprachen, zahlreiche heutige chinesische Übersetzungen und Kommentare sowie Sitten und Gebräuche des 6.- 4. Jh. v.Chr. Sie wurde von chinesischer Seite für gut befunden. Einige Textvarianten werden diskutiert; der Kommentar beleuchtet *drei Ebenen*: Die Ebene des täglichen Lebens von Jedermann, die Ebene der Forderungen an ‹den Weisen› – Herrscher, General oder spirituellen Lehrer – und die rein geistige Ebene des inneren spirituellen Wegs. – Einige kaum bekannte, fürs Verständnis hilfreiche Abbildungen zeigen sichere Fakten zu bisher nie gewagten Deutungen des Texts. – Ppb., 352 Ss., mehrere historisch wichtige Farbtafeln; – Reproduktion des chinesischen Texts in bis zu drei Fassungen. — ISBN 9783-952361689. – € 30.00 / CHF 38.00.

P. MARTIN: LOGEN, ORDEN UND DAS ROSENKREUZ (2014): *Das Rosenkreuzertum in Logen, Orden und initiatischen Gesellschaften, seit Beginn des 16. Jahrhunderts.* Was ist der rote Faden (oder Nerv) jeder spirituellen Lehre oder Überlieferung? – Das genau recherchierte und reich illustrierte Buch zeigt, wie jener universale Kern, der aus dem Osten kam, im Westen seinen Weg durch den Lauf der Zeiten fand. Es möchte Mißtrauen vermindern, Kenntnis vermehren, und zugleich die Leser ermutigen, zum *Grünen* eines wahrlich menschlichen, d.h. *bewußt brüderlichen* Miteinanders beizutragen. – PB, 196 Ss. 131 Illustrationen mit 66 Portraits - teils farbig und ganzseitig; ein Namens- und ein Abkürzungsverzeichnis. ISBN 97839524262-0-3; € 24.00 / CHF 30.00.

M.P. STEINER (HRSG.): DAS CORPUS HERMETICUM, LATEINISCH UND DEUTSCH (2014): – Die lateinische Übersetzung aus dem Griechischen durch Marsilio Ficino (1463) nach dem Zweitdruck (Mainz, 1503), jetzt präzis ins Deutsche übersetzt, zeigt das *Corpus Hermeticum* als einen Text von z.T. poetischer Schönheit, z.T. höchster philosophischer Genauigkeit, der den Bogen spannt von aristotelischer Elementenlehre über Platons Ideenlehre bis zur heutigen Quantenphysik. –
Lateinischer (facsimile des Drucks) und deutscher Text auf gegenüberliegenden Seiten; – Einführung, sprachliche und geisteswissenschaftliche Anmerkungen am Schluß; 11 ganzs. Abb. PB, 264 Ss.; ISBN 0783952426241. – € 22.00.

M.P. STEINER (HRSG.):SUFI-PERLEN: DIE GESÄNGE DES KABĪR (2015)
Ins Deutsche gebracht nach der englischen Übersetzung von Rabindranath Tagore (London, 1914, Indian Society). Mit einer Einführung ins zeitgenössische Umfeld des indischen Yogi- und Sufitums (15. Jh.) und ins Wirken von Kabīr als Promotor der Bhakti-Bewegung. – PB; 98 Seiten; illustriert, mit zahlreichen Vignetten. – ISBN 9783-9524262-6-5. – € 11.00, CHF 11.00.